¡prometeo⁾
l i b r o s

prometeo
libros

EL PROBLEMA DE LA COMUNIDAD.
MARX, TÖNNIES, WEBER

Daniel Alvaro

El problema de la comunidad.
Marx, Tönnies, Weber

prometeo libros

Pringles 521 (C11183AEJ), Buenos Aires, Argentina
Tel.: (54-11)4862-6794 / Fax: (54-11)4864-3297
info@prometeolibros.com
www.prometeolibros.com
www.prometeoeditorial.com
Diseño: R&S
Armado: María Victoria Ramírez

Índice

Agradecimientos

Este libro es la reelaboración de una tesis doctoral en cotutela entre la Universidad de Buenos Aires (UBA) y la Université Paris 8, realizada con una beca de posgrado otorgada por el Consejo Nacional de Investigaciones Científicas y Técnicas de la Argentina. Agradezco a mis directores, Horacio González, Patrice Vermeren y Mónica B. Cragnolini. A mis compañeros y compañeras del "Grupo de Estudios sobre Teoría Sociológica y Comunidad" radicado en el Instituto de Investigaciones Gino Germani de la Facultad de Ciencias Sociales de la UBA, con quienes compartí incontables debates enriquecedores. A Pablo de Marinis, inspirador y responsable de este grupo de investigación, quien me acompañó de manera generosa e incondicional desde el inicio del proceso que desembocó en este libro. A Alexis Emanuel Gros y Diego Sadrinas, por sus valiosas indicaciones y sugerencias para la traducción de varios pasajes citados en el texto. A Marcelo Altomare, Rafael Arce, Perla Aronson, Marie Bardet, Daniel Bensaïd, Niall Bond, Daniel Chernilo, Philippe Corcuff, Stéphane Douailler, Gabriel Gatti, Michael Löwy, Denis Merklen, Jean-Luc Nancy, Mariano Sasín, Raphael Shapira, Diego Vernazza y Eduardo Weisz, a quienes debo inestimables comentarios, cuando no el descubrimiento de bibliografía que estaba fuera de mi alcance. Finalmente, agradezco a mi familia y a todas aquellas personas que con su presencia, de una forma u otra, favorecieron este trabajo.

Introducción

Gemeinschaft o, según la traducción consagrada por el uso, "comunidad", núcleo teórico e hilo conductor de este trabajo, es el nombre de un problema común a toda una época de Occidente cuyos límites apenas hoy comenzamos a vislumbrar; una época donde el sentido de la vida en común, que durante siglos había constituido una evidencia, aparece como lo menos evidente del mundo. Acaso cabe preguntarse si esa época todavía puede ser considerada la nuestra. A decir verdad, nada es menos seguro. Y, sin embargo, es preciso constatar que el problema de la comunidad sigue siendo el nuestro.

El propósito de este libro es analizar las teorías sociológicas clásicas de la comunidad. En particular, aquellas que más han contribuido a delimitar y estabilizar el sentido de lo que en la actualidad se entiende por comunidad, y cuya influencia continúa siendo patente en una variedad de discursos del presente. Para ello nos servimos de una serie de textos más o menos conocidos de tres autores "clásicos", como suele decirse, del pensamiento sociológico: Karl Marx, Ferdinand Tönnies y Max Weber. Fundamentalmente, nos abocamos aquí a aquellos textos que mejor ilustran sus planteos sobre el problema en cuestión y donde a su vez intentamos dar a leer una serie de afinidades y correspondencias no siempre reconocidas entre sus respectivas teorías. Pues, pese a las diferencias incontestables entre estos autores, sus aproximaciones al motivo de la comunidad remiten en lo esencial a una misma configuración histórico-conceptual.

Tal como llega hasta nosotros, el concepto de comunidad es indisociable del campo de producción teórica en el que fue concebido inicialmente y donde adquirió el sentido corriente que se le suele atribuir hoy en día. Se trata de un concepto que nace en la modernidad y, como si dijéramos, con ella, llegando a formar parte de sus múltiples derivas y sus infinitos pliegues, de sus cambios y transformaciones, de sus numerosos comienzos y sus supuestos fines.

Con todo, el pensamiento de la comunidad, en el sentido amplio y general de la palabra, tiene raíces más profundas y remotas en el tiempo. De hecho, el historiador de las ideas tiende a situar sus orígenes en la antigua Grecia. Platón y Aristóteles utilizan el término *koinonía* (de *koinos*: lo que es común a varios, con frecuencia traducido al castellano por "comunidad", y menos frecuentemente por "sociedad", "asociación", "colectividad") para designar la socialidad del hombre. Entendiendo por esta última tanto la socialidad natural, el hecho de que el hombre, según la célebre definición aristotélica, es por naturaleza un "animal político" o "social" (*zôon politikón*),[1] como la socialidad motivada por intereses o basada en alguna forma de acuerdo. Más concretamente, los griegos hablaban de *koinonía* para referirse a las distintas formas de vida en común que tenían lugar ya sea en la esfera pública de la ciudad (*pólis*), esencialmente política, ya sea en la esfera privada o doméstica de la casa (*oîkos*), por definición no-política. De acuerdo a la clasificación propuesta al comienzo de la *Política*, cabe distinguir tres grandes formas de vida en común: la *casa*, la *aldea* y la *ciudad*.[2] A pesar de su diferente composición, naturaleza y finalidad, se trata de tres casos ejemplares de *koinonía*. Por esta se entiende, en su definición más abstracta, "una pluralidad de partes diferenciadas y organizadas según un cierto orden y una cierta jerarquía".[3] Desde esta perspectiva todas las comunidades son consideradas "partes" de ese "todo" orgánico que es la *pólis*, también llamada "comunidad política" (*koinonía politiké*), incluida esa especie paradigmática de comunidad que recibe el nombre de amistad (*philía*).

---

[1] Como Aristóteles indica expresamente en la *Política* (trad. M. I. Santa Cruz y M. I. Crespo, Buenos Aires, Losada, 2005, 1253a), el hombre no es el único animal gregario; las abejas, según el conocido ejemplo que allí leemos, también lo son. No obstante, la especie humana es la única dotada de "palabra" (*lógos*) y, en consecuencia, la única que está en condiciones de alcanzar una vida *política* en sentido estricto, esto es, una vida orientada a la acción virtuosa, entendida como la forma más elevada de vida en común.

[2] *Ibid.*, 1252a, 25 y ss.

[3] S. Vergnières, *Ethique et politique chez Aristote*, Paris, PUF, 1995, p. 157. Si no se indica lo contrario, las traducciones son nuestras.

En los últimos libros de la Ética *Nicomáquea* y de la Ética *Eudemia*, donde justamente se introducen algunas de las temáticas que luego serán retomadas y desarrolladas en la *Política*, Aristóteles se ocupa de la amistad o, según una comprensión más amplía de la *philía*, de la relación afectiva entre los hombres, la cual bajo determinadas condiciones funciona como modelo ético de la comunidad política.

Convertida en fundamento de la cosmovisión clásica de la filosofía política, la ciencia aristotélica de la acción y la convivencia humanas, así como el resto de su doctrina, tuvo una recepción interrumpida y fragmentaria a lo largo de la historia. Fue prácticamente olvidada ya en la misma Antigüedad, casi desconocida durante un largo período del medioevo dominado por el platonismo, y redescubierta por los filósofos escolásticos en el siglo XIII. Desde entonces y hasta el momento en que empieza a consolidarse el discurso del derecho natural moderno sus escritos fueron objeto de numerosos comentarios y arduos debates teológico-políticos. Durante este período, los principios de la filosofía de Aristóteles empiezan a ser revisados, y en ocasiones cuestionados, tanto por los pensadores iusnaturalistas de la teología cristiana como por los representantes de la nueva ciencia renacentista, dando lugar a distintas líneas de recepción. Como hace notar Axel Honneth, a pesar de las claras diferencias entre las distintas recepciones de Aristóteles en aquel momento, "el núcleo de su propuesta conceptual permanece sustancialmente intacta: la *koinonia* sigue siendo el sinónimo aplicable a las expresiones latinas *societas* o *communitas*, en cuanto síntesis de todas las formas de una agrupación social donde los hombres se reúnan para la persecución conjunta de sus intereses o en aras de un vínculo emocional".[4] En efecto, las primeras versiones latinas de la *Política* tradujeron la *koinonía* griega tanto por *societas* como por *communitas* –aunque también por *communio*, *communicatio*, etc.–, expresiones que tienen valores heterogéneos pero que muy a menudo fueron usadas como equivalentes, como ya lo había hecho Cicerón en algunos de sus tratados más conocidos.[5]

[4] "Comunidad. Esbozo de una historia conceptual", ISEGORÍA/20, 1999, p. 7.

[5] M. Riedel, "Gesellschaft, Gemeinschaft", en O. Brunner, W. Conze y R. Koselleck (eds.), *Geschichtliche Grundbegriffe. Historisches Lexikon zur politisch-sozialen Sprache in Deutschland* Bd. 2 E - G, Stuttgart, Klett-Cotta, 2004, p. 807.

Tampoco en los pensadores de la Edad de la Razón ni en los del Iluminismo hay una diferenciación precisa y sistemática entre los términos en cuestión. Hobbes y Locke utilizan las palabras *community* y *society* prácticamente como sinónimos,[6] mientras que Rousseau hace lo propio con las voces francesas *communauté* y *société*. En realidad, la diferencia conceptual entre comunidad y sociedad es mucho más reciente de lo que se cree habitualmente. Se puede decir de momento, y a título indicativo, que es el resultado de un sinuoso proceso teórico-práctico, con epicentro en Alemania, que se extendió aproximadamente desde principios del siglo XIX hasta bien entrado el siglo XX. Se trata de una de las grandes escenas de la vida intelectual europea y una que aquí interesa especialmente puesto que en ella han de buscarse los elementos constitutivos del concepto moderno de comunidad.

En todo caso, es importante tener en cuenta que los postulados elementales del derecho natural moderno fueron concebidos en franco antagonismo con los presupuestos del derecho representado por el pensamiento político y metafísico de los antiguos griegos. La idea rectora de la visión helénica afirma la existencia de una ley natural, de un orden universal o de un *cosmos* –palabra con la que los griegos designaban "el recto orden del estado y de toda comunidad"–[7] en el cual confluyen armónica y proporcionalmente el "todo" y las "partes", el "compuesto" y los "elementos simples". Si bien cronológicamente el individuo es anterior a la ciudad, desde un punto de vista ontológico, la comunidad política "es anterior por naturaleza al individuo", y esto en la justa medida en que "el todo es necesariamente anterior a las partes" que lo componen.[8] La prioridad ontológica de la comunidad respecto del individuo es un principio fundamental en Aristóteles. Principio que será refutado por los autores contractualistas al punto de invertir el argumento y la propia lógica en la cual este se enmarca.

---

[6] P. Pasquino, "Communauté et société", en P. Raynaud y S. Rials (comp.), *Dictionnaire de philosophie politique*, Paris, PUF, 1996, p. 101.

[7] W. Jaeger, *Paideia: los ideales de la cultura griega*, trad. J. Xirau y W. Roces, México, FCE, 2004, p. 113.

[8] *Política*, *op. cit.*, 1253a, 20-25.

Desde Hobbes, al menos, la filosofía política parte del individuo y de su ser perfectamente individual. El individuo en tanto sujeto, o, si se prefiere, el individuo-sujeto, se convierte entonces en el origen indescomponible y en el fundamento último de la ontología política de la modernidad. La comunidad política, cuando la hay, es exclusivamente el resultado de un acto racional y voluntario, de un pacto o de un contrato entre los individuos congregados para tal fin. La comunidad deviene, en consecuencia, un ser artificial. Propiamente hablando, es ese "hombre artificial" instituido por el hombre "natural" para su propia "protección y defensa", "en el cual la *soberanía* es un alma artificial que da vida y movimiento al cuerpo entero", al que Hobbes llama *"república [Common-wealth] o Estado* (en latín *civitas)".*[9] En este nuevo y revolucionario contexto, lo único verdaderamente natural u originario es el derecho que tiene cada individuo a servirse de los medios que juzgue necesarios para garantizar la conservación de su propia vida. Así, la vida política colectivamente entendida dejó de ser el punto de partida natural, donde existía coincidencia perfecta entre naturaleza e historia, para convertirse en un punto de llegada, un producto artificial y mecánico donde la historia aparece escindida de la naturaleza. Lo cual provocó un giro espectacular en el modo de entender la comunidad y la participación de los hombres en ella.

En Hobbes, como en muchos de los filósofos contractualistas que lo sucedieron, la comunidad política aparece directamente identificada con la figura del Estado, en el sentido moderno del término. Un hecho que llama la atención cuando se lee la obra hobbesiana es la ausencia de toda comunidad que no sea aquella representada por el Estado racional, esto es, la ausencia de toda comunidad que no sea el resultado de un acuerdo recíproco entre los individuos con vistas a conformar un orden político. Como señala Robert Nisbet, "pocas comunidades tradicionales sobrevivieron al examen de los filósofos de la ley natural de los siglos XVII y XVIII".[10] La "familia" y la "iglesia" por lo general eran aceptadas, pero no sin reservas. Y aun "cuando nos volvemos hacia otras asociaciones,

---

[9] *Leviathan*, Cambridge, Cambridge University Press, 2003 (trad. M. Sánchez Sarto, *Leviatán*, México, FCE, 1998, p. 3).

[10] *La formación del pensamiento sociológico*, Tomo I, trad. E. Molina de Vedia, revisión C. Flood, Buenos Aires, Amorrortu, 2003, p. 73.

vemos que tampoco con ellas hubo merced. Los gremios, la corporación, el monasterio, la comuna, el parentesco, la comunidad aldeana: todas fueron consideradas carentes de fundamento en la ley natural".[11] Para los pensadores ilustrados sólo el hombre tenía fundamento y sólo él era, en tanto hombre racional, fundamento de las asociaciones resultantes de las relaciones con otros hombres. Se entiende entonces que el cuestionamiento de los *philosophes* al comunalismo vinculado a la Edad Media estuviera motivado en buena medida por el trasfondo supuestamente irracional en el que aquel aparece inserto. Habrá que esperar hasta comienzos del siglo XIX para advertir los primeros signos de un movimiento contrario al racionalismo hasta entonces imperante. En este sentido, no debe sorprender que el símbolo de la reacción ante los primeros efectos del individualismo calculador y simetrizante —efectos que en general eran percibidos como peligrosamente *disociantes*, *disgregantes* o *disolventes*, para servirnos de las metáforas más empleadas— haya sido la "comunidad". Durante todo el siglo XIX, y en especial a partir de su segunda mitad, se asiste en distintos planos del conocimiento a lo que muy significativamente se dio en llamar *el redescubrimiento de la comunidad*. En el plano de la filosofía política, este redescubrimiento fue ante todo el de Hegel.

Sin duda, ya antes de Hegel, Fichte y otros autores eminentes del romanticismo político alemán habían recurrido a la idea de comunidad en un sentido muy distinto al que había tenido entre los filósofos racionalistas. Pero sólo con Hegel, y más concretamente con la publicación de los *Principios de la filosofía del derecho* (1821), la comunidad vuelve a ser plenamente descubierta. Al igual que la mayoría de los teóricos del contrato social, Hegel identifica la comunidad con la figura del Estado. Salvo que aquí, lejos de ser el producto de un contrato entre los individuos, el Estado es una "unidad substancial" ontológicamente anterior a las partes y, a un mismo tiempo, "absoluto e inmóvil fin último",[12] tal como sucedía en la doctrina aristotélica. El Estado hegeliano es el ideal realizado de la "comunidad ética" (*sittliches Gemeinwesen*) donde el ám-

---

[11] *Ibid.*

[12] G. W. F. Hegel, *Grundlinien der Philosophie des Rechts*, *Werke* Bd. 7, Frankfurt a. M, Suhrkamp, 1979 (trad. J. L. Vermal, *Principios de la filosofía del derecho*, Buenos Aires, Sudamericana, 2004, § 258, p. 227).

bito de la *particularidad*, de los intereses particulares y de las diferencias individuales, se amalgama convenientemente con el ámbito de la *universalidad*, del interés general o común. Asimismo, se recordará que es en y a través de la "comunidad ética" que aparecen integrados la *familia*, la *sociedad civil* y el *Estado*, vale decir, los tres "momentos" sucesivos de un proceso dialéctico cuya culminación debe leerse como indicador de progreso y como resultado histórico. Como se ha dicho a menudo, con esta obra Hegel intentó sintetizar los aportes de tradiciones muy diversas entre sí en un sistema único y siguiendo una lógica propia, convirtiéndose así, de manera involuntaria, en uno de los primeros y más importantes representantes de las ciencias sociales en Alemania.

Ahora bien, desde el momento en que fue contrastado con la realidad social de su tiempo, el sistema construido por Hegel en los *Principios...* dejó traslucir un sinnúmero de problemas aparentemente irresolubles. Como se encargaría de poner en evidencia el joven Marx en consonancia con algunos otros herederos críticos de la filosofía hegeliana, el primero de estos problemas, y aquel del cual dependen todos los demás, es que la filosofía especulativa del derecho y del Estado empieza por hacer abstracción del *"hombre real"*.[13] El Estado-comunidad de Hegel, alejado como está del hombre real, y por consiguiente de la "verdadera realidad", se revela a través de la crítica emprendida por Marx una *"ideación abstracta"*, un *más allá* del *más acá*, como tal impotente para dar cuenta del enorme cambio social que se vivía en Europa como consecuencia de las revoluciones económicas y políticas que signaron el así llamado *pasaje* de una forma de vida "tradicional" a una "moderna". A medida que avanza el proceso de racionalización capitalista en paralelo a la formación de los Estados nacionales y se modifica para siempre la forma de vida de poblaciones enteras, surge la necesidad teórica y práctica de dar respuestas concretas al impacto social producido por estos movimientos. A esta doble necesidad responden los nuevos análisis del cambio social mediante la construcción de un paradigma que se propone explicar las causas y consecuencias del mentado pasaje desde el orden social tradi-

---

[13] "En torno a la crítica de la filosofía del derecho de Hegel. Introducción", en C. Marx, *Escritos de juventud*, trad. W. Roces, México, FCE, 1982, p. 497 y *passim*.

cional, muy comúnmente caracterizado como irracional y colectivista, al orden social moderno, previsiblemente racional e individualista.

Llegamos así a un punto de inflexión. Es el punto en el que la comunidad es redescubierta por las nuevas ciencias sociales. Más que aceptar o rechazar una idea del pensamiento político y metafísico clásico, como se había hecho efectivamente desde la antigüedad hasta la entrada definitiva en la primera modernidad, las teorías sociológicas emergentes redefinen la idea de comunidad y hacen de ella uno de sus conceptos fundamentales. *Gemeinschaft* es el nombre clave de este concepto, entre otros nombres menos conocidos que también evocan la "comunidad" en el campo léxico de la teoría sociológica alemana del siglo XIX.

Es un hecho que no necesita confirmación, pues, que de Platón a Hegel y más allá, pasando por tantos otros nombres y por tantas herencias que aquí se quedan forzosamente sin lugar, la historia del pensamiento occidental dio lugar a una diversidad de motivos de la comunidad. La brevísima genealogía que se acaba de delinear no tiene más ambición que la de ampliar al máximo los márgenes de un contexto que, ya sea por inercia, ya sea por comodidad, o quizás en razón de un interés estratégico, cuando se trata de pensar el problema de la comunidad en las ciencias sociales se lo muestra bastante más acotado de lo que en realidad es. Sin poder dar cuenta acabadamente de este amplio contexto, nos contentamos aquí con ofrecer un bosquejo del mismo, a modo de introducción y con el simple propósito de advertir su necesidad.

Para interrogar la problemática de la comunidad en la teoría social en general y en la teoría sociológica en particular, es preciso distinguir desde el comienzo entre, por un lado, la idea general de comunidad que atraviesa las épocas desde la antigüedad y que se puede considerar como una de las ideas rectoras de la cultura y la civilización occidentales y, por otro lado, el concepto moderno de comunidad, asociado como está a un momento delimitable de la historia intelectual, a ciertos textos paradigmáticos que reenvían de inmediato a nombres propios bien conocidos tanto dentro como fuera del campo sociológico, y a una diversidad de idiomas y escrituras singulares. Para delimitar el lugar que ocupa y especificar la naturaleza de esta problemática, es preciso distinguir una cosa de la otra, sin dejar de reconocer las semejanzas que subsisten entre ellas a modo de continuidades. Pues en rigor de verdad, el concepto moderno de comunidad comparte algunos de los presupuestos fundamentales que rigen la idea general. De ahí que un contexto ampliado de la cuestión no puede resultar más que beneficioso para toda investigación que tome en cuenta las implicaciones teóricas y prácticas que entran en juego de la mano de esta conceptualización.

No hay que perder de vista que de las teorías sociológicas clásicas sobre la comunidad, aquí estamos principalmente interesados en aquellas identificadas con los nombres de Marx, Tönnies y Weber. Tres teorías que desde luego no agotan el tema y mucho menos el problema, pero que difícilmente puedan estar ausentes en un estudio que se proponga decir algo sobre la formación y el desarrollo de un concepto como el de comunidad, a todas luces fundamental en la formación y el desarrollo de la sociología como ciencia e institución. Más específicamente, indagaremos la ambigüedad semántica del término "comunidad" a partir del análisis de sus distintos usos y significados en algunos textos significativos de estos autores, de modo tal que a medida que se expongan las diferencias más sobresalientes entre estas teorías también se empiecen a reconocer ciertos rasgos comunes a todas ellas.

Como decíamos, el concepto moderno de comunidad pertenece a un momento delimitable de la historia del pensamiento en el cual se despliegan y conviven estas tres teorías. Dicho concepto aparece interpretado en una variedad de idiomas coexistentes en una misma lengua. La idiomaticidad de Marx, de Tönnies y de Weber, sus escrituras y sus estilos singulares, son parte pregnante del problema en cuestión. Trabajaremos, entonces, con la traducción. No sólo con la traducción al castellano, difícil y por momentos prácticamente imposible de la semántica comunitaria alemana del siglo XIX y principios del siglo XX, sino también con las traducciones igualmente difíciles que en una misma lengua Tönnies hace de Marx y Weber, como con aquellas que Weber hace de Tönnies y Marx.[14]

[14] Conviene aclarar que así como existe una semántica comunitaria alemana, dentro de cuyos límites se mueve esta investigación, existe una semántica anglosajona de la comunidad, especialmente relevante en las sociologías norteamericana y británica del siglo XX, sobre la cual no trataremos aquí. Si bien la segunda deriva de la primera y en esa medida es heredera de algunos de sus principios fundamentales, en el con-

El rasgo común entre los enfoques de estos autores respecto del problema de la comunidad –ni el único ni el primero, sino simplemente aquel que privilegiamos– es que en todos ellos la *comunidad* es inseparable y por lo demás incomprensible sin su otro conceptual: la *sociedad*. He aquí la hipótesis que sometemos a consideración: en las aproximaciones sociológicas analizadas, el concepto de comunidad se determina por oposición al concepto de sociedad del que es estructuralmente solidario. La estructura binaria a la que se encuentra subordinado este par conceptual no se limita a oponer dos términos formalmente iguales, sino que supone y arrastra consigo una serie de oposiciones metafísicas fuertemente jerarquizadas lógica y axiológicamente (natural/artificial, originario/derivado, auténtico/inauténtico, unidad/separación, interior/exterior, humano/inhumano, sentimiento/razón, etc.), cuya impronta, asumida en parte como propia o incluso rechazada, es ampliamente reconocible en los tres discursos que se discutirán en este trabajo. A la prevalencia de la comunidad sobre la sociedad basada en una supuesta proximidad entre la *comunidad,* por una parte, y la *naturaleza,* el *origen* y la *verdad,* por la otra, a ese privilegio lo hemos denominado *comunocentrismo*: privilegio mayor de una época en ciernes cuyas implicancias teóricas, muchas veces disimuladas por los propios autores o sus intérpretes, corrieron y corren a la par de sus implicancias prácticas.

Lo que nos proponemos, en suma, es una lectura en clave deconstructiva del privilegio de la comunidad en el esquema oposicional que domina los discursos fundacionales (justamente, los discursos de los "padres fundadores") de la tradición sociológica alemana. Esto significa, desde nuestro punto de vista, una lectura crítica y afirmativa a la vez. Ya que aquí no se trata simplemente de promover una crítica impugnadora o de limitarse a denunciar la complicidad metafísica de estos discursos,

---

texto anglosajón el concepto de comunidad se define en sus propios términos, de un modo que a la vez prolonga y transforma considerablemente el concepto dominante en Alemania. Sobre la influencia de la sociología alemana y muy particularmente del pensamiento de Tönnies en diversas teorías de la ciencia social norteamericana, véase T. Bender, *Community and Social Change in America*, Baltimore & London, The Johns Hopkins University Press, 1991. Para una aproximación de conjunto a los *community studies*, véase C. Schrecker, *La communauté. Histoire critique d'un concept dans la sociologie anglo-saxonne*, Paris, L'Harmattan, 2006.

algo que a esta altura probablemente no tenga demasiado interés y tal vez ningún sentido. Se trata más bien de ensayar una lectura o una interpretación que sea capaz de localizar en los textos y poner de relieve en toda su problematicidad tanto aquello que resulta indisociable de ciertos presupuestos metafísicos como aquello que las excede, oponiéndoles resistencia y propiciando nuevas formas de pensamiento sobre la socialidad.

Por lo demás, es fácil constatar que hoy estamos quizás como nunca antes en una posición preferencial para pensar estas cuestiones. El clima intelectual de la época presente se muestra favorable a ello. Existe un vasto contexto académico, principalmente científico-social y filosófico, otros dirían *humanístico*, desde donde hace al menos tres décadas se fomenta con intensidad creciente el debate en torno a la comunidad. Vale decir, un horizonte teórico donde cohabitan perspectivas heterogéneas y a veces incluso irreconciliables, pero en el cual es cuestión, al menos para algunas de ellas, de enlazar y contrastar críticamente los discursos clásicos sobre este problema a la luz de lo que todavía hoy se puede esperar de un pensamiento o una experiencia de la comunidad. El interés reciente por la comunidad y por la instancia comunitaria en general no ha cesado de generar controversias epistemológicas, desplazamientos conceptuales y alianzas provisorias pero significativas entre campos del saber que normalmente permanecen incomunicados entre sí. El primer indicio importante del denominado "renacimiento de la comunidad"[15] fue la famosa y extensa polémica que comenzó en los Estados Unidos y se desarrolló mayormente en suelo anglosajón entre los "liberales" (cuyo principal representante y teórico fue John Rawls) y los "comunitaristas" (Alasdair MacIntyre, Michael Sandel, Charles Taylor y Michael Walzer, entre otros).[16] A través de ella encontraron lugar formulaciones de la

---

[15] Sobre esta cuestión, véase C.Schlüter y L. Clausen (eds.), *Renaissance der Gemeinschaft? Stabile Theorie und neue Theoreme*, Berlin, Duncker & Humblot, 1990. Para un tratamiento más amplio y contemporáneo de esta misma cuestión, véase P. de Marinis, G. Gatti e I. Irazuzta (eds.), *La comunidad como pretexto. En torno al (re) surgimiento de las solidaridades comunitarias*, Barcelona y México, Editorial Anthropos y Universidad Autónoma Metropolitana-Iztapalapa, 2010.

[16] Como es sabido, "liberalismo" y "comunitarismo" son rótulos bajo los cuales se suelen agrupar una gran diversidad de autores: las teorías inscriptas en este debate son hoy por hoy tan numerosas y heterogéneas que difícilmente se pueda seguir manteniendo dicha distinción. Para una reconstrucción contextualizada de la discu-

más diversa procedencia teórica, si bien por lo general las discusiones quedaron circunscriptas al ámbito de la filosofía política y de la ética del discurso o ética de la comunicación, cuyos principales promotores fueron Karl-Otto Apel y Jürgen Habermas.[17] Poco tiempo después de iniciada esta polémica, y en paralelo a ella, comenzó un nuevo y sin duda menos conocido intercambio textual a propósito de la comunidad que parte de interrogantes metafísicos. Primero en Francia y luego en Italia, autores como Jean-Luc Nancy, Maurice Blanchot, Jacques Derrida, Giorgio Agamben y Roberto Esposito –por nombrar solamente a los más representativos de ambos países– publicaron una serie de trabajos con los que intentaron llamar la atención sobre la necesidad de pensar de nuevo, y de un modo radicalmente distinto, la pregunta por la comunidad o, como se prefirió decir en las últimas décadas, por el "ser-en-común" (*être-en-commun*).[18] En el ámbito de investigación propio de las ciencias sociales también se advierte un renovado interés por la temática de la comunidad, aunque en este caso se trata menos de una discusión colectiva o de un trabajo común que de manifestaciones individuales traducidas en ensayos aislados y por

---

sión, remitimos al trabajo de R. Gargarella, *Las teorías de la justicia después de Rawls. Un breve manual de filosofía política*, Barcelona, Paidós, 1999.

[17] Los principios elementales de sus respectivas éticas los encontramos en las obras fundamentales de estos autores. Véase K.-O. Apel, *La transformación de la filosofía* (1973-1976), trad. A. Cortina, J. Chamorro y J. Conill, Madrid, Taurus, 1985, 2 vols. y J. Habermas, *Teoría de la acción comunicativa* (1981), trad. M. Jiménez Redondo, Madrid, Trotta, 2010.

[18] Véase, en especial, M. Blanchot, *La comunidad inconfesable* (1983), trad. D. Huerta, México, Vuelta, 1992; J.-L. Nancy, *La comunidad inoperante* (1986, 1990), trad. J. M. Garrido, Santiago de Chile, LOM Ediciones / Universidad ARCIS, 2000 y *La comunidad enfrentada* (2002), trad. J. M. Garrido, Buenos Aires, La Cebra, 2007; J. Derrida, *Políticas de la amistad* seguido de *El oído de Heidegger* (1994), trad. P. Peñalver y F. Vidarte, Madrid, Trotta, 1998; G. Agamben, *La comunidad que viene* (1990), trad. J. L. Villacañas, C. La Rocca y E. Quirós, Valencia, Pre-Textos, 2006; R. Esposito, *Communitas. Origen y destino de la comunidad* (1998), trad. C. R. Molinari Marotto, Buenos Aires, Amorrortu, 2003, *Immunitas. Protección y negación de la vida* (2002), trad. L. Padilla López, Buenos Aires, Amorrortu, 2005 y *Bíos. Biopolítica y filosofía* (2004), trad. C. R. Molinari Marotto, Buenos Aires, Amorrortu, 2006. Una prolongación de este intercambio en nuestro país puede hallarse en M. B. Cragnolini (comp.), *Modos de lo extraño. Alteridad y subjetividad en pensamiento posnietzscheano*, Buenos Aires, Satiago Arcos, 2005, y en M. B. Cragnolini (comp.), *Extrañas comunidades*, Buenos Aires, La Cebra, 2008.

lo general sin relación evidente entre sí. Pensamos aquí, sobre todo, en textos de Zygmunt Bauman, Richard Sennett y Michel Maffesoli.[19] Por el momento, la historia del debate contemporáneo sobre la comunidad, la historia conjunta de los reconocimientos y desconocimientos, de los acuerdos y desacuerdos entre los saberes que hasta aquí han contribuido a repensar este concepto todavía no fue escrita, hecho que tal vez deba interpretarse como un síntoma de su perenne vitalidad.[20]

Es precisamente en este clima de "renacimiento" de la comunidad, en este horizonte transdisciplinario que venimos de delinear, que quisiéramos situar esta modesta contribución al debate en cuestión. Esto, ciertamente, no porque vayamos detrás de una novedosa noción de comunidad, tarea inmensa a la que se abocaron muchos de los autores allí involucrados y sobre la cual no tenemos la más mínima pretensión, sino porque compartimos con algunos de ellos la convicción de que hoy en día una evaluación crítica del concepto de comunidad exige como mínimo, y para empezar, "despejar" "el horizonte *que está detrás* de nosotros".[21] Sin embargo, como a esta altura es sabido, el horizonte *pasado* de la co-

[19] Véase, entre otros, Z. Bauman, *Modernidad líquida* (2000), trad. M. Rosenberg y J. Arrambide Squirru, Buenos Aires, FCE, 2002 y *Comunidad. En busca de seguridad en un mundo hostil* (2001), trad. J. Alborés, Buenos Aires, FCE, 2003; R. Sennett, *El declive del hombre público* (1977), trad. G. Di Masso, Barcelona, Península, 2002 y *La corrosión del carácter. Las consecuencias personales del trabajo en el nuevo capitalismo* (1998), trad. D. Najmías, Barcelona, Anagrama, 2000; M. Maffesoli, *El tiempo de las tribus: el ocaso del individualismo en las sociedades posmodernas* (1988), trad. R. Valdés, México, Siglo XXI, 2004. Cabe destacar que desde 2007 se vienen desarrollando una serie de investigaciones sobre el concepto de comunidad en la teoría social clásica y contemporánea a cargo de Pablo de Marinis con sede en el Instituto de Investigaciones Gino Germani de la Facultad de Ciencias Sociales de la Universidad de Buenos Aires, cuyos resultados parciales se pueden consultar en el número monográfico sobre "comunidad" de *Papeles del CEIC*, marzo 2010, disponible en http://www.identidadcolectiva.es, y en P. de Marinis (coord.), *Comunidad: estudios de teoría sociológica*, Buenos Aires, Prometeo, 2012.

[20] Hasta donde sabemos, lo más cercano a una investigación de estas características se puede encontrar en H. Rosa *et. al.*, *Theorien der Gemeinschaft zur Einführung*, Hamburg, Junius, 2010. Quizás menos rigurosa pero igualmente esclarecedora es la investigación de G. Delanty, *Community. Key Ideas*, New York, Routledge, 2003. Véase también F. Fistetti, *Comunidad. Léxico de política*, trad. H. Cardoso, Buenos Aires, Nueva Visión, 2004, pp. 145-170 y F. M. De Sanctis, *Tra antico e moderno. Individuo, eguaglianza, comunità*, Roma, Bulzoni, 2004, pp. 227-254.

[21] J.-L. Nancy, "La comunidad inoperante", en *La comunidad inoperante, op. cit.*, p. 30.

munidad se puede y se debe medir en muchas épocas, según secuencias temporales y trayectorias teórico-prácticas muy diferentes y alejadas unas de otras. A los efectos del análisis, teniendo en cuenta la naturaleza y la historicidad del problema que abordamos, consideramos necesario un trabajo en tres tiempos.

En un primer tiempo correspondiente al capítulo primero plantearemos el problema de la comunidad en relación con el amplio entramado en el cual está inserto. Una vez expuesto el problema analizaremos primero el vínculo entre mito y comunidad, y luego, sobre la base de estas consideraciones, el alcance del esquema nostálgico en los diagnósticos modernos sobre el "pasaje de la comunidad a la sociedad". Asimismo, repasaremos la historia de la diferencia conceptual entre *Gemeinschaft* y *Gesellschaft* para especificar su lugar al interior de una época rica en oposiciones binarias.

En un segundo tiempo presentaremos una lectura atenta de ciertos textos de los tres autores propuestos (y de algunos de sus comentaristas), en lo que intenta ser un recorrido a través de sus obras haciendo especial hincapié en la posición que cada uno de ellos asume, directa o indirectamente, respecto del problema de la comunidad tal como aquí se lo entiende. Así, los capítulos segundo, tercero y cuarto estarán dedicados, respectivamente, a las teorías de Marx, Tönnies y Weber.

Para terminar, en un tercer tiempo que se corresponde con el quinto y último capítulo, replantearemos el problema desde un punto de vista retrospectivo de modo tal que permita encadenar las conclusiones parciales a las que se había arribado en los capítulos precedentes y, a continuación, realizaremos una exposición resumida de las principales razones en favor de una crítica sistemática del concepto moderno de comunidad a fin de mostrar hasta qué punto las teorías sociológicas clásicas, especialmente las de los tres autores aludidos, han contribuido a su conformación actual.

Capítulo primero
El problema de la comunidad

Lo que aquí llamamos *comunidad* es ante todo la cifra de un problema. La comunidad es un problema desde el momento mismo en que se asiste al descubrimiento de su pérdida o por lo menos de lo que se experimenta como tal. Esta fue la experiencia de los modernos y tal vez habría que decir la experiencia inaugural de la modernidad en cuanto tal. Pero en cierto modo es también –lo sepamos o no, lo deseemos o no– nuestra experiencia contemporánea. Rousseau es el primer moderno en descubrir y lamentar la supuesta pérdida de la comunidad. Desde entonces y hasta la actualidad, muchos de sus herederos repitieron el gesto, propagando así una imagen idílica de la comunidad perdida: "la imagen de la buena sociedad" (Nisbet). Esto es, una imagen invertida del presente en la que aparece reflejado aquello que no se es pero sin duda se cree haber sido y, confesadamente o no, se ambiciona volver a ser alguna vez. El "deseo" o la "necesidad de comunidad", según la expresión de Francesco Fistetti, se renueva sin cesar generando búsquedas en todas las direcciones. Básicamente, se busca lo que se necesita y se necesita lo que se experimenta como carencia. Siguiendo este razonamiento elemental, la comunidad sería eso mismo que se vive como una falta para la cual no hay ningún sustituto a la vista y sin embargo continúa inspirando un sinfín de movimientos teóricos y prácticos.

He aquí el problema. Ni algo dado, susceptible de aprobación o rechazo, ni un misterio trascendente cuyo esclarecimiento depende de una revelación esencial: la comunidad es el problema, la pregunta o la cuestión que surge de la constatación reiterada y sistemática de su falta. La tan mentada disolución de la "comunidad" tradicional a expensas de la moderna "sociedad" fue la constatación que con mayor o menor dramatismo comunicaron una gran variedad de filosofías y teorías sociales a lo largo del siglo XIX. No obstante, la formalización del problema de la comunidad tal como lo entendemos aquí estuvo a cargo de las teorías sociológicas que indagaremos en los próximos capítulos. En este capítulo introductorio intentaremos rodear el problema. Esto quiere decir, por un lado, situarlo y delimitarlo en el espacio y en el tiempo, con todas las dificultades imaginables dada su naturaleza, y, por otro, reunir en torno a su centro una serie de elementos diversos pero relacionados entre sí que resultan significativos para su comprensión al aportar una perspectiva más amplia que la que parece exigir el problema a primera vista.

1. Mito y nostalgia de la comunidad perdida

Entre el descubrimiento de la pérdida de la comunidad y el lamento casi automático que este dispara no hay más que un movimiento mínimo. La mayoría de las veces este desliz es tan imperceptible que ambos se confunden y el descubrimiento mismo se enuncia ya en forma de queja. Es por eso que muchos de los diagnósticos modernos sobre el pasaje de la comunidad a la sociedad quedaron estigmatizados, con razón o sin ella, por el signo de la nostalgia. En estrecha relación con esta cuestión se encuentra el vínculo entre mito y comunidad. Comenzaremos analizando la particularidad de este vínculo para luego interrogar el alcance del factor nostálgico en los diagnósticos modernos señalados.

Existe una reciprocidad tal entre mito y comunidad que resulta prácticamente imposible pensarlos separadamente. Esto se debe a una razón bien conocida: ningún mito y ninguna mitología en general prospera fuera de una comunidad, sólo en ella y para ella el mito se inventa y se transmite, del mismo modo que ninguna comunidad sabría dar cuenta de sí misma sin su correspondiente mito fundacional. Lo que equivale a decir, quizás a riesgo de simplificar demasiado las cosas, que no hay comunidad sin mito, ni mito sin comunidad. Jean-Luc Nancy llega incluso a decir que el mito y la comunidad se definen mutuamente:

"el habla mítica es comunitaria por esencia. Hay tan poco mito privado como lengua estrictamente idiomática. El mito sólo surge de una comunidad y para ella: se engendran uno a otro, infinitamente e inmediatamente. Nada es más común, nada es más absolutamente común que el mito".[1] La comunidad se articula a través del mito y el mito a través de la comunidad.

El mito comunica el sentido de la comunidad, pero precisamente este sentido sería incomunicable de no existir una comunidad siempre ya presente para distribuirlo entre sus miembros. El mito es la voz común o comunitaria, la "gran voz anónima" (Lévi-Strauss) en situación de comunicar el sentido o la verdad común de la comunidad. En palabras de Nancy: "El mito es ante todo un habla plena, original, un habla fundadora y reveladora del ser íntimo de una comunidad".[2] O también: "El mito es siempre mito de la comunidad, vale decir, es siempre mito de la comunión –voz única de muchos– capaz de inventar y de compartir el mito".[3]

Al hablar así, Nancy busca cuestionar el poder mítico del mito en el doble sentido de la palabra "mito": como fundación y como ficción.[4] Su análisis da a entender que la idea de una comunidad o de una comunión originaria y actualmente desaparecida constituye una ficción socialmente construida y, al mismo tiempo, que esa ficción, que es la nuestra, concentra el poder que Occidente le ha reservado desde siempre a la fundación.

Ahora bien, la comunidad representada según la escena del mito no siempre es la misma. Su tenor varía según las épocas y depende en buena medida de la capacidad narrativa o más bien fabulativa de aquel que relata la historia. Lo que parece más o menos invariable, al menos desde Platón, es el carácter primitivo de la escena. Siempre se trata de una humanidad originaria y ya desaparecida, de una comunidad de pocos miembros apenas diferenciados entre sí, cuyos sólidos

---

[1] "El mito interrumpido", en *La comunidad inoperante, op. cit.*, p. 92.

[2] *Ibid.*, p. 89.

[3] *Ibid.*, p. 93. Sobre el mito "comunidad", véase también A. Galindo Hervás, *Cincuenta mitos*, Murcia, Editora regional de Murcia, 2006, pp. 45-47.

[4] "En efecto, el pensar mítico –que opera en cierta forma a través del relevo dialéctico de los dos sentidos del mito– no es otra cosa que *el pensamiento de una ficción fundadora, o de una fundación por la ficción*. Harto lejos de oponerse, ambos conceptos se esposan en el pensamiento mítico del mito" (*op. cit.*, p. 96).

vínculos evidencian un orden social armónico. Aunque el problema de la comunidad pertenece al mundo moderno, nada de lo que este problema expone en cuanto problema resulta comprensible fuera del vasto contexto histórico-filosófico que lo precede y en el cual se inscriben las grandes tradiciones donde abrevan los autores de las teorías que aquí examinaremos.

Con perfecta conciencia de la condición mítica de su creación, Platón habla en la *República* de tres modelos de ordenamiento social: "una *pólis* sana y austera (II.369b-372d); una ciudad injusta, la actual, resultante de la evolución de aquélla (II.372e ss.), y una ciudad purificada que surge del saneamiento de la anterior a partir de la educación de los guardianes en 376d".[5] Estos tres modelos tomados en su conjunto componen un relato impresionante que ha venido funcionado como arquetipo de diagnóstico socio-político a lo largo de veinticinco siglos. La escena que representa –aunque en verdad son tres escenas en una– la volvemos a encontrar con variaciones considerables en muchos de los grandes filósofos sociales de todos los tiempos. El primer modelo corresponde a la escena primera o escena inaugural, aquella donde Platón describe la "comunidad" (*koinonía*) originaria, "la verdadera ciudad, la sana".[6] En esta ciudad, surgida de la mutua necesidad, cada cual se dedica a una actividad "adecuada a su naturaleza" e intercambia con los demás los productos de su trabajo. Se trata, pues, de una ciudad con una economía de subsistencia basada en la división del trabajo. Allí no hay conflictos precisamente porque la producción colectiva está adecuada a las necesidades de cada individuo. Sin embargo, la ciudad sana no tarda en enfermar por efecto de la desmesura: por un lado, como consecuencia del aumento de la población, y, por otro, como consecuencia del afán de "posesión ilimitada de riqueza". Así, la ciudad sana y austera deviene ciudad enferma y lujosa. Este segundo modelo está representado por la ciudad injusta en la que Platón descubre "el origen de la guerra", de donde "surgen los mayores males para las

---

[5] M. Divenosa y C. Mársico, "Introducción", en Platón, *República*, trad. M. Divenosa y C. Mársico, Buenos Aires, Losada, 2005, p. 43.

[6] *República, op. cit.*, 372e.

ciudades".[7] Esta otra ciudad es un reflejo de la Atenas de su tiempo. Una Atenas que para la época en que Platón escribió la *República* ya no ostentaba la hegemonía sobre Grecia y había entrado en una situación de crisis generalizada de la que nunca se repondría. De ahí, entonces, que la imagen de una ciudad purificada, saneada, justa y ecuánime que Platón imagina como la más perfecta de las comunidades –el tercer modelo– suela ser interpretada como una respuesta programática, aunque utópica, a las patologías derivadas de las transformaciones sociales que marcan el ocaso del esplendor ateniense.

No podemos demorarnos aquí en una lectura detallada de los tres modelos platónicos, pero al menos es importante retener la estructura del modelo general, esto es, la secuencia y la concatenación del mito fundacional de la comunidad originaria a la utopía de una comunidad que es la plena realización de un orden social perfectamente justo. Sobre todo, importa comprender que la visión que engendra el mito y la utopía comunitarios nace, como ha observado Nisbet, de "percepciones de anticomunidad, de un mundo caracterizado de manera abrumadora por el conflicto, el desacuerdo y la incertidumbre".[8] Nada más cierto. En todos los tiempos, la fascinación por un pasado legendario así como el embelesamiento ante un proyecto irrealizable o utópico van parejos con una percepción aciaga de la realidad y del presente en general. Ahora bien, no se debe pasar por alto que eso que Nisbet llama "percepciones de anticomunidad" y que identifica con el "conflicto, el desacuerdo y la incertidumbre" que caracterizaban a la Atenas de Platón supone ya ciertas *percepciones de comunidad*, entiéndase, percepciones de *armonía*, *acuerdo* y *certidumbre*. Las mismas están supuestas implícitamente en el argumento de Nisbet y aparecen explícitamente en el programa filosófico-político de Platón. Son estas percepciones presupuestas en la inmensa mayoría de los discursos sobre la comunidad las que aquí nos interesa interrogar, percepciones de comunidad que vemos renacer con las nuevas luces de la temprana modernidad y luego con las teorías sociológicas propiamente dichas.

---

[7] *Ibid.*, 373e.

[8] *The Social Philosophers. Community and Conflict in Western Thought*, New York, Thomas Y. Crowell Company, 1973, p. 109.

En todo caso, esta filiación no debería sorprendernos. El propio Nisbet nos recuerda que "de forma abrumadora los grandes filósofos sociales de Occidente, comenzando con Platón y Aristóteles y hasta nuestros días, han hecho de la búsqueda de la comunidad legítima, de la comunidad perdurable, su principal objeto de reflexión. [...] Concebir la sociedad más amplia como un entramado de trampas y escollos de egoísmo, avaricia, fuerza bruta, caos y miedo; y como medio para escaparse de –o para prevenir– estos males preocuparse por la naturaleza de la buena comunidad, la comunidad en la que cada hombre tiene la sensación de poder escapar del vacío, combinada con justicia y realización personal: todo esto, sugiero en este libro, ha sido y continúa siendo la mayor preocupación de aquellos a quienes en Occidente llamamos filósofos sociales".[9] Una vez advertido y subrayado en sus rasgos prototípicos el contraste entre la mala sociedad y la buena comunidad, como hace Nisbet en su libro, lo que quisiéramos es comenzar a desmontarlo. Para desmontar esta oposición hay que empezar por detectar su ubicación. Este lugar es el mismo donde se alojan las oposiciones conceptuales que organizan el sistema de significaciones del que dan cuenta nuestras más viejas y nuevas tradiciones. Semejante lugar, tal como aprendimos primero con Nietzsche, luego con Heidegger, y más recientemente con Derrida, es el edificio metafísico que tiene al platonismo como uno de sus pilares fundamentales.

Curiosamente, un autor que nada tiene que ver con la destrucción ni la deconstrucción de la historia de la metafísica como es Karl Popper, en uno de los análisis más perspicaces y polémicos que se hayan escrito sobre Platón y el platonismo durante el siglo XX, vuelve la vista hacia "la impresionante unidad de su edificio teórico" para examinar lo que considera su "plano fundamental". A continuación citamos en toda su extensión el pasaje donde encontramos dicho examen y la notable conclusión a la que llega Popper:

Este plano, concebido por la mente de un gran arquitecto, evidencia un dualismo metafísico esencial en el pensamiento platónico. En el campo de la lógica, ese dualismo se presenta bajo la forma de la oposi-

9 *Ibid.*, p. 3.

ción entre lo universal y lo particular. En el campo de la especulación matemática, como la oposición entre la Unidad y la Pluralidad. En el campo de la epistemología, como la oposición entre el conocimiento racional basado en el pensamiento puro y la opinión basada en las experiencias particulares. En el campo de la ontología, como la oposición entre la realidad única, original, invariable y verdadera, y la apariencia múltiple, variable e ilusoria; como la oposición entre el ser puro y el devenir o, con mayor precisión, el continuo cambiar. En el campo de la cosmología, como la oposición entre lo que genera y lo generado, sujeto a decadencia. En la ética, como la oposición entre el bien, es decir, lo que preserva, y el mal, esto es, lo que corrompe. En política como la oposición entre un ente colectivo, estado, capaz de alcanzar la perfección y la autarquía, y la gran masa del pueblo, vale decir, los múltiples individuos, los hombres particulares que están condenados a permanecer imperfectos y subordinados y cuyo particularismo debe ser suprimido en bien de la unidad del estado [...]. Y toda esta filosofía dualista se originó, a mi juicio, en el deseo apremiante de explicar el contraste entre la visión de una sociedad ideal y el odioso espectáculo del campo social real que le tocaba presenciar; contraposición aguda, en verdad, de una sociedad estable frente a una sociedad en proceso de revolución.[10]

La interpretación crítica de Popper no equivale a un trabajo de desmontaje como al que aquí aspiramos. Sin embargo, destaca una perspectiva del edificio teórico platónico en el que pocas veces se repara. Los planteos de Platón acerca de los distintos modelos de ordenamiento social (que no deben confundirse con los distintos tipos de organización política: la aristocracia o la monarquía, la oligarquía, la democracia y la tiranía), o bien lo que Popper interpreta como "la sociología de Platón",[11] mantiene una relación directa y necesaria con el binarismo metafísico que define el

---

[10] *La sociedad abierta y sus enemigos I*, trad. E. Loedel, Barcelona, Planeta-De Agostini, 1992, pp. 91-92.

[11] "La sociología de Platón es una ingeniosa mezcla de especulación y de una aguda observación de los hechos. La base especulativa es, por supuesto, la teoría de las Formas y del flujo y la decadencia universales, de la generación y la degeneración. Pero sobre este cimiento idealista, Platón edifica una teoría de la sociedad sorprendentemente realista, capaz de explicar las principales tendencias del desarrollo

plano fundamental de su emplazamiento teórico. Dicho de otro modo, el binarismo platónico está solidariamente articulado con la disposición a dar cuenta de los contrastes entre la imperfecta sociedad real y sus múltiples proyecciones ideales, ya sean estas de carácter retrospectivo o prospectivo.

Recapitulando, podemos decir que la "sociedad ideal" que desde de los tiempos modernos comienza a ser identificada con la "comunidad" es el mito a partir del cual se piensa el pasado, el presente y el futuro de la "sociedad real". Pero no podemos contentarnos con este razonamiento en la medida en que no escapa al relato mítico que pretendemos conjurar. Justamente, es el mito moderno de la comunidad como cosa distinta y opuesta a la sociedad lo que es necesario empezar a pensar y a interrogar en toda su complejidad. El problema al que nos referimos, hay que insistir en ello, no lo encontramos en los sofistas ni en Platón ni en Aristóteles, como tampoco en los escritores de la tradición romana de la *res publica*, ni en San Agustín, ni en los pensadores escolásticos del medioevo. El problema específico de la oposición entre comunidad y sociedad comienza solamente con la modernidad y en un momento determinado de la misma.

Rousseau, decíamos al comienzo, es el primer moderno en descubrir y lamentar la supuesta pérdida de la comunidad. A decir verdad, tampoco encontraremos plasmado en su obra el problema que nos convoca, aunque ella aporta hipótesis importantes que van en la dirección hacia la cual nos orientamos. La lectura que hace Rousseau de sus antecesores le permite percibir con absoluta claridad los problemas inherentes a las consideraciones clásicas acerca de los fundamentos de la sociedad humana. Sospecha de la pesada herencia mitológica con la que carga esta cuestión y se permite dudar. En el Prefacio al *Discurso sobre el origen y los fundamentos de la desigualdad entre los hombres* (1754) advierte que sus razonamientos acerca de la constitución original y el estado primitivo del hombre no son más que conjeturas, aventuradas "menos con la esperanza de resolver la cuestión que con la intención de aclararla y reducirla a su verdadero estado". "Ya que", aclara enseguida, "no es una empresa sencilla discernir lo que hay de originario y de artificial en la naturaleza actual del hombre, ni llegar a conocer un estado que ya no existe, que quizás nunca existió,

---

histórico de las ciudades griegas, como así también las fuerzas sociales y políticas que obraron en su propio tiempo" (*ibid.*, p. 48).

que probablemente no existirá jamás, y del que sin embargo es necesario tener nociones justas para juzgar bien nuestro estado presente".[12] Con un "quizás" (*peut-être*) a mitad de la frase, Rousseau instala la duda sobre la existencia pasada y futura del estado de naturaleza. Un estado, dice, sobre el que nunca hubo el más mínimo acuerdo entre los filósofos de la antigüedad ni entre los filósofos actuales, pero del que no obstante es imprescindible tener nociones justas –es decir, nociones claras pero también verdaderas– para juzgar bien –es decir, correctamente– nuestra existencia presente.

Rousseau introduce un *quizás* allí donde no es posible dudar –sólo un análisis detallado que aquí no podemos llevar adelante sería capaz de hacer justicia a la importancia de este "quizás" en el texto rousseauniano–. Sin embargo, esto no le impide asumir de entrada que es el estado original y completamente natural, incluso si ese estado es el resultado de "razonamientos hipotéticos y condicionales", el que servirá de modelo para juzgar nuestro estado presente. Aunque de un modo completamente distinto, Rousseau repite el gesto platónico. Su menosprecio por la sociedad que habita es consecuente con la consideración que muestra por un pasado que *ya* no existe, que *quizás* nunca existió pero que es lo suficientemente *real* como para evidenciar la progresiva corrupción del espíritu humano. El progreso o la corrupción –Rousseau utiliza estos términos como sinónimos–[13] es el signo inequívoco de la degradación que se experimenta en el seno de la sociedad. Degradación que aumenta a medida que la humanidad se perfecciona y así toma distancia de sus fundamentos reales. En el mismo *Discurso…* Rousseau expone la paradoja según la cual la facultad distintiva del hombre, "*su perfectibilidad*", es decir la facultad de "perfeccionar la razón humana", es la misma que lo convierte literalmente en un "imbécil". "¿Por qué sólo el hombre es susceptible de convertirse en imbécil? […] Sería triste para nosotros tener que convenir que esta facultad distintiva, y casi ilimitada, es la fuente de todas las desgracias del hombre; que es ella la que lo saca, a fuerza de tiempo, de esta condición originaria en la cual él pasaría días tranquilos e inocentes".[14] Observemos al pasar que Rousseau se

---

[12] J.-J. Rousseau, *Discours sur l'origine et les fondements de l'inégalité parmi les hommes / Discours sur les sciences et les arts*, Paris, Flammarion, 1992, p. 159.

[13] *Ibid.*, pp. 202-203.

[14] *Ibid.*, pp. 183-184.

aferra al tiempo condicional como única garantía de no caer en el abismo mitológico donde todos, antes que él, terminaron por hundirse.

Pero la paradoja de Rousseau no constituye ninguna novedad. A su manera, Platón ya la había expuesto y de un modo tanto o más radical que como la encontramos en el siglo XVIII. No hay que olvidar que la ciudad "verdadera" y "sana" donde se combinan armónicamente el goce, la paz y la salud, aparece de inmediato a los ojos de Glaucón –uno de los dos interlocutores de Sócrates en ese tramo del diálogo– como una "ciudad de cerdos".[15] Y esto, "no porque los hombres se entreguen al placer, sino porque reducen su vida a la satisfacción de las necesidades elementales. Para que el hombre se despierte a la reflexión, tiene que aparecer un desequilibrio, provocado por el deseo de lo superfluo".[16] La desmesura, siempre asociada al deseo, despierta en el hombre la facultad y el ejercicio de la palabra, del razonamiento y la argumentación, de lo que los griegos de la época postsocrática llamaban *lógos*. Así, la paradoja implícita en el relato de Platón radica en que el *lógos* es al mismo tiempo la causa y el remedio de todos los males del hombre. Ahora bien, ¿no es esto precisamente lo que dice de forma explícita Rousseau? Para este, el estado de naturaleza es un "estado de animalidad". Esta es su condición originaria y el prerrequisito indispensable para sostener la primera inocencia del animal-hombre. Sus días tranquilos e inocentes se habrían alterado, probablemente para siempre, a causa de los desarrollos sucesivos de la razón y del progreso basado en la acumulación de nuevos conocimientos. "De la sociedad y del lujo que ella engendra nacen las artes liberales y mecánicas, el comercio, las letras; y todas esas inutilidades que hacen florecer a la industria, que enriquecen y pierden a los Estados".[17]

Con esto queremos mostrar que, tanto para Platón como para Rousseau, las "enfermedades" del tiempo presente –según la conocida metáfora orgánica que ambos ponen en marcha– están vinculadas al despliegue incontenible de lo que hoy llamaríamos "racionalidad" y que, paradójicamente, uno y otro encuentran en ella la clave para erradicar esas mismas patologías. El argumento general de este relato, largamente sedimentado

---

[15] *República, op. cit.*, 372c-372e.

[16] S. Vergnières, *Ethique et politique chez Aristote, op. cit.*, p. 50.

[17] J.-J. Rousseau, *Discours sur l'origine…, op. cit.*, p. 187.

a lo largo de los siglos y legitimado por eruditas repeticiones, va a renacer con el pensamiento filosófico-social del siglo XIX.

Las respuestas que desde este campo del saber se le daría a lo que entonces buena parte de Europa occidental vivía como un cambio económico, técnico y político sin precedentes, encuentran un sólido punto de apoyo teórico en las propias respuestas que a la crisis de su tiempo habían dado Platón y Aristóteles, entre otros grandes filósofos de la antigüedad. A pesar de no ser crisis ni sociedades comparables –como lo advirtió tempranamente Fustel de Coulanges en *La Cité antique* (1864)–, muchos pensadores decimonónicos tendieron a ver en la ruptura del orden social de su tiempo un acontecimiento semejante al que había marcado la desaparición de las sociedades griega y romana. No en vano el siglo XIX es la época en que fueron concebidos los más grandes tratados sobre la historia de las instituciones antiguas y medievales. Junto a los manuscritos y documentos que lograron conservarse, los tratados historiográficos (como los de Niebuhr, Mommsen o Grote), jurídicos (como los de Maurer, Gierke o Maine) o más propiamente antropológicos (como los de Bachofen o Morgan) fueron las principales fuentes que tuvieron a la vista los teóricos del cambio social para la elaboración de sus propios argumentos.

Una vez más, la conciencia histórica europea se sumía en los malos presagios de un presente permanentemente amenazado por el conflicto social y la incertidumbre. Un presente donde, según la famosa frase de Marx que tal vez mejor retrate este período de la modernidad, "todo lo sólido se desvanece en el aire". Precisamente en ese presente tan disputado como temido se urdieron un sinfín de teorías heterogéneas, cuyas premisas partían por lo general de un viejo descubrimiento del cual Occidente hacía periódicamente la experiencia como si se tratase, cada vez, de una novedad absoluta. Nos referimos al descubrimiento de la pérdida de la forma de vida en común natural y originaria, signada por la convivencia fraterna entre sus miembros, vale decir, de lo que con un sentido no siempre idéntico pero sin duda asimilable las teorías sociológicas clásicas llamaron "comunidad".

Por lo general, este descubrimiento va acompañado de un lamento aparentemente incontenible. Es el lamento a que da lugar el malestar provocado por el recuerdo de lo que ya no se es o de lo que ya no se tiene y al que comúnmente se da el nombre de *nostalgia*. Todo parece indicar, pues, que el problema de la comunidad se inserta en un esquema nostálgico. Esto es, en un esquema de la añoranza de un pasado perdido cuyos rasgos míticos son en muchos casos indisimulables y en muchos, también, indisimulados. Es conocida la afirmación de Nisbet en este sentido. En el análisis que lleva a cabo en *La formación del pensamiento sociológico* sobre la "idea de comunidad", a la que considera entre "las ideas-elementos de la sociología, la más fundamental y [la] de más largo alcance",[18] esboza una tesis sumamente interesante. La tesis de Nisbet, breve pero contundente, apenas bosquejada pero con resonancias identificables en la mayoría de sus textos, dice: "Toda la sociología del siglo XIX está imbuida de un tinte de nostalgia en su propia estructura".[19]

Para el autor, entre la sociología decimonónica y la nostalgia existe una relación estructural. Un tinte de nostalgia tiñe los propios fundamentos sobre los que se erige el edificio teórico del pensamiento sociológico. Para profundizar esta tesis habría que rastrear la historia de este elemento nostálgico. Nisbet, por cierto, no hace este rastreo. Tampoco lo haremos nosotros. Pero al menos quisiéramos indicar que el esquema de la nostalgia –llamémoslo así provisoriamente– tiene un remoto y mítico pasado. Su estrecha vinculación con la sociología del siglo XIX y más particularmente con el problema sociológico de la comunidad no debe escamotear una genealogía de la que este problema forma parte pero que apunta, en sus orígenes, a uno de los primeros y más persistentes mitos ilustrados de nuestra civilización:

> [...] en cada momento de su historia, Occidente se ha entregado de antemano a la nostalgia de una comunidad más arcaica, y desapare-

---

[18] *Op. cit.*, p. 71. Recordemos que el tema de este libro, todo un clásico de las ciencias sociales, son "las ideas-elementos" de la tradición sociológica, es decir, las ideas elementales de los sistemas de pensamiento que integran dicha tradición. Según Nisbet, "las ideas-elementos que proporcionan [...] la medula de la sociología, en medio de todas las diferencias manifiestas entres sus autores [...]" (*ibid.*, p. 17), "[...] aquellas que, más que ninguna otra, distinguen a la sociología frente a las restantes ciencias sociales" (*ibid.*, p. 18), son cinco: *comunidad, autoridad, status*, lo *sagrado* y *alienación*. Cada una de las cuales "suele estar asociada a un concepto antinómico, una especie de antítesis, del cual procede gran parte de su significado constante en la tradición sociológica" (*ibid.*, p. 19).

[19] *Ibid.*, p. 104.

cida, a la añoranza de una familiaridad, de una fraternidad, de una convivialidad perdidas. El comienzo de nuestra historia es la partida de Ulises, y la instalación en su palacio de la rivalidad, de la disensión, de los complots. Alrededor de Penélope que rehace el tejido de la intimidad sin nunca terminarlo, los pretendientes instalan la escena social, guerrera y política –la pura exterioridad.[20]

El esquema de la nostalgia retorna recurrentemente a lo largo de la historia, desde la partida de Ulises hasta nuestros días. Si puede aparecer estructuralmente relacionado a la sociología del siglo XIX es por el contexto singular en el que emerge la sociología como ciencia. Un contexto de crisis y revoluciones varias en el que los valores tradicionales aparecen enfrentados a los valores modernos y sobre el cual la ciencia sociológica hace su propio diagnóstico. El pensamiento sociológico, y con él la nostalgia por el pasado, surgen en el momento en que se reinstala la escena social del conflicto. En la Europa de mediados del siglo XIX, las percepciones de anticomunidad y la nostalgia por la comunidad perdida no son menos frecuentes que en la época de Platón. Se trata, nuevamente, de un tiempo atravesado por los más profundos desequilibrios sociales y donde, como consecuencia de ello, el pasado adquiere un valor especial que hasta entonces no tenía.

En estrecha continuidad con la tesis de Nisbet, más recientemente se habló de la sociología en general como de "una ciencia nostálgica".[21] La apreciación puede parecer abusiva. Y ciertamente lo es hasta que no se precise en qué sentido se habla de nostalgia. En su uso más corriente, la palabra designa el estado de tristeza, añoranza o pena ocasionado por el recuerdo de una pérdida. Así parece usarlo Nisbet en su argumento. Sin embargo, no se puede pasar por alto que la nostalgia refiere, desde sus más antiguos orígenes, al sufrimiento o dolor (*-algia*) originado por el anhelo del regreso (*nóstos*). Tal fue el

---

[20] J.-L. Nancy, "La comunidad inoperante", en *La comunidad inoperante, op. cit.*, p. 31.

[21] "Podría decirse que la sociología es una ciencia nostálgica de la sociedad, puesto que implícitamente está forzada a identificarse con el pasado como una fuente de valores para la crítica del presente" (B. S. Turner, "The Rationalization of the Body: Reflections on Modernity and Discipline", en S. Lash y S. Whimster (eds.), *Max Weber, Rationality and Modernity*, London, Allen & Unwin, 1987, p. 237).

sentimiento profundo que acompañó a Ulises durante los diez años de travesía que, según relata el mito, tardó en regresar a Ítaca una vez finalizada la guerra de Troya. Este otro sentido de la nostalgia ligado al afán de regresar –y aún latente en el uso actual de la palabra– nos deja al borde de un cortocircuito interpretativo que tenemos especial interés en evitar.

Si por su contexto de emergencia se puede afirmar, con Nisbet, que la sociología del siglo XIX está imbuida de un tinte de nostalgia, hay que apresurarse a aclarar que esto no significa en ningún caso la fijación en el pasado y mucho menos la ambición de regresar a otro tiempo. En las obras de Marx, Tönnies y Weber, la comunidad perdida representa un pasado histórico al que desde todo punto de vista es imposible volver. Los tres se encuentran permanentemente confrontados con el tiempo pasado, al cual no dudan en describir en sus aspectos mejores como el reverso de un presente sombrío, pero esto nunca llega a traducirse en un deseo por regresar o retener el tiempo. Ni la más forzada de las interpretaciones puede atribuirle a sus discursos un carácter regresivo en sentido estricto. Ciertamente, la nostalgia por la comunidad perdida forma parte de sus respectivos diagnósticos, pero en modo alguno los agota. Para ninguno de ellos se trata simplemente de volver al ordenamiento social simbolizado por la comunidad del pasado. Incluso si en ciertos pasajes de sus obras el esquema de la nostalgia ocupa un lugar central, saben demasiado bien que los procesos sociales son irreversibles. Sus discursos dan muestras de un modernismo insoslayable sin que ello impida detectar aquí o allá visos de un tradicionalismo todavía persistente.

Para nuestros autores, la comunidad representa un pasado real, es decir, no mitológico, pero casi siempre idealizado. Un pasado al que una y otra vez vuelven su mirada melancólica buscando un punto de apoyo firme y seguro desde el cual interpretar la sociedad del presente. Sin embargo, eso no es todo. Como veremos, impulsados por un fuerte deseo, por una necesidad constantemente renovada, indagaron las posibilidades concretas de la comunidad en el presente y, algunos de ellos, también en el futuro. Evidentemente, las motivaciones de estas indagaciones y los modos en que se llevaron a cabo resultaron muy diferentes entre sí. Las diferencias irreductibles y los puntos de contacto entre estos planteos quedarán expuestos en los capítulos sucesivos. Aquí sólo pretendemos llamar la atención sobre un hecho paradójico que consideramos de la mayor importancia para comprender el carácter problemático de la cuestión de la comunidad en los abordajes clásicos de la sociología: el hecho de que la comunidad y todo lo que ella compromete en su simple enunciación desde mediados del siglo XIX, siendo ante todo una representación del pasado y en la medida en que lo es, pueda ser también un indicador de lo que el presente ha perdido y de lo que en último término es preciso recuperar a sabiendas de que un puro y simple *nóstos* no es posible ni deseable. En este sentido, creemos que el rango nostálgico de estos pensadores debe ser interpretado, fundamentalmente, como una fuerza intelectual activa y transformadora, como crítica y transfiguración del presente, y no como vano aferramiento al pasado.

El vivo contraste entre el pasado y el presente, o, dicho en el lenguaje de la época, entre la constelación comunitaria y la constelación societaria, configura una muy singular interpretación de la historia y de su desarrollo. Las interpretaciones históricas que despliegan Marx, Tönnies y Weber se cruzan en puntos fundamentales. Por lo tanto, no debe sorprender que sus diagnósticos tengan tantas semejanzas. Para empezar, todos ellos concibieron el pasaje del pasado precapitalista al presente capitalista como el fin de una era y el comienzo de otra completamente distinta y en muchos aspectos opuesta. El punto más decisivo y traumático de ese pasaje es la disolución de la comunidad natural y orgánicamente entendida que da paso a una situación donde los individuos, disueltos los antiguos vínculos que los mantenían unidos entre sí y con la comunidad, se convierten en los miembros atomizados de la sociedad civil o burguesa. El mentado pasaje puede leerse en clave desarrollista o incluso evolucionista. En líneas generales, este describe el desarrollo histórico desde ordenamientos sociales indiferenciados y estructuralmente simples a sociedades altamente diferenciadas y complejas. Siguiendo esta misma secuencia lógica y cronológica, se afirma que, mientras en el pasado primaban relaciones personales, concretas y particulares, en el presente predominan relaciones impersonales, abstractas y generales. Según la tesis originalmente planteada por Tönnies que luego Weber retoma y sistematiza, el desarrollo histórico de Occidente puede ser entendido como un proceso de racionalización. Para ambos –y hasta cierto punto también para Marx, aunque este no desarrolle una tesis propia al respecto ni se pronuncie directamente en esos términos–, el proceso de racionalización expresado paradigmáticamente por la economía capitalista y el Estado moderno vincula, uniendo y separando a la vez, el tiempo pasado y el tiempo presente. Como tendremos oportunidad de comprobar más adelante, la caracterización del desarrollo histórico efectuada por Marx, Tönnies y Weber es esencialmente ambigua: unas veces condenatoria y otras celebratoria.

Si bien las respuestas teóricas y políticas de estos autores a los problemas surgidos de la crisis que supuso este relevo de lo comunitario por lo societario –o lo que una interpretación más general pudo llamar la transición de un orden social tradicional a un orden social moderno– son a todas luces diferentes, todavía habrá que explicar por qué estas respuestas terminan por recurrir invariablemente al motivo de la comunidad. En esta instancia introductoria alcanza con decir que la acción estratégica que consiste en responder a los problemas de la sociedad a través de teorías y prácticas que involucran a la comunidad tuvo lugar por primera vez en una época reciente y bajo ciertas condiciones que es necesario comenzar a analizar.

2. La época de las oposiciones

La falta de comunidad –esperamos que empiece a quedar claro– es tan sólo un aspecto del problema. Un aspecto importante, sin duda, ya que abre la pregunta general por la comunidad a la pregunta más concreta del tiempo y del espacio de la comunidad. ¿Cuándo y dónde situar la comunidad? Pregunta esta que cobra sentido necesariamente al interior de una reflexión acerca del presente.[22] La denuncia de la

---

[22] Véase M. Sasín, "La comunidad estéril. El recurso comunitario como forma de la autodescripción social", *Papeles del CEIC*, marzo 2010, disponible en http://www. identidadcolectiva.es/pdf/57.pdf.

comunidad faltante suele llevarse a cabo en un espacio-tiempo que los propios denunciantes se figuran como el reverso exacto de aquello que experimentan como falta. Ese espacio-tiempo desde el cual y al cual se critica en nombre de la "comunidad" (pasada o futura) se corresponde muy exactamente con lo que los primeros teóricos de las ciencias sociales en Alemania identificaron con el nombre de "sociedad civil" o "burguesa", y luego con el de "sociedad".

La oposición entre comunidad y sociedad nos interesa en cuanto motivo central para toda una época de la historia comprendida entre comienzos del siglo XIX y mediados del siglo XX, y más específicamente en cuanto oposición fundamental de las teorías que Marx, Tönnies y Weber, entre algunos otros, desarrollaron en distintos momentos de ese extenso período.

Según Manfred Riedel, los vocablos *Gemeinschaft* y *Gesellschaft* fueron empleados como sinónimos aproximadamente desde la Edad Media hasta el siglo XVIII. Ambos términos eran utilizados indistintamente para designar tanto una unión entre personas por medio del discurso y de la acción, como una institución social, política o religiosa determinada. Aun si sus respectivas etimologías revelan diferencias reconocibles en el uso que se hacía de los mismos, durante el período aludido *Gemeinschaft* y *Gesellschaft* poseen en términos generales un significado equivalente.[23]

Entre los especialistas existe consenso en ubicar la génesis de la diferencia conceptual entre comunidad y sociedad a fines del siglo XVIII y comienzos del XIX, en el momento en que comienza a desarrollarse en Alemania el romanticismo político y social. Varios autores han llamado la atención sobre la importancia que tuvo para esta primera diferenciación la traducción al alemán de *Reflections on the Revolution in France* (1790) de Edmund Burke. La obra fue traducida en 1793 por Friedrich Gentz, acérrimo defensor de la contrarrevolución y del pensamiento político conservador que sirvió de inspiración al por entonces incipiente movimiento romántico. En su versión, Gentz utiliza alternativamente los términos *Verbindung* (unión, asociación) y *Gemeinschaft* para traducir el inglés "partnership", término que en

[23] M. Riedel, "Gesellschaft, Gemeinschaft", *op. cit.*, pp. 801-803.

el libro designa la relación armoniosa y sentimental entre las generaciones por oposición a la relación contractual abstracta. El rechazo de Burke por las teorías contractualistas que sitúan al individuo en el centro de la escena histórica, y en especial su rechazo a la teoría del contrato social de Rousseau, se basa en una concepción de la historia donde el principal sujeto es el colectivo generacional que se reafirma a sí mismo a través de su duración en el tiempo. Según escribe Carl Schmitt en un texto notable sobre la ideología política del movimiento romántico en Alemania, "Burke destaca, en giros más bien generales y muchas veces fuertemente retóricos y emotivos, el crecimiento de la comunidad nacional que se extiende a lo largo de las generaciones".[24]

La recepción de *Reflections...* fue central en la conformación del ideario político y del lenguaje conceptual de los románticos de principios de siglo XIX. En aquel tiempo aún primaba de manera indiscutida la concepción del derecho natural racionalista, asociada en Alemania principalmente a los nombres de Kant y Fichte. Con el cambio de siglo, las opiniones políticas de Fichte, del mismo modo que las de Hegel, no tardaron en acercarse a las opiniones de la corriente romántica. Tanto en los escritos de este último como en los de Schleiermacher, F. Schlegel, Novalis y Schelling, se pone en evidencia un cambio radical respecto de la perspectiva del derecho y del Estado hasta entonces dominante. A diferencia de Kant y del joven Fichte, para quienes el derecho y el Estado se explican íntegramente desde el punto de vista del individuo racional y calculador, los románticos adoptan el punto de vista contrario. En este sentido, el romanticismo es fundamentalmente holista. Para estos autores, al igual que para Aristóteles y para toda la tradición clásica de la filosofía política, "el todo es mayor que la suma de las partes". La vida en común deja de ser el resultado de la interacción entre individuos libres para convertirse en el presupuesto sustancial de toda vida individual. Hecho que conduce tanto a la hipóstasis de la individualidad bajo la forma de la "personalidad"

---

[24] *Politische Romantik* (1919), München, Duncker & Humblot, 1925 (trad. L. A. Rossi y S. Schwarzböck, revisión J. Dotti, *Romanticismo político*, Buenos Aires, Universidad Nacional de Quilmes, 2005, p. 176).

(*Persönlichkeit*), como a la hipóstasis de la socialidad bajo la forma de la "comunidad" (*Gemeinschaft*).

En el imaginario romántico, la hipóstasis de la individualidad y de la socialidad va acompañada de una fuerte dosis de emotividad. A los ojos de Schmitt, es F. Schlegel quien explica "lo esencial del romanticismo" al afirmar que "los sentimientos de amor y fidelidad [...] debían ser el soporte más firme de la vida pública".[25] Nada más lejos de esta afirmación que la concepción mecánica del mundo bajo la cual se habían desarrollado las teorías políticas desde Hobbes en adelante. Si bien los principios de "organización" y de "organismo" aplicados al Estado ya se pueden rastrear en Kant y en Fichte,[26] la concepción orgánica del Estado recién la encontramos expuesta en los escritos tempranos de Hegel. El Estado orgánico postulado por Hegel es conservador en lo político (monárquico) y tradicional en lo económico-social (estamental, feudal). Aunque quizás su rasgo esencial, aquel que comparte con la mayoría de las teorías estatales surgidas del romanticismo, es que se trata de un Estado cuyo fundamento último es la emotividad. La idea del Estado orgánico surge como reacción y alternativa al Estado mecánico, cuyo modelo había sido teorizado por las doctrinas iusnaturalistas durante los siglos anteriores. Con todo, esta forma de concebir el Estado y la vida pública en general forma parte de una amplia visión del mundo que excede por mucho el campo estrictamente político. Así como en la esfera de la política los pensadores románticos se oponen al Estado mecánico y artificial en nombre de un estado orgánico y verdadero, otras tantas oposiciones se dan en las esferas del arte, la ética, la historia, la religión, etc.

Schmitt llamó oportunamente la atención sobre el rasgo oposicional de estos discursos al hablar de la "estructura 'antitética' de las manifestaciones románticas". Según él, en las argumentaciones y conclusiones los románticos se limitan a aceptar o rechazar los acontecimientos históricos dando lugar, de este modo, a una serie de antítesis surgidas de sus afectos subjetivos. "En la perífrasis de los estados emotivos de

---

[25] *Ibid.*, p. 179.

[26] Véase F. Ferraresi, "Figure dell'organicismo tedesco. Lineamenti di storia del concetto di comunità da Kant a Jellinek", *Filosofia politica*, XIII, n. 1, 1999, pp. 39-68.

aceptación y de rechazo se desarrolla una productividad romántica peculiar, una cuasi-argumentación, que tiene una técnica particular. Es natural parafrasear la aceptación hablando de algo como positivo; a esto se contrapone lo rechazado como algo negativo. [...] Lo positivo es lo viviente, lo negativo, naturalmente, lo muerto. Lo viviente es orgánico, lo muerto, mecánico (o también, en el caso de Schlegel, dinámico) e inorgánico. Lo orgánico es, naturalmente, lo auténtico, lo mecánico-sucedáneo, etc.".[27] La lista no termina allí. De la lectura de Friedrich Schlegel y Adam Müller, Schmitt deduce los siguientes pares de opuestos que deben añadirse a los ya mencionados: duradero/momentáneo; conservador/destructor; histórico/arbitrario; fijo/caótico; pacífico/faccioso, polémico; legítimo/revolucionario; cristiano/pagano; estamental-corporativo/absolutista-centralista.

La noción de Estado aceptada o afirmada por los románticos –aceptación o afirmación que Schmitt caracteriza como pasiva, ya que no involucra la *decisión* subjetiva de intervenir activamente en el mundo– se conforma, pues, a partir de una combinación de los elementos positivos de la serie. Ahora bien, dado el carácter esencialmente ocasionalista del romanticismo ("si algo define totalmente al romanticismo es la falta de toda relación con una *causa*"), el elemento positivo a privilegiar en una determinada definición de Estado varía según el contexto. Asimismo, hay que tener en cuenta que el ocasionalismo romántico no agota sus argumentos en las antítesis expuestas. Según la explicación de Schmitt, la oposición se convierte en *ocasión* de un "'tercero superior'", de una "unidad más general 'superior' y 'verdadera'": "El papel del tercero superior puede representarlo, por ejemplo, la comunidad (*Gemeinschaft*), en consecuencia, todo es pensado en términos de 'sociabilidad' (*Geselligkeit*) o 'asociación' (*Assoziation*). La agudeza es sociabilidad lógica, el espíritu es sociabilidad lógica, el dinero no es otra cosa que sociabilidad, pero la comunidad, entendida de manera romántica, nunca es el producto de los factores individuales, sino más bien los individuos son 'ocasiones o incluso funciones' de la

---

[27] *Romanticismo político, op. cit.*, p. 166.

44

comunidad. Con ello también se muestra la orientación general hacia el 'tercero superior', hacia la verdadera realidad".[28]

La *Gemeinschaft*, como acabamos de ver, es un ejemplo, y por cierto un ejemplo político, de la "unidad" "superior" y "verdadera" a la que tiende el romanticismo. En sus respectivas esferas, la Idea, Dios o la "obra de arte total" (Richard Wagner) también interpretan el papel de tercero superior. En la esfera política, la noción de "comunidad" comparte esta actuación tanto con la noción de "Estado" como con la noción de "pueblo" (*Volk*). De hecho, en los discursos románticos de las primeras décadas del siglo XIX existe una interdependencia tal entre estas categorías que muchas veces parecen definirse recíprocamente. La obra de Adam Müller, a quien se considera el portavoz más genuino del romanticismo político alemán, es muy instructiva al respecto. En sus *Elemente der Staatskunst* (1809), Müller afirma que el Estado, y más específicamente el pueblo, que es su fundamento natural, no es "mera manufactura", "instituto asegurador o sociedad mercantilista", sino "sublime comunidad de una larga línea de generaciones pasadas, ahora vivientes y aún por venir que están vinculadas en una gran asociación íntima de vida y muerte [...] ¡qué bella... comunidad se le presenta a los ojos y a los sentidos en el lenguaje comunitario, en costumbres y leyes comunitarias, en miles de instituciones beneficiosas!".[29]

Este fragmento es de la mayor importancia dado que en él ya es posible adivinar los rasgos generales de la futura oposición entre comunidad y sociedad. Si bien esta oposición no será formalizada como tal sino muchos años más tarde, hay aquí un primer conjunto de indicios acerca de la dirección que seguirá la noción de comunidad. En los textos de Müller, Gentz, Kleist y F. Schlegel, más allá de las importantes diferencias que guardan entre sí, la comunidad tiene valor absoluto. En el contexto de la Restauración, *Gemeinschaft* es sinónimo de totalidad trascendente, de exaltada unidad *política* y *espiritual* entre las personas –la primera realizada en el Estado monárquico y la segunda en la Iglesia católica–. Como se verá en los próximos capítulos, el acento patético y grave de los discursos románticos sobre la comunidad no estará

[28] *Ibid.*, p. 153.

[29] Citado por M. Riedel, "Gesellschaft, Gemeinschaft", *op. cit.*, p. 829.

del todo ausente en las aproximaciones sociológicas clásicas a esta cuestión. Hasta un cierto punto no siempre determinable, aunque en períodos delimitables de sus respectivas producciones teóricas, Marx, Tönnies y Weber repiten cada uno a su manera gestos característicos de la visión del mundo romántica en el sentido amplio de la misma, en el sentido de una cosmovisión que, como es sabido, no fue exclusivamente política ni se restringió por lo demás a la cultura germánica.

En lo que suele ser considerada la versión madura y definitiva de la filosofía política de Hegel, aquella que se desprende de los *Principios…*, se puede ver a la vez una afirmación de ciertos elementos del romanticismo político y un viraje radical respecto de esta primera orientación teórica que al menos durante algún tiempo también fue la suya. A propósito del problema que tratamos aquí, la primera diferencia que salta a la vista entre Hegel y sus contemporáneos es que aquel opera una serie de distinciones terminológicas y conceptuales hasta entonces inexistentes. Ya en la sección de la *Enciclopedia de las ciencias filosóficas* (1817) dedicada al "espíritu objetivo", Hegel había definido los tres momentos de la dialéctica de la eticidad: la familia (*Familie*), la sociedad civil (o burguesa: *bürgerliche Gesellschaft*)[30] y el Estado (*Staat*). Si se toma cada uno de estos momentos por separado, y en particular la caracterización que hace de la familia y del Estado, se pueden reconocer rasgos prototípicos de la concepción romántica. Pero, precisamente, lo que en este punto separa a Hegel de los románticos es que aquel comprendió la necesidad de distinguir con precisión estas tres instancias. Tal vez el cambio más importante que supone el planteo hegeliano respecto del romanticismo, y en general respecto de toda la filosofía política que lo precede, es que formula un concepto no directamente político de "sociedad civil". Esta no sólo es "la diferencia que aparece entre la familia y el estado", como se puede leer en el *Agregado* al § 182 de los *Principios…*, sino que es el propio "estadio de la *diferencia*" (§ 181). Entre la familia y el Estado, y distinta de ambos, la *bürgerliche Gesellschaft* comprende "un sistema

---

[30] Sobre la ambigüedad semántica de la expresión *bürgerliche Gesellschaft* véase la nota 1 del Capítulo segundo.

de dependencia multilateral" (§ 183) entre personas particulares que entablan entre sí relaciones económicas, culturales y jurídicas.

La *bürgerliche Gesellschaft* es una sociedad donde cada individuo, cada "ciudadano (como 'bourgeois')", persigue fines egoístas, donde "cada uno es fin para sí mismo y todos los demás no son nada para él", nada salvo "medios para el fin de un individuo particular". Hegel reinterpreta a los economistas clásicos afirmando que la *particularidad* está limitada por la *universalidad* en la medida en que la satisfacción de las necesidades de cada uno depende de la satisfacción de las necesidades de todos los demás. Reinterpretación que, es justo recordarlo, no le impidió hacer un diagnóstico crítico de las consecuencias contradictorias en las que desemboca el funcionamiento "sin trabas" de la *bürgerliche Gesellschaft*: por una parte, "*el progreso de la población* y de la *industria*", "la *universalización* de la conexión entre los hombres" y la consecuente "*acumulación de riquezas*"; y por otra, "la *singularización* y *limitación* del trabajo particular, y con ello la *dependencia* y *miseria* de la clase ligada a ese trabajo" (§ 243). Fuertemente determinados por este contexto, los términos "sociedad" y "comunidad" dejan de corresponderse como lo hacían hasta entonces. Sólo al Estado, entendido aún a la manera de los primeros románticos como unidad sustancial donde se enlaza lo particular y lo universal, le cabe –en jerga hegeliana– el nombre de "comunidad" o "totalidad ética".

En la introducción a un libro reciente dedicado a reflexionar sobre el lugar que ocupa el descubrimiento de la *Gesellschaft* en la construcción de la sociología, C. Colliot-Thélène y J.-F. Kervégan logran resumir con agudeza esta singular coyuntura de la historia alemana donde los debates académicos y las polémicas ideológico-políticos corren en paralelo, se retroalimentan mutuamente y producen en conjunto reordenamientos conceptuales en el seno de los nuevos discursos científico-sociales. Allí explican cómo Hegel rechazó la dualidad característica del derecho natural entre el "estado de naturaleza" prepolítico y la "sociedad civil" propiamente política –deudora a su vez de la dicotomía griega entre *oîkos* y *pólis*– y en el mismo acto instauró una nueva distinción en torno a la cual se construirían los objetos de las todavía nonatas ciencias sociales: la "distinción conceptual entre *bürgerliche Gesellschaft* y *Staat*, entre lo 'social' y lo político".[31]

A partir de 1830 la diferenciación entre *bürgerliche Gesellschaft* y Estado fue retomada y profundizada por una serie de autores que, asumiendo la herencia teórica de Hegel, como hizo Lorenz von Stein, o bien criticándola, como le sucedió a Robert Mohl, compartieron el hecho de ser los representantes de una fracción de la burguesía deseosa de ampliar sus derechos políticos y, a un mismo tiempo, los primeros en hacer sentir la necesidad de una "ciencia de la sociedad" (Lorenz von Stein) autónoma e independiente. Pero fue sobre todo a partir de la revolución de 1848 que los fenómenos sociales y políticos característicos del mundo moderno comienzan a ser identificados y discutidos por los teóricos alemanes. Por esos años empieza a hablarse de "Estado de derecho", "Estado social", "movimientos sociales", etc. Huelga decir que otro de los pensadores que por la misma época se sirvió de la distinción legada por Hegel fue Marx. En su caso, para construir los fundamentos de una teoría que por su radicalidad fue cuidadosamente mantenida a distancia de los programas académicos. No obstante esto, hoy sabemos con certeza que el discurso de Marx jugó un papel decisivo en el proceso por el cual se estableció el significado de algunos conceptos claves de la teoría social, entre ellos el de comunidad. A esta cuestión está dedicado el próximo capítulo.

A continuación citamos un fragmento de la introducción de C. Colliot-Thélène y J.-F. Kervégan que en parte recapitula lo anterior y en parte nos introduce en el problema al que poco a poco nos vamos acercando:

> [...] la oposición entre sociedad civil y Estado funcionó en Alemania como un arma conceptual para una burguesía liberal preocupada por deshacerse de las estructuras políticas y sociales heredadas del siglo anterior (*Ständeorganisation* y *Obrigkeitsstaat*). Los debates académicos concernientes a la delimitación y organización de las disciplinas hacían eco a las polémicas ideológico-políticas: una misma aspiración sostenía

---

[31] "Présentation. De la 'société civile' à la 'sociologie'", en C. Colliot-Thélène y J.-F. Kervégan (eds.), *De la société à la sociologie*, Paris, ENS Éditions, 2002, p. 16.

tanto la reivindicación del Estado de derecho como la pretensión a la autonomía de la sociología naciente. Cuando las desarmonías de la sociedad se volvieron demasiado evidentes para poder contarlas como imprevistos de una libertad social tanto más cara cuanto que era reciente, cuando la "sociedad civil" perdió su carácter "civil" (término que, tanto para la mayor parte de los teóricos liberales como para Hegel, implicaba una dimensión cultural) para reducirse al espacio de expansión de los intereses egoístas, otro discurso se hizo escuchar, uno que eventualmente buscaba en el pasado las huellas de una forma de socialidad más generosa: el de Gierke (*Das deutsche Genossenschaftsrecht*, tres volúmenes aparecidos respectivamente en 1868, 1873 y 1881), y, más significativamente aún, el de Ferdinand Tönnies (*Gemeinschaft und Gesellschaft*, 1887). En el cambio del siglo XX, la distinción tipológica entre *Gesellschaft* y *Gemeinschaft*, sociedad y comunidad, había suplantado definitivamente a la oposición entre sociedad civil y Estado en las discusiones de la sociología alemana.[32]

Esta es una clave de lectura e interpretación que nos interesa seguir de cerca, no tanto por lo que afirma, sino más bien y fundamentalmente por lo que permite sospechar. Después de todo, pensar que las discusiones de las que surgen las primeras teorías sociológicas en Alemania se enmarcan en el tránsito de la sustitución de una oposición conceptual por otra resulta plausible, o al menos debería empezar a serlo una vez que hayamos justificado más ampliamente por qué la época a la que pertenecen estas discusiones puede llevar por nombre *época de las oposiciones*.

El nacimiento del pensamiento sociológico alemán, y con él la oposición entre comunidad y sociedad, se inscribe de lleno en esa época. A menudo y con razón, suele hablarse de esta oposición como de un asunto nacional o, más directamente, como de un rasgo constitutivo de la "ideología alemana".[33] Schmitt aborda esta cuestión en un texto

---

[32] *Ibid.*, p. 23.

[33] En un texto admirable que trata algunos temas de los que nos ocupamos aquí, Wolf Lepenies escribe: "Si hay algo parecido a una ideología alemana, esta consistiría en oponer el Romanticismo a la Ilustración, la Edad Media al mundo moderno, la cultura a la civilización y la *Gemeinschaft* a la *Gesellschaft*" ("La sobreestimación

más bien poco conocido donde examina la antítesis entre *Gemeinschaft* y *Gesellschaft* en el marco de un estudio más amplio sobre el pensamiento dualista en tanto fenómeno característico de un período de la historia alemana. Se trata de un artículo aparecido en 1960 en un libro con el que se rendía homenaje al filósofo del derecho Luis Legaz y Lacambra, cuyo título es ya toda una declaración de intenciones: "La oposición entre comunidad y sociedad como ejemplo de una distinción bimembre. Consideraciones sobre la estructura y el destino de tales antítesis".[34]

Dicho artículo reviste especial interés para nosotros por múltiples razones. Para empezar, por su enorme riqueza conceptual, pero también por la precisión y la capacidad de síntesis que demuestra frente a un tema que sabemos denso y enrevesado. En otro orden de cosas, porque Schmitt toma precisamente la distinción entre comunidad y sociedad como ejemplo de un problema más general que sin ser el nuestro nos incumbe de forma directa. Como queda claro desde el comienzo de su texto, la oposición entre comunidad y sociedad no es un ejemplo cualquiera. No es un ejemplo más sino que aparece como el ejemplo paradigmático, como la oposición ejemplar de cuyo análisis Schmitt va a colegir otras oposiciones hasta desatar "finalmente una verdadera reacción en cadena". Asimismo, sabemos que su testimonio tampoco es un ejemplo entre otros en la historia de los testimonios sobre estas sensibles cuestiones. Su compromiso político con el nazismo no es ajeno ni a la "estructura" ni al "destino" de las antítesis sobre las que se propone reflexionar. Este es un hecho que sin duda habrá que tener en cuenta, menos para despertar la buena conciencia del lector que para intentar leer de otra manera un discurso cuya agudeza no queda

---

de la cultura: un problema alemán", en *Melancolía y utopía*, trad. J. G. López Guix, Barcelona, Arcadia, 2008, p. 50).

[34] C. Schmitt, "Der Gegensatz von Gemeinschaft und Gesellschaft als Beispiel einer zweigliedrigen Unterscheidung. Betrachtungen zur Struktur und zum Schicksal solcher Antithesen", en AAVV, *Estudios Jurídico-Sociales. Homenaje al Profesor Luis Legaz y Lacambra*, Tomo I, Zaragoza, Octavio y Feléz, 1960, pp. 165-176 (trad. A. E. Gros, "La oposición entre comunidad y sociedad como ejemplo de una distinción bimembre. Consideraciones sobre la estructura y el destino de tales antítesis", *Anacronismo e irrupción. Revista de Teoría y Filosofía Política Clásica y Moderna*, Vol 4, No 7 (2014), pp. 171-188.)

desmentida por la sombra reaccionaria que lo acecha. Precisamente porque es sabido que en estas condiciones es más o menos sencillo y en esa medida demasiado tentador extraviarse en las acusaciones, redoblaremos los esfuerzos por no perder el hilo de un argumento tan problemático como esclarecedor.

Empezamos por leer en las primeras páginas de este testimonio la introducción simultánea al tema, al ejemplo y al problema:

> Durante la primera mitad del presente siglo, la oposición entre comunidad y sociedad ha tenido en Alemania una influencia determinante en las representaciones y conceptos que refieren a la vida conjunta de los hombres. Con esta oposición parece haberse encontrado una primera orientación general, fundamental y omniabarcante. La distinción no se empleó solo sociológicamente en estrecho sentido científico-disciplinario; ella penetró también en el pensamiento filosófico-moral y filosófico-jurídico, e incluso en discusiones de filosofía del arte, entre otras. Tenía toda la fuerza sugestiva de una antítesis simple y clara, especialmente cuando era comprendida como alternativa o como disyunción excluyente. Entonces, todo grupo social era o bien una comunidad, o bien una sociedad, o una formación intermedia o de transición. Este tipo de antítesis facilitan el ordenamiento de una gran cantidad de material y hacen plausible la argumentación. [...] Tales antítesis se vuelven totalmente irresistibles cuando caen en el terreno de sistemas de referencia de valor y se vinculan con "juicios de valor" morales o de otro tipo, explícitos o tácitos; cuando, por ejemplo, la comunidad aparece como lo natural, auténtico y verdadero, y la sociedad, en consecuencia, como lo artificial, creado y falso, o al revés: la sociedad como lo más alto por su progresividad, obteniendo de este modo la comunidad automáticamente un valor negativo como lo primitivo, bárbaro o reaccionario.[35]

Evidentemente, Schmitt habla aquí como analista y como partícipe de la misma historia que analiza. Sus ideas y conceptos estuvieron decisivamente influenciados por la oposición entre comunidad y sociedad, al menos durante esa primera parte del siglo que va, como

[35] *Ibid.*, pp. 172-173.

lo explicitará más adelante, de 1900 a 1933. Durante ese período, en Alemania, esta oposición invadió todas las esferas del conocimiento y del arte. Entre otros méritos que Schmitt le reconoce a Tönnies –en este y en otros textos suyos– está el de haber construido y desarrollado por primera vez la distinción entre *Gemeinschaft* y *Gesellschaft*. En la interpretación histórica schmittiana, Tönnies aparece como uno de los representantes más eximios de una época del pensamiento alemán donde vuelven a triunfar "las antítesis simples y bimembres" sobre el "esquema tripartito" que había sido preponderante durante la primera parte del siglo XIX, lo cual "obedecía a la hegemonía de la filosofía de Hegel y a su gradación dialéctica". Esta tesis, apenas desarrollada en el texto de 1960, ocupaba un lugar destacado en el tramo final de su célebre ensayo *El concepto de lo político*, cuyas cuatro versiones publicadas datan de 1927, 1932, 1933 y 1963. Allí no sólo se mostraba un panorama más abarcador de la alternancia histórica entre construcciones bimembres y trimembres, sino que junto a Tönnies aparecían los nombres de otros dos grandes pensadores que habían construido sus respectivas teorías sobre la base de oposiciones duales: Otto von Gierke (con su antítesis entre el derecho individualista de la tradición romana y el derecho corporativo de la tradición germánica) y Karl Marx (con su antítesis entre burgueses y proletarios).[36] Justamente, dos autores de los que Tönnies se siente un heredero y un continuador; según sus propias palabras, autores cuyas obras dejaron en su teorema de la comunidad y la sociedad "huellas profundas, estimulantes, instructivas, confirmatorias".

Es interesante notar que para Schmitt las construcciones trimembres son características de tiempos históricos como el de la Restauración, donde existen profundas ansias de paz y, por lo tanto, donde triunfan las tendencias mediadoras tanto en la teoría como en la práctica. En *El concepto de lo político*, escribe: "A la construcción basada en los tres estados le faltaba, sin embargo, la fuerza polémica de la antítesis basada en dos estados. Por ello, inmediatamente después de la época

---

[36] C. Schmitt, *Der Begriff des Politischen. Text von 1932 mit einem Vorwort und drei Corollarien*, Berlin, Duncker & Humblot, 2009 (trad. E. Molina y Vedia y R. Crisafio, *El concepto de lo "político"*, Buenos Aires, Folios, 1984, pp. 70-71).

de la tranquilidad, del estancamiento y de los intentos de restauración, retomó la lucha y triunfó nuevamente la simple contraposición basada en dos elementos".[37] El tiempo de los esquemas tripartitos es tenido aquí por un breve armisticio entre dos períodos de lucha. Por un lado, el del siglo XVIII, tensado "entre *dos* puntos" que marcaban una línea de "progreso": el "fanatismo" y la "libertad", el "dogma" y la "crítica", la "superstición" y la "ilustración", la "oscuridad" y la "luz". Por otro lado, el que comienza a mediados del siglo XIX con la conformación del campo de lo que más tarde se llamaría "sociología" y cuya contraposición privilegiada fue precisamente aquella entre *Gemeinschaft* y *Gesellschaft*. En efecto, Schmitt encuentra significativo el hecho de que la sociología haya sido tempranamente considerada como una "'ciencia oposicional [*Oppositionswissenschaft*]' (Carl Brinkmann)".

En un principio, la nueva victoria de las distinciones bimembres tiene lugar en el terreno de las nuevas ciencias positivas. Un terreno prácticamente inexplorado en Alemania pero, como no tardaría en confirmarse, bastante propicio para desatar la contundencia polémica apenas disimulada tras las contraposiciones trimembres de tendencia pacificadora. Y esto, vale la pena aclararlo, no porque la oposición *Gemeinschaft/Gesellschaft* desarrollada por Tönnies y prefigurada por tantos otros antes que él tuviera una impronta bélica, sino porque el "destino" "fijado desde el comienzo en la distinción entre comunidad y sociedad" es "convertirse en mera posición de referencias de valor positivas o negativas".[38]

Con esto, lo que da a entender Schmitt –desde nuestro punto de vista, menos como una crítica que como una constatación y en última instancia como un llamado de atención sobre los "efectos del pensamiento de los valores" y sobre la "posibilidad de una peligrosa 'tiranía de los valores'"– es que la fuerza polémica de la dualidad entre comunidad y sociedad reside en su carácter oposicional y por lo tanto jerárquico, en el hecho de haber sido "una antítesis simple y clara" donde inevitablemente cada una de las posiciones asumió un significado y un valor específico en función de una configuración histórico-

[37] *Ibid.*

[38] "La oposición entre comunidad y sociedad...", *op. cit.*, p. 173.

social bien determinada como fue la Alemania de fines de siglo XIX y principios de siglo XX. Esta interpretación va a ser refrendada en una breve nota añadida por Schmitt a *El concepto de lo político* más de treinta años después de su primera publicación. Allí habla una vez más del destino de la antítesis entre comunidad y sociedad como ejemplo instructivo de los efectos del pensar en términos de valor, y del modo singular en que esta lógica del pensar en valores opera sobre su conocida distinción entre "amigo" y "enemigo": "El destino de la antítesis comunidad-sociedad es ampliamente ejemplificador de los efectos del pensamiento valorativo aplicado a cualquier objeto pensable. En la explicación de la lógica del pensamiento en valores –que es también siempre una lógica del pensamiento en no valores–, esto significa, en lo que se refiere a nuestro tema, que el amigo es registrado como 'valor' (*Wert*), y el enemigo como 'no-valor' (*Unwert*): la destrucción del enemigo aparece más bien como un valor positivo, según el bien conocido modelo de la 'destrucción de la vida indigna de ser vivida' (*Vernichtung lebensunwerten Lebens*)".[39]

La distinción entre comunidad y sociedad tiene aquí, no lo olvidemos, valor de ejemplo. Sin embargo, en cuanto oposición jerárquica, su destino o su suerte no se diferencia del de otras tantas oposiciones que en ese mismo contexto histórico-social gozaban de un interés semejante: "La oposición de comunidad y sociedad ha experimentado el inevitable destino de todas las distinciones bimembres que fueron entendidas y llevadas adelante por los hombres con una cierta intensidad. A través de reinterpretaciones de todo tipo, las mismas se tocan con otras antítesis bimembres, se transforman en ellas e incluso se amalgaman con nuevas tensiones y frentes antagónicos".[40]

---

[39] *El concepto de lo "político"*, *op. cit.*, p. 71, nota 66. Recordemos que la expresión "destrucción de la vida indigna de ser vivida" fue acuñada por el psiquiatra A. Hoche y el jurista K. Binding. Su ensayo conjunto de 1920, *Die Freigabe der Vernichtung lebensunwerten Lebens*, es citado y elogiado por Schmitt, a cuyos autores, dice, "sería injusto y casi una locura adjudicarles una culpa o responsabilidad". "Pero", agrega a continuación, "las abominables experiencias de la destrucción de la 'vida indigna' pueden ser una ocasión para reflexionar sobre el gran problema de la 'tiranía de los valores'" ("La oposición entre comunidad y sociedad...", *op. cit.*, p. 186).

[40] *Ibid.*, p. 175.

Ahora bien, ¿cuáles son estas otras antítesis irresistibles que, regidas por una misma concepción del mundo, se encadenan con la antítesis que hasta aquí ha servido de ejemplo? Schmitt refiere una larga enumeración encabezada por la distinción entre lo *orgánico* (*Organisch*) y lo *mecánico* (*Mechanisch*), distinción fundamental en su opinión para comprender la historia estatal y constitucional alemana del siglo XIX y sobre todo el liberalismo de la primera parte de ese mismo siglo. La significación de lo *orgánico* y de su opuesto durante este período varía en función del adversario político de cada momento. Lo que permanece verdaderamente invariable a lo largo de toda esta época en Alemania es el valor positivo que tiene lo *orgánico* respecto de lo *mecánico*, y la *comunidad* respecto de la *sociedad*. Entre estos pares de opuestos existe una relación de reenvío permanente. Uno y otro "impulsan cada vez más lejos la tensión dualista que les es inmanente". Desde mediados del siglo XIX, en un contexto dominado por el espíritu positivista de las ciencias naturales que condenaba como "irracional" todo lo que desde su propio punto de vista no era "racional", las antítesis, dice Schmitt, se volvieron aún más simples dando lugar a "un conglomerado heterogéneo de mitos y posiciones auténticas e inauténticas que se correspondían infinitamente con muchas otras oposiciones bimembres tales como sentimiento contra entendimiento, corazón contra cabeza e incluso –en correspondencia con un tiempo impresionista– calor contra frío".[41]

El encadenamiento de la serie de oposiciones parece no tener fin. Con cada nuevo contacto y amalgamiento entre antítesis bimembres, la serie entera se transforma, y con ella, el sentido de cada una de las antítesis que la componen. La proliferación de nuevas tensiones y de nuevos frentes antagónicos es tan incontrolable como el deslizamiento de sentido que esta proliferación genera. Por esta razón, justamente, para analizar una oposición determinada hay que evitar eso mismo que tantas veces se supone ha de ser el primer paso del análisis, esto es, aislarla. Una oposición nunca se comprende por sí misma. Esta sólo es comprensible al interior de una serie y en el contexto particular al que la serie pertenece. Así se explica, pues, el largo rodeo de

[41] *Ibid.*, p. 179.

Schmitt a través de la historia de los "inesperados encadenamientos de oposiciones bimembres" antes de plantear la pregunta capital: "¿Qué sucedió en Alemania desde 1900, entonces, para que la oposición de comunidad y sociedad haya encontrado repentinamente un interés tan profundo?". La necesidad de este rodeo recién se comprende una vez que se conoce la respuesta. Sólo entonces, el encadenamiento de oposiciones sobriamente examinado adquiere de golpe todo el dramatismo que le da la vinculación con los hechos históricos concretos:

> Fue el rápido desarrollo industrial cuyo comienzo se sitúa en el tiempo del cambio de siglo. Alrededor de 1900 se construyeron en Alemania las primeras grandes fábricas y centrales interurbanas, y comenzó la electrificación de los terrenos agrícolas débilmente poblados. Este desarrollo industrial de Alemania se intensificó luego de la Primera Guerra Mundial –1914-1918– y condujo a nuevos conceptos y representaciones del espacio. En otro sitio he mostrado que la palabra "*Grossraum* [gran espacio]" surgió por primera vez en ese entonces, en el marco del desarrollo industrial. Pero simultáneamente con esta fuerte industrialización, surgió un contramovimiento cuyo lema fue justamente la palabra "comunidad". La misma se introdujo en 1901 con la fundación de las "Aves errantes [*Wandervögel*]" y apareció tanto en el movimiento juvenil alemán como en otros "movimientos". Sería iluso decir que la formulación de Tönnies haya sido la causa de tales fenómenos, pero pertenece a ellos como palabra clave. La nueva oposición bimembre en la cual de allí en más se concretizó la distinción entre comunidad y sociedad, y la de lo orgánico y lo mecánico, fue la de campo y ciudad. El movimiento juvenil alemán comenzó con esta oposición en 1901. [...] Probablemente, el desarrollo industrial sucesivo conducirá a la industrialización total y, así, a la superación de la oposición entre ciudad y campo. En aquel estadio, sin embargo, en la Alemania de 1900-1933, la distinción entre comunidad y sociedad aparecía como expresión de un contramovimiento frente al imparable desarrollo industrial, que era deplorado y combatido como mecanización y racionalización.[42]

[42] *Ibid.*, pp. 179-180.

Son muchos y variados los acontecimientos ocurridos en Alemania entre 1900 y 1933 que reforzaron el interés por la oposición entre comunidad y sociedad. A diferencia de otras naciones europeas para ese entonces tan industrializadas como Alemania, la estructura social de este país continuaba siendo, en muchos aspectos, llamativamente tradicional. En este sentido, lo que expone la oposición *Gemeinschaft/ Gesellschaft* es un conflicto de naturaleza ético-política. La acelerada transformación de la economía era experimentada al mismo tiempo como un cambio inédito en las relaciones sociales de producción y en los modos de ser individuales y colectivos. Frente al avance incontrolable de la "sociedad", que había devenido sinónimo de industrialización, mecanización y racionalización de la vida en sus aspectos más elementales, la "comunidad", en el sentido preciso en que la había definido Tönnies, quien en estos años acumuló prestigio y popularidad, aparecía como la figura emblemática en la cual confluían con total naturalidad reivindicaciones económicas, éticas, políticas y existenciales de una parte de la población descontenta con la avanzada civilizatoria. Los movimientos juveniles a los que hace mención Schmitt fueron los primeros en invocar la comunidad como el símbolo de la resistencia heroica a la sociedad.

El movimiento de la juventud alemana nació a principios del siglo XX como una organización poco estructurada que se enfrentaba a las generaciones anteriores reafirmando valores sociales tradicionalistas. El discurso de los primeros participantes del movimiento estaba en buena medida influenciado por el romanticismo. Su culto a la comunidad y a la naturaleza era concomitante a su repulsa por la sociedad y la ideología burguesas, el industrialismo, la urbanización, y la pérdida de los usos y costumbres nacionales. Desde sus inicios, el movimiento albergó tendencias políticas muy heterogéneas y a veces extremas, tanto de izquierda como de derecha. A partir de 1933 la única organización de estas características autorizada por el gobierno fue la juventud hitleriana (*Hitlerjugend*), la cual heredó de los movimientos anteriores muchos de sus argumentos ideológicos y de sus experiencias prácticas.

La Primera Guerra Mundial también colaboró en que se acentuara el interés por la oposición entre comunidad y sociedad. Inmediatamente después del estallido de la guerra se asistió a una propagación inusitada de la retórica comunitaria. La *Gemeinschaft* dejó de ser únicamente el símbolo con el que solían identificarse las juventudes disconformes con el rumbo de la sociedad moderna. En tiempos de guerra, la *Gemeinschaft* se convirtió en el denominador común del pueblo movilizado. De esta época data la expresión tristemente célebre de "comunidad del pueblo" (*Volksgemeinschaft*), usada durante la guerra para destacar la solidez de los vínculos identitarios que unían a los miembros de la nación alemana, y, años más tarde, recuperada por el nacionalsocialismo para apuntalar el mito de una comunidad fundada sobre la raza, esencialmente una raza de "sangre y suelo" (*Blut und Boden*). Antes de convertirse en una palabra clave de los discursos que adelantándose a los hechos pretendían justificar el exterminio masivo de personas, "comunidad" fue un término ligado fundamentalmente a la "ideología de la guerra" (*Kriegsideologie*). Volveremos con mayor detenimiento sobre todas estas cuestiones en el último capítulo del libro. Sin embargo, no queríamos dejar de referirnos aquí al enorme impacto que tuvo la Gran Guerra en el uso y la propagación de la terminología comunitaria. Sobre todo por tratarse de uno de esos raros momentos en que el uso coloquial de un término se sobreimprime a su uso teórico y técnico. No pocos pensadores alemanes se hicieron eco del *pathos* nacionalista y por momentos místico transmitido por el lenguaje de la comunidad. Un mismo gesto comunitarista, si se lo puede llamar así, se repite en los alegatos de la época, de Tönnies a Scheler y a Sombart, pasando por autores presuntamente libres de todo sesgo irracionalista, como es el caso de Weber.

Sin lugar a dudas a Tönnies le cabe la responsabilidad de haber introducido la oposición conceptual entre "comunidad" y "sociedad" tal como se da a conocer desde fines del siglo XIX. Pero sería necio, como afirma Schmitt, adjudicarle otra responsabilidad que no esa esta y, evidentemente, la de los distintos usos que hace de estos conceptos en sus propios discursos, los cuales ni siquiera en los momentos en los que alcanzan relieves chauvinistas pueden ser equiparados con aquellos más directamente vinculados al nacionalsocialismo. Si bien en estos últimos la oposición entre "comunidad" y "sociedad" recibe connotaciones específicas, explicables solamente a partir de la matriz racista en la que se inscribe, no por ello desaparece la forma oposicional. Sin ir más lejos, y para no salirnos del terreno de la sociología, basta considerar los trabajos publicados por Hans Freyer en ese tiempo. Schmitt, sin embargo, limita su reflexión al período 1900-1933. No dice nada sobre lo ocurrido después de esa fecha. A pesar de que su texto es muy posterior, no dedica ni una sola línea a recordar la centralidad inequívoca y manifiesta que tuvo la figura de la comunidad en muchas de las proclamas teóricas, políticas y propagandísticas que apoyaron al Tercer Reich.

La compleja relación de Schmitt con el nazismo, su compromiso público con el régimen y su participación activa en el mismo entre 1933 y 1936, así como su toma de posición no explicitada pero siempre latente en favor de los *valores* asociados a la "comunidad", quizás expliquen este silencio. En cualquier caso, la cronología y el recorrido propuestos por Schmitt nos conducen a pensar los límites de la época sobre la que nos interrogamos aquí: ¿cuáles son y dónde situar los límites de la época de las oposiciones? Pregunta que supone, *concesso non dato*, que en un determinado momento de la historia dicha época tuvo lugar efectivamente, y esto desde el momento en que asumimos la posibilidad de delimitarla. Una pregunta nos lleva lógicamente a la otra: ¿puede hablarse, con todo rigor, de una época de las oposiciones?

Por un lado, y en primer lugar, a esta última pregunta respondemos afirmativamente. Hubo un período, que puede servir como punto de referencia histórica para todo lo que sigue, durante el cual la escena intelectual alemana estuvo dominada por un gran número de oposiciones simples, entre las cuales se destacó más y menos que como un mero *ejemplo* la oposición entre comunidad y sociedad. A grandes rasgos, este período comenzó en las primeras décadas del siglo XIX, tuvo su apogeo entre 1860 y 1930, y aún se mantuvo vigente hasta aproximadamente el final de la Segunda Guerra Mundial.

Pero por otro lado y en virtud de lo dicho hasta aquí también es preciso tener presente que a lo largo de la historia, en cada una de sus épocas, las oposiciones simples o complejas, duales o sublimadas en un "tercero superior", han dominado el pensamiento occidental. La

59

historia de las oposiciones coincide con la historia de la metafísica, es decir, con *nuestra* historia. Otra forma de decir que el pensamiento oposicional que rige el discurso metafísico hace época en todas las épocas. La autoridad de este discurso descansa en la naturaleza aparentemente inconmovible de la lógica que lo gobierna. Su dominio, por si aún hace falta aclararlo, no se limita a un momento determinado de la historia de Occidente, ni a un territorio, ni a una lengua particular, ni mucho menos a "la metafísica" *como* filosofía. Precisamente, la época que creímos poder delimitar se caracteriza, entre otras cosas, por ser aquella donde los enunciados "filosóficos" van a ser primero criticados y luego desplazados lentamente por los nuevos enunciados "científicos", sin que ello afecte en lo más mínimo la estructura oposicional que le es consustancial a la discursividad metafísica.

Bajo este título, *la época de las oposiciones*, quisimos designar un momento de la historia durante el cual, especialmente en Alemania pero no sólo allí, proliferaron los discursos de las modernas ciencias sociales, y entre ellos el de las teorías sociológicas que hoy llamamos clásicas. Discursos que a menudo se presentan a sí mismos como portadores de un saber positivo o científico, por contraste con un saber especulativo o filosófico, pero cuyos conceptos fundamentales y fundadores, expuestos invariablemente como oposiciones binarias, permanecen vinculados a un saber metafísico. En definitiva, la época de las oposiciones representa apenas una escena en la larga historia de la metafísica como historia de la verdad. Sin duda, una escena completamente singular y digna de atención –con sus tiempos y sus espacios reconocidos, con sus personajes destacados y sus momentos predominantes– que bien podemos dar por concluida a condición de no olvidar que sus efectos todavía perduran en una gran variedad de trabajos contemporáneos, en algunos de ellos manera predecible y a veces ignorada por los propios responsables de estas intervenciones, y en otros, en cambio, de manera estratégicamente velada. Uno de los intereses no disimulados de esta investigación consiste justamente en facilitar la localización y la deconstrucción de estas oposiciones allí donde continúan sirviendo, con plena vigencia, a la determinación de un sentido "natural", "originario" o "verdadero" de la socialidad.

Capítulo segundo
Comunidad, sociedad civil o burguesa y Estado: Karl Marx

He aquí tres grandes nombres, tres figuras mayores del pensamiento de Marx: comunidad, sociedad civil o burguesa (*bürgerliche Gesellschaft*)[1] y Estado. Ninguna de ellas, sin embargo, le pertenece. Con esto tampoco decimos que pertenezcan de hecho o de derecho a alguien más. No hay, en sentido estricto, propietario o autor de las citadas figuras. Como es sabido, se trata de tres nombres emblemáticos del léxico filosófico-político y científico-social de Occidente, cuyos usos y significados han variado notablemente a lo largo de la historia y continúan haciéndolo aún hoy. Aun sin pertenecerle, es indudable que Marx ha dejado una huella profunda en estos nombres. Cuando comenzó a utilizarlos cada uno de ellos remitía a una tradición por entonces hegemónica en la cual

[1] La expresión *bürgerliche Gesellschaft* es en extremo ambigua ya que hace referencia, simultáneamente, tanto a lo que la tradición anglosajona entiende por "sociedad civil" (*civil society*) como a lo que la tradición francesa entiende por "sociedad burguesa" (*société bourgeoise*). Como veremos, Marx saca todo el partido posible de esta "pobreza léxica" de la lengua alemana, que al no distinguir entre "civil" y "burgués" ni entre "ciudadano" y "burgués" permite –en palabras de Niall Bond– "crear una amalgama entre las libertades políticas que puede exigir el ciudadano y las libertades comerciales que aprovecha el capitalista", y así "sembrar una confusión entre el republicano y el burgués" ("Le refus de la *bürgerliche Gesellschaft* et la genèse de la sociologie moderne allemande: l'exemple de *Gemeinschaft und Gesellschaft* de Ferdinand Tönnies", en C. Colliot-Thélène y J.-F. Kervégan (eds.), *De la société à la sociologie, op. cit.*, p. 109). Según el contexto, los traductores de Marx optan por "sociedad civil" o por "sociedad burguesa". Si bien ambas traducciones son correctas, como suele decirse, desde el momento en que se elige una se tiende a borrar, voluntaria o involuntariamente, la ambigüedad de la expresión alemana con la que deliberadamente juega Marx. Para no tener que elegir, siempre que nos referimos a esta expresión en Marx hemos decidido escribir "sociedad civil/burguesa", y en muchos casos directamente hemos preferido no traducirla.

ya aparecen entrelazados y formando parte de una misma constelación conceptual. Esta tradición, de la que Marx es uno de los herederos más fieles y a su vez más críticos, se corresponde con la filosofía hegeliana del derecho y con las derivas filosóficas neohegelianas, en particular, con aquella vinculada al pensamiento de Ludwig Feuerbach.

En este capítulo nos preguntamos sobre el significado y sobre el valor específico que Marx reasigna a cada una de estas tradicionales figuras y, asimismo, sobre cómo esta resignificación y esta revalorización afecta al sistema de relaciones lógicas y axiológicas que ellas mantienen entre sí. A tales fines, comenzaremos por analizar algunos de los textos tempranos de su producción que mejor articulan las nociones en cuestión. Simultáneamente, nos ocuparemos de las principales transformaciones ocurridas en la teoría marxiana de esta época, y de la correlación de las mismas con los acontecimientos concretos que tuvieron lugar en aquel momento. Luego realizaremos un breve excurso sobre la cuestión de la ontología comunitaria o de lo común, vale decir, sobre la cuestión de cómo Marx plantea y comienza a responder la pregunta por el ser o la esencia de la comunidad. Para finalizar, consideraremos algunos pasajes de sus escritos posteriores a 1850, desde los *Grundrisse* hasta la correspondencia intercambiada con los revolucionarios rusos, pasando por la *Contribución a la crítica de la economía política* y *El Capital*. Escritos donde el problema de la comunidad, abordado desde una perspectiva histórica, antropológica y económico-política, ocupa un lugar central en la argumentación general de su crítica al modo de producción capitalista y sus instituciones.

En suma, todo nos conduce a replantear una serie de preguntas cuya importancia para el desarrollo del proyecto de Marx en particular y de la teoría sociológica en general hoy está fuera de toda discusión: ¿qué hay de la comunidad?, ¿cómo se vincula esta noción con la de *bürgerliche Gesellschaft* y en qué se diferencian?, ¿qué relación guarda cada una de ellas con el Estado y con la vida política en general?

Paralelamente al planteamiento de estas preguntas, es preciso constatar desde un comienzo la inutilidad y acaso la imposibilidad de abordarlas aisladamente. Para Marx, comunidad, sociedad civil/burguesa y Estado son los nombres capitales y en sí mismos problemáticos de un mismo y único problema que aparece claramente delineado en sus primeros textos y no lo abandonará jamás: el problema de la *emancipación humana*. Creemos que este es el punto de partida y el horizonte de pensamiento de Marx, del "joven" y del "viejo", del "demócrata" y del "comunista", del "político", del "científico" y, en general, de todo lo que se ha escrito y firmado con el nombre de "Marx". La emancipación del hombre sería, pues, no solamente el hilo conductor de una obra inmensa y esencialmente heterogénea, sino el designio mismo de una vida dedicada a producir acontecimientos tendientes a revolucionar el mundo humano en todos los planos de la existencia. Ciertamente, el sentido de lo que Marx pudo llamar emancipación humana o emancipación universal sufrió alteraciones profundas a lo largo del tiempo, según las exigencias de cada momento y los cambios experimentados en su propio pensamiento. Pero siempre se mantuvo como un ideal al que Marx nunca habría renunciado y con el cual nos topamos sistemáticamente, aunque formulado de maneras muy diferentes, en muchos de sus escritos de todas las épocas.

1. De la sociedad a la comunidad

Durante los años que habitualmente se identifican con su "período de juventud" (1840-1848), Marx plantea la cuestión de la emancipación del hombre en relación directa con el problema de la comunidad, la sociedad civil/burguesa y el Estado. Si bien es en "Sobre la cuestión judía" y "En torno a la crítica de la filosofía del derecho de Hegel. Introducción" donde todas estas cuestiones aparecen desarrolladas conjuntamente por primera vez, ya en las "Cartas cruzadas en 1843" encontramos un anticipo decisivo de lo que será este desarrollo.[2]

En mayo de 1843 Marx cruza impresiones con Arnold Ruge sobre la situación de Prusia y de Alemania en su conjunto, sobre el "hombre deshumanizado" que aquel identifica con el "principio de la monarquía", y sobre la esperanza de alcanzar de una buena vez el "mundo humano

[2] Los dos célebres ensayos y las cartas mencionadas aparecieron en febrero de 1844 en los *Anales franco-alemanes*, revista cuyo primer y único número fue editado en París por Arnold Ruge y el propio Marx. Bajo el título "Cartas cruzadas en 1843" se agrupan ocho cartas, de las cuales tres están firmadas por Marx, tres por Ruge, una por Bakunin, y otra por Feuerbach.

de la democracia". Una de sus principales críticas apunta al filisteísmo imperante en Prusia: "el filisteo es el material de la monarquía y el monarca no es […] más que el rey de los filisteos; y no puede liberarse a sí mismo ni liberar a sus gentes, hacer de ellos *verdaderos hombres*, mientras ambas partes sigan siendo lo que son".[3] Para Marx, la palabra "filisteo" es sinónimo de esclavo. Significa, en todo caso, algo menos que hombre. El filisteo –dice– es una "bestia" (*Tier*), y "el mundo de los filisteos", es decir, Prusia, "es *el mundo político animal*" (*ist* die politische Tierwelt).[4] Allí los hombres llevan una existencia perfectamente animal, y por ello hay que entender una existencia perfectamente apolítica. La única "persona política" en Prusia es el rey. De ahí que Marx le haga decir a un imaginario "Aristóteles alemán que calcara su *Política* sobre nuestras realidades": "El hombre es un animal social, pero totalmente apolítico".[5]

El mundo humano, y por tanto político en sentido estricto, es el mundo de la democracia. Aquel que había sido realizado por la Revolución francesa y con respecto al cual Alemania había quedado ostensiblemente rezagada. Aquí y allá, Marx se lamenta por este atraso y por las consecuencias que esta situación acarrea para los hombres de su pueblo. Hombres a los que el Estado desprecia ya que, en principio y por principio, los considera despreciables. "El principio de la monarquía es, en general, el principio del hombre despreciado y despreciable, del *hombre deshumanizado* […] Allí donde el principio monárquico se halla en mayoría, se hallan en minoría los hombres, y cuando no se lo pone en duda, el hombre ni siquiera existe".[6]

¿Qué hacer, pues? ¿Cómo accionar políticamente en esta Alemania que, a decir de Marx, estaba "hundida en el bochorno"? En una carta fechada en marzo de 1843, también dirigida a Ruge y publicada en los *Anales*, Marx llega a decir que siente "vergüenza nacional". Con todo, no pierde la esperanza de que la "carnavalada" en la que se ha transformado

---

[3] "Briefe aus den Deutsch-Französischen Jahrbüchern", en *Marx-Engels Werke* (*MEW*) Bd. 1, Berlin, Dietz Verlag, 1976 (trad. cast. "Cartas cruzadas en 1843", en *Escritos de juventud*, *op. cit.*, p. 448). Subrayado nuestro.

[4] *Ibid.*, p. 446.

[5] *Ibid.*

[6] *Ibid.*, p. 447.

el Estado sea razón de vergüenza para los alemanes, y la vergüenza, finalmente, un impulso para la revolución política. Mientras los hombres se sientan a sí mismos como bestias y toleren ser tratados como tales por el representante del Estado y sus señores, razona Marx, ninguna revolución será posible o siquiera imaginable. A pesar de este oscuro diagnóstico, en mayo de 1843 Marx cree fervientemente en un destino democrático para Alemania, y cree también que este destino depende fundamentalmente de que ese "tropel de esclavos" que son los alemanes de su tiempo encuentre en el fondo de su alma "el sentimiento humano de sí mismos, la libertad":

> Habría que volver a despertar en el pecho de estos hombres el sentimiento humano de sí mismos, la libertad. Solamente este sentimiento, que con los griegos se desvanece del mundo y que con el cristianismo desaparece en el vapor azul del cielo, puede volver a convertir la sociedad (*Gesellschaft*) en una comunidad de hombres (*Gemeinschaft der Menschen*) para sus más altos fines, en un Estado democrático.[7]

Algunos de los problemas planteados al comienzo a modo de preguntas se encuentran encerrados en este pasaje. Lo que hasta ahora no era más que una serie de figuras sin relación evidente entre sí encuentra en la lógica argumentativa de este joven Marx una vinculación posible. Antes de adentrarnos en dicha lógica quizás valga la pena detenernos un instante en el fundamento antropológico de la vasta arquitectura conceptual que aquí comienza a edificarse y de la que este pasaje no es más que un boceto. El antropologismo de Marx, vale decir, su humanismo, al menos como se manifiesta aquí y en la mayoría de sus textos tempranos, por un lado se hace eco de lo que suele considerarse un aspecto característico del romanticismo alemán,[8] y por otro forma parte de su innegable

---

[7] *Ibid.*, p. 446, traducción modificada.

[8] Entre otros comentaristas que han escrito sobre la influencia romántica en el humanismo del joven Marx, vale la pena recordar a L. Dumont, quien en *Homo æqualis. Génesis y apogeo de la ideología económica*, comenta a propósito de esta cuestión: "la actitud del joven Marx ofrece por una parte un ejemplo de un fenómeno típico de nuestro mundo, la rebelión del adolescente cultivado, y se halla por otra en continuidad con el romanticismo alemán en su más amplio sentido, con esa 'intensificación de la dignidad del hombre' (*Steigerung...*) en la que Dilthey ve el rasgo general del movimiento intelectual alemán en torno a 1800" (trad. J. Aranzadi, Madrid, Taurus,

deuda con Feuerbach. Sin entrar en detalles diremos solamente que hacia 1843 Marx estaba bastante familiarizado con el ateísmo antropológico de Feuerbach y con los postulados generales de su materialismo tal como ya aparecían desarrollados en la que terminará siendo su obra capital: *La esencia del cristianismo* (1841). Antes de convertirse en crítico suyo, Marx le reconoce nada menos que el haber proporcionado "una fundamentación filosófica al socialismo" al "concebir la unidad del hombre con el hombre, basada en las diferencias reales entre ellos".[9] Esta nueva y radical concepción del hombre se encuentra en la base del proyecto de Marx y al menos durante algún tiempo, como se verá a continuación, va a condicionar su pensamiento.

En 1843, el humanismo de Marx todavía se revela de punta a punta idealista. Y esto desde el momento en que hace depender el salto del mundo apolítico (o monárquico) al mundo político (o democrático) de la existencia en los hombres del sentimiento humano de sí mismos, del sentimiento de la libertad. Ante la desidia política que reina entre los alemanes, Marx declara que habría que volver a despertar este sentimiento en el pecho de los hombres. Entendemos, pues, que la ausencia de dicho sentimiento es una situación coyuntural y transitoria. Un sentimiento semejante tuvo lugar y puede volver a tenerlo. La prueba está en que los griegos lo experimentaron bajo la forma democrático-comunitaria de la *pólis* hasta que el cristianismo acabó con todo.[10] Marx parece estar convencido de que si se pudiera volver a despertar el sentimiento humano en los hombres, la "sociedad" dejaría de ser lo que es para volver a ser una "comunidad" para los más altos fines, a saber, un "Estado democrático". Vemos que para Marx, en realidad, la ausencia del sentimiento

---

1982, p. 149). En el mismo sentido, véase M. Löwy y R. Sayre, *Rebelión y melancolía. El romanticismo como contracorriente de la modernidad*, trad. G. Montes, Buenos Aires, Nueva Visión, 2008, pp. 103-105.

[9] "Brief an Ludwig Feuerbach in Bruckberg, Paris, 11. August 1844", en *Marx-Engels Gesamtausgabe (MEGA)* Bd. III/1, Berlin, Dietz Verlag, 1975 (trad. cast. "Carta de Marx a Ludwig Feuerbach (París, 11 agosto 1844)", en *Escritos de juventud, op. cit.*, p. 679).

[10] Sobre la "glorificación general de la *pólis* como forma social" en este y en otros períodos de la obra de Marx, véase P. Springborg, "Politics, Primordialism, and Orientalism: Marx, Aristotle, and the Myth of the *Gemeinschaft*", *The American Political Science Review*, Vol. 80, No. 1 (Mar., 1986), pp. 185-211.

humano es tan circunstancial y provisoria como la propia ausencia de comunidad. Antes de ser lo que es en la actualidad, la *Gesellschaft* fue una *Gemeinschaft*, y precisamente porque lo fue puede volver a serlo. Aun si en su carta se abstiene de definir estas nociones, nos proporciona algunas pistas importantes para empezar a comprenderlas. Así, por ejemplo, resulta claro que únicamente en la comunidad, ya sea en una remota comunidad pasada o en una inminente comunidad futura, los hombres aparecen reconciliados con su sentimiento humano, mientras que en la sociedad, en el aquí y ahora del presente inmediato, carecen de toda humanidad y de toda libertad. Dicho de otra manera, la *Gemeinschaft* representa la sociedad ideal, la sociedad humana y libre que en ese entonces Marx todavía asocia al Estado democrático, contrariamente a la *Gesellschaft* que representa lisa y llanamente la sociedad real.

Marx se sirve de la oposición de estas dos figuras para describir una determinada secuencia histórica que reencontraremos afirmada una y otra vez a lo largo de sus textos, y, a un mismo tiempo, para exponer la situación contradictoria que atravesaba la sociedad alemana de su tiempo. El anquilosamiento del Estado bajo la monarquía absoluta contrastaba con el activismo de la naciente burguesía y con el auge económico que se experimentaba en la Confederación Germánica (*Deutscher Bund*) desde la creación de la Unión Aduanera (*Zollverein*) en 1834. Es esta contradicción la que inspiraba el deseo comunitario de Marx. En ella se basa cuando prevé una ruptura definitiva al interior de la sociedad actual: "el sistema del lucro y del comercio, de la propiedad y la explotación de los hombres se encarga de conducir, más aprisa todavía que el aumento de la población, a una ruptura dentro de la actual sociedad, ruptura que el viejo sistema no puede remediar, sencillamente porque este sistema no cura ni crea nada, sino que se limita a existir y a disfrutar".[11]

No hay que olvidar ni por un momento que estamos aquí frente a un boceto preliminar de lo que poco a poco se irá transformando en una tesis acabada. Retrospectivamente, muchas de las contradicciones a las que quedan librados los argumentos expuestos en estas cartas se deben, entre otras razones, a que en ese momento Marx todavía no había trazado la diferencia fundamental entre "emancipación política" y "emancipación

---

[11] "Cartas cruzadas en 1843", *op. cit.*, pp. 449-450.

humana". En las cartas citadas ambas formas de emancipación todavía aparecen confundidas y yuxtapuestas. Como se decía más arriba, es recién en "Sobre la cuestión judía" y "En torno a la crítica…" donde Marx plantea abiertamente esta diferencia, y con ella, una nueva perspectiva para pensar los conceptos en cuestión.

El primero de estos ensayos, "Sobre la cuestión judía", es presentado como un comentario crítico de dos trabajos de Bruno Bauer sobre la emancipación de los judíos alemanes. Allí, como resumirán Marx y Engels poco tiempo más tarde, "se pone de relieve el error fundamental de este [de Bauer], consistente en confundir la 'emancipación *política*' con la 'emancipación *humana*'".[12] Más específicamente, el equívoco de Bauer es concentrar su crítica en el carácter religioso del Estado y no en el Estado sin más: "vemos que el error de Bauer reside, por su parte, en que somete a crítica *solamente* al 'Estado cristiano', y no al 'Estado en general'".[13] Si Bauer no da con la respuesta es, ante todo, porque plantea mal la pregunta. La emancipación política de un Estado religioso, como era el Estado alemán en aquel momento, no es condición suficiente para emancipar a los hombres pertenecientes a ese Estado de la religión misma. La emancipación política tiene un límite muy claro que se exterioriza "en el hecho de que el *Estado* puede liberarse de una traba sin que el hombre se libere *realmente* de ella; en que el Estado pueda ser un *Estado libre* sin que el hombre sea *un hombre libre*".[14] La prueba está, dice Marx, en que incluso en Estados constitucionales como Francia y Estados Unidos la religión no ha dejado de existir por el hecho de que allí se la considere como parte de la vida privada de los individuos. A continuación, y dando un paso insospechado en su demostración, Marx profundiza su crítica de la emancipación política definiendo al Estado como el rodeo (*Umweg*), el medio (*Medium*) o el mediador (*Mittler*) del que se vale el hombre para reconocerse a sí mismo en tanto hombre. En este sentido preciso, Estado

---

[12] "La sagrada familia o crítica de la crítica crítica. Contra Bruno Bauer y consortes", en *La sagrada familia* y otros escritos filosóficos de la primera época, trad. W. Roces, México, Grijalbo, 1958, pp. 172-173.

[13] "Zur Judenfrage", en *MEW* Bd. 1, *op. cit.* (trad. cast. "Sobre la cuestión judía", en *Escritos de juventud, op. cit.*, p. 466).

[14] *Ibid.*, p. 468.

y religión coinciden. "La religión es cabalmente eso, el reconocimiento del hombre dando un rodeo. Su reconocimiento a través de un *mediador*. El Estado es el mediador entre el hombre y la libertad del hombre". A lo que agrega de inmediato para ya no dejar ninguna duda acerca de la posición de valor que desde ahora le cabe a la figura del Estado: "Así como Cristo es el mediador sobre el que el hombre descarga toda su divinidad y toda su *servidumbre religiosa*, el Estado es el mediador al que desplaza toda su no-divinidad y toda su *no-servidumbre humana*".[15]

No hace falta desmenuzar el argumento hasta el final para preguntarse dónde quedó el democratismo político con el que apenas unos meses atrás Marx aleccionaba al bueno de Ruge. El Estado democrático que aquel se figuraba como una comunidad de hombres libres pasa a ser, en su réplica a Bauer, un simple mediador entre el hombre y su libertad. Sospechamos que el error que denuncia en el razonamiento de Bauer lo había descubierto antes en su propio razonamiento. Durante algún tiempo Marx también habría confundido la "emancipación política" con la "emancipación humana", al menos hasta el momento en que, asaltado por sus propias dudas, resuelve aventurarse en la tarea de revisar críticamente la filosofía del derecho y del Estado de Hegel.[16] Una de las primeras enseñanzas de la lectura en clave política que hace de Hegel le sirve ahora y en este texto en particular para construir el principal argumento a favor de la crítica de la emancipación política como fin último del hombre. Argumento según el cual, allí donde existe un Estado político plenamente desarrollado, allí donde el Estado se ha emancipado políticamente, el hombre vive escindido en dos. Lo que equivale a decir que el hombre vive tanto en su "pensamiento" como en la "realidad" una "doble vida, una celestial y otra terrenal: la vida de la *comunidad política* (*das Leben im* politischen Gemeinwesen), en la que se considera como *ser colectivo* (Gemeinwesen), y la vida de la *sociedad civil* (*das Leben in der* bürgerlichen Gesellschaft), en la que obra como *particular*; ve en los

---

[15] *Ibid.*, p. 469.

[16] Véase "Crítica del derecho del Estado de Hegel (§§ 261-313)", en *Escritos de juventud, op. cit.*, pp. 319-438.

otros hombres medios suyos, se degrada a sí mismo como medio de los otros y se convierte en juguete de poderes extraños".[17]

Lejos de reconciliar al hombre consigo mismo, a través de la emancipación política el hombre no hace más que confirmar la escisión de su propia vida, por una parte como *hombre público* (en calidad de tal prevalece su *vida genérica* en tanto miembro de la comunidad política), y por otra como *hombre privado* (en calidad de tal prevalece su *vida material* en tanto miembro de la sociedad civil/burguesa). Esta escisión del hombre en *citoyen* y *bourgeois* expresa el "divorcio *secular*" entre su vida genérica y su vida material. Dada la situación de Alemania y de muchos otros Estados europeos que por entonces todavía se aferraban al *Ancien Régime*, Marx no duda en calificar la emancipación política como "un gran progreso", "aunque no sea la forma más alta de la emancipación humana en general, sí es la forma más alta de la emancipación humana *dentro* del orden del mundo actual".[18] Ahora bien, para afirmar la superioridad de la emancipación humana en general, necesita demostrar que, a diferencia de lo que Bauer cree, la emancipación política de la religión no emancipa a los hombres de su religiosidad:

> El hombre se emancipa *políticamente* de la religión cuando la destierra del derecho público al derecho privado. La religión ha dejado de ser el espíritu del *Estado*, donde el hombre –aunque sea de un modo limitado, bajo una forma especial y dentro de una esfera especial– se comporta

[17] "Sobre la cuestión judía", *op. cit.*, p. 470. La palabra *Gemeinwesen*, que en este pasaje el traductor –Wenceslao Roces– vierte primero por "comunidad" y luego por "ser colectivo", significa, literalmente, ser o esencia (*Wesen*) común (*gemein*). Más adelante la encontraremos nuevamente –dependiendo del traductor– unas veces como "comunidad" y otras como "entidad comunitaria". De las varias expresiones que en los textos de Marx suelen traducirse al castellano por "comunidad", las que utiliza con mayor frecuencia son por lejos *Gemeinschaft* y *Gemeinwesen*. A pesar de su evidente proximidad cada uno de estos términos tiene una historia y una connotación singular. El primero es sin duda más coloquial y remite, en época de Marx, a la vinculación entre personas sobre la base de características o intereses compartidos, mientras que el segundo fue empleado originalmente para designar la "organización política" en el sentido clásico, griego (*politeía*) o latino (*res publica*), de la expresión, y más tarde para referirse al carácter esencialmente social del hombre. Para el análisis que emprendemos aquí, sobre todo importa saber que Marx tiende a utilizarlos como sinónimos y a combinar sus significados históricos.

[18] *Ibid.*, p. 471.

como ser genérico (*Gattungswesen*), en comunidad con otros hombres (*in Gemeinschaft mit andern Menschen*); ahora, la religión se ha convertido en el espíritu de la *sociedad burguesa*, en el espíritu de la esfera del egoísmo, del *bellum omnium contra omnes*. No es ya la esencia de la *comunidad* (*das Wesen der* Gemeinschaft), sino la esencia de la *diferencia* (*das Wesen des* Unterschieds). Ha pasado a ser la expresión del *divorcio* entre el hombre y su *comunidad* (Gemeinwesen) [...] Pero, no hay que engañarse acerca de las limitaciones de la emancipación política. La escisión del hombre en dos, el *hombre público* y el *hombre privado*, la *dislocación* de la religión con respecto al Estado, que la desplaza a la sociedad burguesa, no constituye simplemente una fase, sino la *cúspide* de la emancipación política, la cual, por tanto, no suprime ni pretende suprimir la religiosidad *real* del hombre.[19]

Esto quiere decir que la democracia política no erradica definitivamente la religión, sino que la desplaza desde la esfera pública o general a la esfera privada o particular. En ella el hombre no está emancipado porque su humanidad sólo es reconocida en la esfera de la *bürgerliche Gesellschaft,* donde reina la más absoluta inhumanidad, no en la esfera donde el hombre, en comunidad con otros hombres, actúa como ser genérico, aunque sea –y la aclaración, como veremos más adelante, no carece de importancia– de un modo limitado. En definitiva, Marx hace un severo llamado de atención. Llama a pensar críticamente una situación que puede resultar engañosa, incluso y sobre todo si uno cree ser un crítico de buena fe: el estado de cosas descripto más arriba no sería la excepción sino la regla de los Estados políticamente emancipados; no sería un momento intermedio sino el momento culminante de la emancipación política. Hasta tal punto el espíritu religioso continúa siendo parte esencial de los Estados presuntamente secularizados que solamente en ellos la creencia religiosa aparece reconocida y garantizada como derecho *humano*.

Son bien conocidos los pasajes de "Sobre la cuestión judía" en donde se analizan los *derechos del hombre* a la luz de la *Declaración de los derechos del hombre y el ciudadano* y de una serie de artículos constitucionales

[19] *Ibid.*, pp. 471-472.

franceses y norteamericanos. Con ello, Marx se propone demostrar, en primer lugar, que, lejos de la suposición de Bauer, el hombre no necesita renunciar a la religión para adquirir los derechos del hombre, sino que, muy por el contrario, el derecho a profesar una creencia religiosa aparece ya como uno de estos derechos humanos. En segundo lugar, se propone explicitar la distinción entre los *droits de l'homme* y los *droits du citoyen*, esto es, entre los derechos *propiamente* "humanos" y los derechos "civiles". Marx pregunta y Marx responde: "¿Cuál es el *homme* a quien aquí se distingue del *citoyen*? Es sencillamente, el *miembro de la sociedad burguesa*".[20] Al examinar el modo en que los revolucionarios franceses concibieron los derechos a la *igualdad*, la *libertad*, la *seguridad* y la *propiedad*, corrobora que el hombre, "el hombre por antonomasia", es el hombre asocial de la sociedad capitalista. "Registremos, ante todo, el hecho de que los llamados *derechos humanos*, los *droits de l'homme*, a diferencia de los *droits du citoyen*, no son otra cosa que los derechos del *miembro de la sociedad civil*, es decir, los derechos del hombre egoísta, del hombre que vive al margen del hombre y de la comunidad".[21] A primera vista, dice Marx, puede resultar enigmático que el tipo de "hombre egoísta, disociado de sus semejantes y de la comunidad" sea legitimado por los mismos movimientos revolucionarios que instauraron la comunidad política y, aún más enigmático quizás, que los revolucionarios o "emancipadores políticos" supediten la *comunidad política* a la *sociedad civil/burguesa*, invirtiendo así la relación entre *medio* y *fin*. Pero bien miradas las cosas, no hay en ello ningún enigma. La emancipación política representa la emancipación de la *bürgerliche Gesellschaft* respecto de la política. El hombre privado o particular, "el hombre *no político*, aparece necesariamente como hombre *natural*", cuando en realidad, este hombre al que se le atribuyen derechos *naturales* sólo llega a ser lo que es como resultado de la revolución que instituye el Estado político. Lo que se creía enigmático no es más que una "ilusión óptica" consustancial a la emancipación política misma, producto de una inversión entre lo *real* y lo *abstracto*, lo *verdadero* y lo *artificial*, lo *inmediato* y lo *mediato*, lo *sensible* y lo *alegórico*: "el hombre, en tanto [...] miembro de la sociedad burguesa, es considerado como

[20] *Ibid.*, p. 478.
[21] *Ibid.*

el *verdadero* hombre, como el *homme*, a diferencia del *citoyen*, por ser el hombre visto en su *inmediata* existencia sensible e individual, mientras que el hombre *político* es solamente el hombre abstracto y artificial, el hombre como persona *alegórica, moral*. El hombre real sólo es reconocido, aquí, bajo la forma del individuo *egoísta*; el *verdadero* hombre es reconocido solamente bajo la forma del *citoyen abstracto*".[22]

He aquí el argumento definitivo de la crítica de Marx a Bauer en torno a la cuestión judía. Trazados los límites y expuestas las consecuencias de la emancipación política desde el punto de vista del *hombre*, parecería el momento oportuno para exponer cómo se diferencia y en qué consiste la emancipación humana. Pero, curiosamente, en este texto Marx no dedica a esta cuestión más que un breve párrafo donde se limita a indicar que una emancipación de esta naturaleza sólo se lleva a cabo cuando el hombre deja de ser un ser esencialmente dividido, cuando el hombre recobra su unidad originaria siendo capaz de reconocerse en sus relaciones sociales como hombre individual y ser genérico. La cuestión de la emancipación humana o emancipación universal será desarrollada en "En torno a la crítica…", el segundo de los ensayos de Marx aparecido en los *Anales*.

En este texto, que en más de un sentido se puede considerar como una continuación del anterior, Marx afirma que la emancipación política, tal como se ha llevado a cabo de manera ejemplar en Francia, constituye una "fase intermedia" y, consecuentemente, que la revolución que puso en marcha dicha emancipación así como la emancipación misma son de carácter "parcial". No duda de que este tipo de emancipación implique un progreso histórico para la humanidad, sobre todo si se compara la situación de los Estados políticamente emancipados como Francia con la de Estados que ni siquiera han alcanzado la emancipación política, como es el caso de Alemania. No obstante, considera que desde el punto de vista humano esta emancipación es todavía muy insuficiente. Una emancipación "a la *altura humana*" no puede ser otra cosa que una "emancipación *humana general*", ya no una "revolución parcial" con vistas a una "liberación gradual", sino una "revolución radical" con vistas a una "libertad total". Por paradójico que pudiera resultar a primera vista, a juicio de Marx, en Alemania más que en cualquier otro lugar estaban dadas las

---

[22] *Ibid.*, p. 483.

condiciones para una crítica *radical* de la religión: "Ser radical es atacar el problema por la raíz. Y la raíz, para el hombre, es el hombre mismo. La prueba evidente del radicalismo de la teoría alemana, y por tanto de su energía práctica, está en saber partir de la decidida superación *positiva* de la religión. La crítica de la religión desemboca en el postulado de que *el hombre es la esencia suprema para el hombre* y, por consiguiente, en el *imperativo categórico de echar por tierra todas aquellas relaciones* en que el hombre es un ser humillado, sojuzgado, abandonado y despreciable".[23] La crítica de la religión –Marx lo dice en la obertura misma del ensayo– había llegado a su término en Alemania. De la mano de Feuerbach la filosofía alemana había desenmascarado para siempre la enajenación del hombre en Dios. De lo que se trataba a partir de entonces era de pasar de la crítica del cielo a la crítica de la tierra. Y esta última, entendida como crítica del derecho y del Estado, empezaba a materializarse en la crítica de la *bürgerliche Gesellschaft*.

2. De la comunidad política a la comunidad humana

Las premisas generales para una crítica radical de la *bürgerliche Gesellschaft* aparecen desplegadas en "En torno a la crítica…", pero no serán convenientemente desarrolladas sino en un artículo apenas posterior, titulado "Glosas críticas al artículo 'El rey de Prusia y la reforma social. Por un prusiano' (*Vorwärts!*, núm. 60)". Este artículo, publicado en los números 63 y 64 del *Vorwärts!*, correspondientes a los días 7 y 10 de agosto de 1844 respectivamente, es una respuesta crítica al artículo "El rey de Prusia…", aparecido poco tiempo antes en el mismo periódico y cuyo autor no era otro que Ruge.[24] El tema en discusión era el alcance político de una sublevación de tejedores que había tenido lugar en Silesia entre los días 4 y 6 de junio de ese mismo año. Al margen de las particularidades de este debate y de sus razones de fondo, nos interesa el análisis

[23] "En torno a la crítica de la filosofía del derecho de Hegel. Introducción", en *Escritos de juventud, op. cit.*, p. 497.

[24] El *Vorwärts!* fue un periódico bisemanal escrito en alemán que se publicó en París entre enero y diciembre de 1844. En enero de 1845, a pedido del gobierno de Prusia, Guizot ordenó la expulsión de los emigrados alemanes sospechados de haber escrito en el periódico, Ruge, Marx y Bakunin entre ellos.

de Marx acerca de la relación entre comunidad, sociedad civil/burguesa y Estado a la luz de estos hechos y de sus propios desplazamientos en el plano de la teoría.

Conviene recordar que no es este el primer escrito donde Marx apela al proletariado como sujeto material de una revolución social (ya lo había hecho en "En torno a la crítica…"), pero es uno de los primeros donde esta descripción del proletariado es puesta a prueba a partir del estudio de un hecho concreto. Por su parte, Ruge había restado importancia a la sublevación de los tejedores silesianos. Según él, la revuelta carecía del "alma política" necesaria para ser percibida como el síntoma de una verdadera revolución social. A lo que Marx responde, volviendo contra Ruge los argumentos antes esgrimidos contra Bauer en "Sobre la cuestión judía", que una revolución social no depende de la posesión de alma política. A lo sumo, una revolución *política* necesita de alma política, pero no una revolución *social*, cuyo fin precisamente es reafirmar la esencia humana más allá de toda apariencia política. Así como Marx le reprochaba a Bauer el confundir emancipación política con emancipación humana, aquí le reprocha a Ruge confundir revolución política con revolución social. "La *revolución* en general –el *derrocamiento* del poder existente y la *disolución* de las viejas relaciones– es un *acto político*. Y sin *revolución* no puede realizarse el *socialismo*. Este necesita de dicho acto *político*, en cuanto necesita de la *destrucción* y la *disolución*. Pero, allí donde comienza su *actividad organizadora*, allí donde se manifiesta su *fin en sí*, su *alma*, el socialismo se despoja de su envoltura *política*".[25] A la revolución más radical se la llama *social*, pues la transformación que ella impulsa comienza por identificar en la organización misma de la *sociedad* el origen de los males colectivos. Esta es la primera publicación de Marx donde el Estado es claramente presentado como la "expresión activa, consciente de sí misma y oficial" de la organización material de la *bürgerliche Gesellschaft*. El Estado –o la comunidad política– ya no aparece simplemente como uno de los polos de la oposición entre vida genérica o comunitaria y vida

---

[25] "Kritische Randglossen zu dem Artikel 'Der König von Preußen und die Sozialreform. Von einem Preußen' ('Vorwärts!' Nr. 60)", en *MEW* Bd. 1, *op. cit.* (trad. cast. "Glosas críticas al artículo 'El rey de Prusia y la reforma social. Por un prusiano' (Vorwärts!, núm. 60)", en *Escritos de juventud*, *op. cit.*, p. 520).

material o societaria. Ahora, Marx explica que el Estado se basa en esta contradicción. Y que la propia contradicción tiene su fundamento en el modo de organización social. Por ello, para erradicar las miserias sociales que, según Marx, desgarran, envilecen y esclavizan al individuo real, no basta con la buena voluntad ni el entendimiento político, como pregona Ruge, ya que la comunidad política –o el Estado– no es meramente exterior (*außerhalb*) a la sociedad que pretende administrar, sino que en ella encuentra el principio (*Prinzip*) o la esencia (*Wesen*) de su propia vida. El Estado moderno y la sociedad mercantil se hallan, según la metáfora de Marx, estrechamente "*fundidos* entre sí". Acabar con la esclavitud de la sociedad mercantil equivale a acabar con el Estado moderno: "La existencia del Estado y la existencia de la esclavitud son inseparables".[26] Éste y no otro es el sentido cabal de una *soziale Revolution*: abolición del orden existente y hasta del fundamento mismo que lo sostiene.

Como en parte ya había hecho en "En torno a la crítica…", aquí Marx elabora un diagnóstico sobre la situación alemana y la de su proletariado en relación con la denominada revolución social. Desde su punto de vista, la "desproporción" existente en Alemania "entre el desarrollo filosófico y el desarrollo político" es una de las claves para entender por qué esta nación estaría en mejores condiciones de llevar a cabo una revolución social que una revolución política. Punto de vista que la revuelta de los obreros silesianos no haría más que confirmar. Ruge no había dado mayor importancia a esta insurrección y su balance no era demasiado auspicioso, como lo demuestra esta sentencia extraída de su artículo y citada por Marx: "Todas las revueltas que estallan en este irremediable *aislamiento de los hombres con respecto a la comunidad* y a sus *ideas de los principios sociales* están condenadas a ser ahogadas en la sangre y la incomprensión".[27] Marx va a comentar este pasaje como un nuevo error, uno más en la "*trama* de errores escondidos" en el artículo de Ruge, no sin antes hacer una aclaración cuya importancia descubrimos recién al final del comentario:

[26] *Ibid.*, p. 513.
[27] *Ibid.*, pp. 517-518.

Por comunidad (*Gemeinwesen*) hay que entender aquí la *comunidad política*, el *Estado* (Staatwesen). Es la vieja canción de la Alemania *apolítica*. ¿Acaso todas las insurrecciones sin excepción no estallan *en el irremediable aislamiento del hombre con respecto a la comunidad*? ¿Acaso *toda* insurrección no presupone necesariamente el aislamiento? ¿Habría podido tener lugar la revolución de 1789 sin el irremediable aislamiento de los ciudadanos franceses con respecto a la comunidad? La revolución estaba justamente destinada a superar este aislamiento.

Ahora bien, la *comunidad* de la que se halla *aislado* el obrero es una comunidad de una realidad y una amplitud completamente diferentes a las de la comunidad *política*. Esta comunidad, de la que lo separa *su propio trabajo*, es la *vida* misma, la vida física y espiritual, la eticidad humana, la actividad humana, el goce humano, la esencia *humana*. La *esencia humana* es la *verdadera comunidad* de los hombres (*Das* menschliche Wesen *ist das* wahre Gemeinwesen *der Menschen*). Y así como el irremediable aislamiento con respecto a esta esencia es desproporcionadamente más universal, más insoportable, más espantoso, más contradictorio que el aislamiento con respecto a la comunidad política, así también la superación de este aislamiento, e incluso una reacción parcial, una *insurrección* contra el mismo, es mucho más infinita, lo mismo que el *hombre* es más infinito que el *ciudadano*, y la *vida humana* que la *vida política*.[28]

Una vez más en el discurso del joven Marx, *lo humano* excede *lo político*. Lo excede infinitamente, lo revoluciona desde su fundamento. Como hemos podido ver, se trata de dos naturalezas, de dos esencias inconmensurables, desproporcionadamente heterogéneas, tan heterogéneas como pueden ser la emancipación política y la emancipación humana o, para el caso, la revolución política y la revolución social. Y aunque teóricamente de la comunidad política a la comunidad humana no hay más que un paso —el paso al socialismo—, se trata, en la teoría y en la práctica, de un paso abismal. Entre una y otra media el abismo infinito entre el individuo abstracto y el individuo concreto, entre la existencia ideal del hombre y su existencia real. Queda claro entonces que la *esencia humana*, definida aquí como la *verdadera comunidad* de los hombres,

---

[28] *Ibid.*, p. 519, traducción modificada.

es irreductible a la comunidad política, al Estado. Ahora bien, no por ello es menos cierto que ambas comunidades son comunidades "de los hombres", lo que equivale a decir, siempre siguiendo el razonamiento de Marx, que tanto en una como en otra el hombre se desenvuelve como ser genérico (*Gattungswesen*). La diferencia infranqueable entre una y otra radica en lo siguiente: mientras que en la comunidad política el hombre actúa como ser genérico "de un modo limitado", como ya advertía Marx en "Sobre la cuestión judía", de acuerdo con la "naturaleza *limitada* y *dual*" propia de la esfera política, en la comunidad humana, por el contrario, la vida genérica del hombre ya no se diferenciaría de la vida *en cuanto tal*, en toda su inmensidad y diversidad.

No es necesario afinar demasiado el oído para escuchar resonar en este texto algunas de las tesis fundamentales que Marx había dejado plasmadas en los *Manuscritos*. Redactados entre abril y agosto de 1844 y publicados póstumamente, los *Manuscritos* de París constituyen el punto más alto del esencialismo humanista en la teoría de Marx y su primer ajuste de cuentas con la economía burguesa. Se trata de un escrito demasiado rico en ideas como para glosarlo aquí como quisiéramos. Por el momento, nos contentamos con comentar brevemente algunas de las tesis formuladas por Marx en el "Tercer Manuscrito", en especial aquellas que guardan relación con el recorrido conceptual que venimos efectuando. En este sentido, tal vez convenga comenzar por exponer la distinción que allí se hace entre la comunidad del comunismo todavía inconcluso, inacabado o imperfecto y la comunidad del comunismo consumado. El primero de estos comunismos, escribe Marx, es tosco e irreflexivo, donde la situación de los trabajadores antes que superada, es extendida al resto de los hombres, puesto que en lugar de superar la propiedad privada, la perfecciona y generaliza. En la medida en que niega "la *personalidad* del hombre", este comunismo es presentado como proyecto de equivalencia general entre los hombres, como deseo de nivelación basado únicamente en los sentimientos de envidia y avaricia. La comunidad correspondiente a esta forma burda de comunismo "es solamente una comunidad de *trabajo* y la igualdad del *salario*, abonado por el capital común, por la *comunidad* como el capitalista general. Ambos lados de la relación se elevan a una generalidad *imaginaria*, el *trabajo* como la determinación asignada a cada cual y el *capital* como la generalidad reconocida y el poder de la comunidad".[29] A este comunismo todavía basado en la propiedad privada, contrapone un comunismo donde esta es finalmente superada, un comunismo donde se supera la propiedad privada en cuanto "*autoenajenación humana*", un comunismo que es "real *apropiación* de la esencia *humana* por y para el hombre" y, por ello, "total retorno del hombre a sí mismo, como hombre *social*, es decir, humano, retorno total, consciente y llevado a cabo dentro de toda la riqueza del desarrollo anterior".[30]

Si la *esencia humana* es la *verdadera comunidad* de los hombres –como escribe Marx en las "Glosas críticas…" y también, por la misma época y con casi idéntica sintaxis, en los "Extractos del libro de James Mill…"–[31], el comunismo que reconcilia al hombre con su esencia y con la naturaleza, entiéndase el *verdadero comunismo*, es la forma a través de la cual se realiza la *verdadera comunidad*. De esta comunidad, como podíamos leer más arriba, lo separa al trabajador su propio trabajo –y ahora agregamos– en cuanto *trabajo enajenado*. Justamente, la consecuencia más inmediata del trabajo enajenado es hacer del hombre, de su ser genérico, un ser extraño para el propio hombre. Recordemos que para Marx la enajenación es tanto la del hombre respecto del hombre, respecto de su trabajo y de los productos de su trabajo, como la del hombre respecto del *otro*, respecto del trabajo y de los productos del trabajo del *otro hombre*. "En términos generales, la afirmación de que al hombre se le enajena su ser genérico significa que un hombre se halla enajenado para el otro, como cada uno de ellos con respecto a la naturaleza humana".[32]

El comunismo consumado (*vollendet*) es aquel donde el hombre, enriquecido por la experiencia del desarrollo histórico que lo antece-

[29] "*Ökonomisch*-philosophische Manuskripte aus dem Jahre 1844", en *MEW* Ergänzungsband 1, Berlin, Dietz Verlag, 1968 (trad. cast. "Manuscritos económico-filosóficos de 1844", en *Escritos de juventud*, *op. cit.*, p. 616).

[30] *Ibid.*, p. 617.

[31] "Auszüge aus James Mills Buch 'Élémens d'économie politique'. Trad. par J.T. Parisot, Paris 1823", en *MEW* Ergänzungsband 1, *op. cit.* (trad. cast. "Extractos del libro de James Mill 'Élémens d'économie politique' (Traducción de J. T. Parisot, París, 1823)", en *Escritos de juventud*, *op. cit.*, p. 527).

[32] "Manuscritos económico-filosóficos de 1844", *op. cit.*, p. 601.

de, se apropia de la esencia genérica o esencia humana hasta entonces enajenada. Todo "comunismo" donde esto no suceda, ya se trate de un comunismo "de naturaleza *todavía* política, democrática o despótica", o de un comunismo "con desaparición del Estado, pero, al mismo tiempo, de esencia *todavía* imperfecta y afectado *aún* por la propiedad privada, es decir, por la enajenación del hombre",[33] será tachado de inconcluso o inacabado (*unvollendet*). En cierto modo, se puede decir que entre este comunismo y el comunismo *verdadero* existe una relación análoga a la que habíamos señalado entre la comunidad política y la comunidad humana. El primer comunismo descrito por Marx y la comunidad a la que está asociado ("la *comunidad* como el capitalista general") son de naturaleza limitada en comparación con el comunismo y la comunidad *verdaderos*: mientras aquellos ejemplifican un tipo particular de emancipación política, estos son la emancipación humana general. Aquí, sin embargo, la diferencia se explica menos por la relación que cada uno de estos comunismos y sus respectivas comunidades guardan con la esfera política, intrínsecamente limitada y dual, que por la relación que guardan con la propiedad privada. Este es el punto auténticamente crítico de la diferencia entre uno y otro. De hecho, ambos comunismos asumen por igual la exigencia ético-política de superar la autoenajenación del hombre, sólo que para el comunismo tosco resulta imposible llevar esta exigencia a la práctica dado que, como "no ha captado aún la esencia positiva de la propiedad privada, y menos aún ha comprendido la naturaleza *humana* de la necesidad, se ve captada y afectada por ella. Ha captado, ciertamente, su concepto (*Begriff*), pero no ha captado aún su esencia (*Wesen*)".[34]

Así, al mismo tiempo que Marx distingue el comunismo tosco del que no lo es, intenta distinguirse a sí mismo de los comunistas toscos (a quienes, por lo demás, nunca llega a nombrar). Estos –piensa Marx– perfectamente pueden haber entendido el concepto de propiedad privada, pero eso no significa que hayan entendido su esencia, lo que en este contexto quiere decir el carácter social y la necesidad histórica de la propiedad privada. A diferencia de los llamados comunistas toscos, que concebían

[33] *Ibid.*, p. 617. Subrayados nuestros.
[34] *Ibid.*

la superación de la propiedad privada como una "negación abstracta del mundo entero de la cultura y de la civilización" y proyectaban al hombre del futuro como un hombre "carente de necesidades, que, lejos de haberse remontado sobre la propiedad privada, no ha llegado siquiera a ella", Marx postula un mundo donde la propiedad privada ha sido suprimida y conservada según el doble sentido de la *Aufhebung* hegeliana. Esto es, un mundo liberado de la enajenación, tanto de la que opera en el plano de la *"conciencia"* ("enajenación religiosa") como de aquella que lo hace en el plano de la *"vida real"* ("enajenación económica"), y, a un mismo tiempo, enriquecido por la avanzada cultural y civilizatoria que trae consigo el modo de producción basado en la propiedad privada en un momento determinado del devenir histórico.

La intuición que Marx veía confirmarse durante los meses en que escribía los *Manuscritos* era justamente que para develar los secretos de la propiedad privada era necesario comprender de un modo más certero la sociedad en cuyo seno se traman dichos secretos: la *bürgerliche Gesellschaft*. Y que, para ello, era necesario entregarse de lleno al estudio de la ciencia que tenía por objeto privilegiado esta forma particular de sociedad: la economía política. Entre los numerosos descubrimientos fruto de esta primera aproximación por parte de Marx a los economistas clásicos, nos interesa uno que en cierta forma comprende a todos los demás o, mejor dicho, los presupone. Nos referimos a la concepción que estos tienen de la "sociedad". Aunque tal vez pueda parecer una generalización excesiva hablar de *una* concepción de la sociedad siendo tantos y tan diversos los economistas en cuestión, no deja de ser cierto que tanto en los *Manuscritos* de 1844 como en los "Cuadernos de lecturas" correspondientes a ese mismo año,[35] Marx da cuenta de la cercanía existente entre las aproximaciones de muchos de ellos en lo que a la "sociedad" se refiere. Esta cuestión resulta de la mayor importancia pues a partir de estas lecturas Marx va a diferenciar dos conceptos diametralmente opuestos de

---

[35] A lo largo de su vida Marx completó cientos de cuadernos con reseñas y extractos de los libros que leía. Las reseñas y extractos correspondientes a 1844 y principios de 1845, agrupados bajo el nombre "Cuadernos de París", remiten principalmente a obras de Destutt de Tracy, J. R. McCulloch, J. Mill, D. Ricardo, J. B. Say, F. Skarbek y A. Smith.

sociedad, que al interior de su teoría cumplen cada uno a su manera un rol fundamental y hasta cierto punto complementario.

Contrariamente a lo que ocurría en los textos anteriores a 1844, donde Marx rara vez utiliza el término *Gesellschaft* si no es acompañado del adjetivo *bürgerliche*, y cuando lo hace es en la mayoría de los casos en el sentido negativo que suele tener la expresión *bürgerliche Gesellschaft* bajo su pluma[36] –y que ya tenía, por cierto, bajo la pluma de Hegel–[37], en los *Manuscritos*, el término *Gesellschaft* tiene por lo general una connotación positiva. Esta nueva percepción de la "sociedad", que constituye además uno de los pilares argumentativos básicos de los *Manuscritos*, viene a sumarse a la enorme deuda de pensamiento que por aquellos años Marx había contraído con Feuerbach y de la que aquí venimos ofreciendo un testimonio escalonado. Quizás la definición más simple y rigurosa del "concepto de *sociedad*" que por entonces Marx tenía en mente sea aquella que encontramos en una carta de este a Feuerbach, enviada desde París y fechada el 11 de agosto de 1844: "me es grato aprovechar la ocasión para expresarle la alta estimación y –si me permite la palabra– el amor que siento por usted. Su *Filosofía del futuro* [*Grundsätze der Philosophie der Zukunft* (1843)] y su *Esencia de la fe* [*Das Wesen des Glaubens im Sinne Luther's* (1844)] son, desde luego, a pesar de su volumen reducido, obras de mayor peso que toda la literatura alemana actual junta. [...] El concebir la unidad del hombre con el hombre (*Die Einheit der Menschen mit den Menschen*), basada en las diferencias reales entre ellos, y el bajar el concepto del género humano (*Menschengattung*) del cielo de la abstracción para situarlo en la tierra real, ¿qué es todo eso más que el concepto

---

[36] Es revelador de este uso negativo el hecho de que en algunas ocasiones en que Marx hace referencia a la "sociedad" en su acepción más amplia, algunos estarían tentados de decir "neutra", no utiliza el término *Gesellschaft* sino un infrecuente término alemán proveniente del latín: *Sozietät*. Por ejemplo, al comienzo de "En torno a la crítica de la filosofía del derecho de Hegel. Introducción": "*el hombre* no es un ser abstracto, agazapado fuera del mundo. El hombre es *el mundo de los hombres*, es el Estado, la sociedad (*Sozietät*)" (*op. cit.*, p. 491).

[37] La *bürgerliche Gesellschaft* "ofrece [...] el espectáculo del libertinaje y la miseria, con la corrupción física y ética que es común a ambas" (*Principios...*, *op. cit.*, § 185, p. 184). Sobre los "aspectos negativos de la sociedad civil" en Hegel, véase J. Dotti, *Dialéctica y derecho. El proyecto ético-político hegeliano*, Buenos Aires, Hachette, 1983, p. 155 y ss.

de la *sociedad*?".[38] A la zaga de Feuerbach, Marx concibe un concepto de sociedad dominado por el principio de unidad: unidad del hombre con el hombre, como se acaba de constatar, y simultáneamente unidad del hombre con la naturaleza. "La sociedad", leemos en los *Manuscritos*, "es [...] la cabal unidad esencial del hombre con la naturaleza (*die vollendete Wesenseinheit des Menschen mit der Natur*), la verdadera resurrección de la naturaleza, el naturalismo consumado del hombre y el humanismo consumado de la naturaleza".[39]

En este punto quisiéramos llamar la atención sobre lo que intentamos leer como un doble movimiento de asimilación y solapamiento entre, por una parte, lo que Marx define como humano (*menschlich*) y, por otra, lo que define como social (*gesellschaftlich*): por ejemplo, entre la "esencia humana" y la "esencia social", entre la "existencia humana" y la "existencia social", entre el "hombre humano" y el "hombre social", etc. Movimiento de asimilación, ya que a lo largo de los *Manuscritos* ambos adjetivos funcionan como sinónimos, al punto que se reemplazan mutuamente. Y movimiento de solapamiento, pues muy a menudo en el discurso de Marx lo "social" se reviste del valor *humanista* con el que carga potencialmente el adjetivo "humano". Así, la sociedad *humana* no es simplemente la sociedad propia o característica del hombre en cuanto ser diferenciado de las bestias y los dioses, sino también, o sobre todo, la sociedad del hombre *humano*, es decir, aquella donde el hombre es un fin en sí mismo para el hombre. Para decirlo de manera breve y tajante: la "sociedad" es la unión esencial del hombre con el hombre y con la naturaleza, con todo lo que ello implica desde un punto de vista ético y normativo, o bien es otra cosa y ese nombre ya no le conviene.

Sería un error conjeturar que fórmulas como las de "sociedad humana" u "hombre humano" constituyen meras tautologías. Si Marx las utiliza es entre otras razones para evidenciar mejor el carácter inhumano, y por tanto antinatural, de la sociedad moderna y del hombre moderno. La sociedad de la que Marx es contemporáneo, aquella en la que vive y a la cual critica como nadie, tiene poco o nada en común con la "sociedad" cuya definición nos ofrece tomando prestado a Feuerbach buena parte

[38] "Carta de Marx a Ludwig Feuerbach (París, 11 agosto 1844)", *op. cit.*, p. 679.
[39] *Op. cit.*, p. 619.

de su aparato conceptual. Una es la *bürgerliche Gesellschaft*, la otra es la *Gesellschaft* a secas. Una es la expresión de la más absoluta separación del hombre consigo mismo, con los otros hombres y con la naturaleza, la otra, se habrá entendido, expresa exactamente lo contrario. Antes de sacar cualquier conclusión al respecto es preciso comprender que para Marx estos conceptos operan de manera complementaria. Como si la imperfección y la indeseabilidad de la primera fueran adecuadas para poner en evidencia la perfección y la deseabilidad de la segunda. O, dicho más concretamente, como si la "pobreza" que caracteriza a la *bürgerliche Gesellschaft* en todos y cada uno de los aspectos de la existencia humana (físicos y espirituales, individuales y colectivos) fuera adecuada o incluso conveniente para patentizar la "riqueza" que en los mismos aspectos caracteriza a la *Gesellschaft*.

En 1844, Marx cuenta indudablemente con más herramientas teóricas para profundizar la crítica de la *bürgerliche Gesellschaft* que había comenzado en textos anteriores. Si bien la enajenación no es un fenómeno exclusivo de la sociedad moderna, sino que hay enajenación desde que hay división del trabajo y, por tanto, hombres atomizados, es en ella donde las relaciones sociales enajenadas se manifiestan en su máxima expresión. Es en la sociedad moderna ya industrializada donde la división del trabajo alcanza su grado más alto de desarrollo, donde la producción de bienes excedentes permite el intercambio de los mismos como mercancías, y donde el trabajo enajenado y la propiedad privada estructuran el conjunto de las relaciones sociales entre los hombres. Es, en suma, en la sociedad capitalista más que en cualquier otra donde la valorización del mundo de las cosas es directamente proporcional a la desvalorización del mundo de los hombres.

La *bürgerliche Gesellschaft* es el piso *social*, vale decir, *humano*, más bajo de la historia de la humanidad. En ella es posible reconocer todos los rasgos de lo que Marx llama "potencia *inhumana*" (*unmenschliche* Macht): enajenación de los sentidos físicos (vista, oído, gusto, olfato, tacto) y espirituales (voluntad, amor, etc.), reducción del ser cualitativo al ser cuantitativo calculado en dinero, precarización de las condiciones de vida más elementales, progresiva indistinción entre *ser* y *tener*, rebajamiento de lo específicamente social, animalización y maquinización del hombre, etc. Ahora bien, para percibir la complejidad de este argumento hay que hacer algo más que de dar cuenta del sistema de oposiciones binarias que organiza de parte a parte el texto (sentidos enajenados/sentidos humanos, cantidad/calidad, oscuridad/luz, antinatural/natural, tener/ser, antisocial/social, hombre/animal, etc.), con el fin de confirmar el carácter inhumano de la sociedad capitalista. Hay que reparar, asimismo, en el carácter social e históricamente necesario que Marx le atribuye a la propiedad privada. Es "gracias al movimiento de la *propiedad privada*" que la sociedad se produce, se forma y se consuma, produciendo con ella al hombre social, humano, sensible. "Así como la sociedad en gestación se encuentra con todos los materiales necesarios para esta formación gracias al movimiento de la *propiedad privada* y de su riqueza y su miseria –de la riqueza y la miseria materiales y espirituales–, así también la sociedad ya formada produce al hombre en toda esta riqueza de su esencia, al hombre *dotado de una riqueza profunda y total de sentido, sensible a todo*".[40] No todo es miseria en la sociedad basada en la propiedad privada. Ella también es productora de riquezas materiales (progreso en general, desarrollo de las fuerzas productivas) y riquezas espirituales (cultura y civilización en sentido amplio). Esta vía de transformación de la vida humana, según Marx, allana "el camino para la emancipación del hombre, aunque por este camino no tuviera más remedio que completarse directamente la deshumanización".[41]

Esta es la aparente paradoja que encierra el concepto de *bürgerliche Gesellschaft*: la de ser un mal necesario. Sin esta "sociedad en gestación" y sin todo lo que ella vehiculiza para bien y para mal se cierra el camino que lleva hacia la "sociedad ya formada", entiéndase hacia la *Gesellschaft*. Su forma inhumana hace de ella un momento antinatural al interior de un proceso histórico que tiende a la reconciliación del hombre con su propia humanidad y con la naturaleza, y del que no obstante es un momento necesario. En cuanto mal necesario, la *bürgerliche Gesellschaft* es eso sin lo cual la *Gesellschaft* nunca *llegaría a ser*, y acaso *nunca habría sido*. Pues la sociedad *a secas*, aquella que Marx define como unidad del hombre con el hombre y con la naturaleza, no representa solamente el

[40] *Ibid.*, p. 622.
[41] *Ibid.*, p. 623.

futuro inmediato de la sociedad comunista, sino también, aunque Marx nunca lo diga literalmente, la condición originaria de toda organización social en general. En realidad, lo dice sin decirlo desde el momento en que define el comunismo como *reintegración* o *retorno* del hombre en sí (*Reintegration oder Rückkehr des Menschen in sich*), como *retorno* del hombre para sí (*Rückkehr des Menschen für sich*) o también como momento de la emancipación y *recuperación* humanas (*Moment der menschlichen Emanzipation und Wiedergewinnung*). Con ello da a entender muy claramente que la esencia humana, que en la sociedad actual se encuentra escindida o, si se quiere, enajenada, en algún momento estuvo unida y por ello puede y debe volver a estarlo. Desde un punto de vista formal al menos, el planteamiento de Marx no es demasiado original. Como es sabido, se trata de una línea explicativa recurrente en los esquemas evolucionistas de la época y en los programas de pensamiento teleológicos donde aparecen vinculados el origen y el fin de la historia. Por lo demás, ya hemos visto a Marx desplegar esta misma línea explicativa en su carta a Ruge de mayo de 1843, justamente allí donde se trataba de *volver a...* (*wieder*) convertir la sociedad actual en una comunidad de hombres.

Un poco más adelante en este mismo capítulo volveremos sobre el evolucionismo y el teleologismo de Marx. Por el momento, y para concluir nuestra lectura del "Tercer Manuscrito", echaremos luz sobre otro aspecto importante de la diferencia que aquí nos ocupa entre el concepto de *Gesellschaft* y el de *bürgerliche Gesellschaft*. Decíamos que uno de los descubrimientos más significativos de esta primera aproximación crítica de Marx a la economía política fue el hecho de haber identificado la idea general que los representantes de esta ciencia tienen de la "sociedad". Siempre en el "Tercer Manuscrito", Marx se sirve de una serie de citas de los economistas más destacados de su tiempo (Smith, Say, Skarbek y Mill, entre otros) para poner en evidencia las contradicciones y los errores que serían comunes a todos ellos. Luego de examinar autor por autor y cita por cita, Marx llega a esta interesante conclusión: "*División del trabajo* y *cambio* son los dos fenómenos a que el economista se remite en apoyo del carácter social de su ciencia y en los que se pone de relieve la contradicción de una ciencia que en una sola fórmula expresa inconscientemente la razón de ser de la sociedad mediante el interés particular y antisocial".[42] La objeción está dirigida tanto a los economistas como a la ciencia de la que son portavoces. Sobre todas las cosas a Marx le interesa demostrar que tanto la *división del trabajo* como el *cambio*, que son fenómenos de naturaleza social, son simultánea y contradictoriamente configuraciones de la propiedad privada, y, como tales, expresiones enajenadas de la actividad social del hombre. El economista formula científicamente una contradicción de la que ni siquiera es consciente. Esto es grave de por sí. Pero más grave aún –a esto apunta la crítica de Marx– es el hecho de que estos mismo fenómenos de los que parte efectivamente el economista para estudiar la sociedad sean presentados no como fenómenos propios de un tipo de sociedad históricamente determinado, sino como fenómenos que definen la sociedad *en cuanto tal*.

Marx no disimula su indignación ante afirmaciones como, por ejemplo, esta de Adam Smith tomada de *La riqueza de las naciones* (1776): "todo hombre vive mediante échanges, gracias al intercambio, y es hasta cierto punto un *comerciante*, y la sociedad *misma* acaba siendo, propiamente, una sociedad *comercial*"; o esta otra de Destutt de Tracy tomada de *Elementos de ideología* (1817-1818): "La sociedad es una serie de cambios recíprocos, toda la esencia de la sociedad se cifra en el *commerce*".[43] La gravedad del asunto reside entonces en que la economía política termina definiendo a la sociedad a partir de lo que es esencialmente extraño a su naturaleza, esto es, a partir del extrañamiento mismo. Como escribe Marx en otro lugar: "la economía política *plasma* la forma *enajenada* del intercambio social como la forma *esencial* y *originaria*, como la forma que corresponde al destino humano".[44] Nada podría ser peor para la comprensión cabal de los fenómenos sociales que la confusión de la que es presa la economía política al postular el intercambio social enajenado, es decir, el comercio, como *esencia* de la sociedad, como *origen* y *destino* de la humanidad. Sólo partiendo de un grosero error teórico pueden los economistas llegar a razonamientos de este tipo. Este error, que en principio todos ellos habrían compartido, es ni más ni menos el de haber

---

[42] *Ibid.*, p. 640.

[43] *Ibid.*, p. 637. Subrayados de Marx.

[44] "Extractos del libro de James Mill…", *op. cit.*, p. 528.

confundido la *sociedad* con la sociedad *burguesa*. Marx lo dice en varias ocasiones pero nunca tan claramente como en el "Tercer Manuscrito": "La *sociedad* (*Gesellschaft*) –tal y como se presenta ante el economista– es la sociedad *burguesa* (*bürgerliche Gesellschaft*), en la que cada individuo representa un conjunto de necesidades y existe para el otro solamente en tanto que el otro existe para él, en cuanto ambos actúan mutuamente como medios".[45]

Ahora bien, sucede que en su pretensión crítica por historizar lo que los economistas burgueses habían naturalizado, parece caer él también en una suerte de naturalización pero de signo inverso. Para Marx, la "sociedad" no es la "sociedad burguesa" como se imagina el economista, sino que la "sociedad burguesa" es la manifestación enajenada de la "sociedad". Lo que es *esencial* y *originario* es el "lazo" entre el hombre y el hombre en tanto hombres; así como la "sociedad", entendida como unidad del hombre con el hombre y con la naturaleza, es la verdadera forma del *destino* humano. La "sociedad burguesa" no es un origen ni es un destino, no tiene esencia ni, en consecuencia, verdad. La *bürgerliche Gesellschaft* es una mera apariencia de la *Gesellschaft*. Es una manifestación de la verdad, pero una manifestación enajenada, y por lo tanto una verdad a medias. Al tomar la esencia por la apariencia, los economistas falsean la verdad, la trastocan al punto de hacerla pasar por lo que no es o, lo que es peor, al punto de hacerla pasar por su radical opuesto. Lo cierto es que mientras los hombres no se reconozcan a sí mismos como hombres que son, mientras no reconozcan la esencia *humana* o *social* que es su *verdadera comunidad*, esta se manifiesta bajo su forma enajenada y caricaturesca:

> En tanto la esencia *humana* [es] la *verdadera comunidad* de los hombres, estos *crean*, producen, mediante el accionamiento de su *esencia*, la *comunidad* humana, la esencia social, que no es un poder general abstracto frente al individuo particular, sino la esencia de cada individuo, su propia actividad, su propia vida, su propio espíritu, su propia riqueza. Aquella *verdadera comunidad* no nace, pues, de la reflexión, sino que aparece mediante la *necesidad* y el *egoísmo* de los individuos, es decir,

---

[45] "Manuscritos económico-filosóficos de 1844", *op. cit.*, p. 636.

es producida inmediatamente por el accionamiento de su existencia misma. No depende del hombre que esta comunidad sea o no; pero, mientras el hombre no se reconozca como hombre y, por tanto, organice el mundo humanamente, esta *comunidad* se manifiesta bajo la forma de la *enajenación*. Porque su *sujeto*, el hombre, es un ser enajenado respecto de sí mismo. Los hombres, no como abstracción, sino como individuos reales, vivientes y específicos, *son* esta esencia. *Tal como* ellos son, así es ella misma. Es por tanto una afirmación idéntica decir que el *hombre* se enajena de sí mismo como decir que la *sociedad* (*Gesellschaft*) de este hombre enajenado es la caricatura de su *comunidad real* (*seines* wirklichen Gemeinwesens), de su verdadera vida genérica; que, por tanto, su actividad se manifiesta como tormento, su propia creación como poder extraño, su riqueza como pobreza, el *lazo esencial* (Wesensband) que lo une al otro hombre como un lazo inesencial y, por el contrario, la separación respecto del otro hombre como su verdadera existencia [...].[46]

En este pasaje se observan numerosas "verdades", acaso demasiadas. Algunas lo suficientemente trabajadas en algunos de los textos de Marx que venimos leyendo y otras decididamente nuevas. Que la esencia humana o social es la verdadera comunidad de los hombres y que esta esencia lejos de ser abstracta es lo más concreto que alguien se pueda imaginar, esto ya lo sabíamos, pues Marx lo dice aproximadamente con las mismas palabras en las "Glosas críticas...". Lo que sí constituye una novedad, incluso respecto de los *Manuscritos*, donde nunca se dice explícitamente pero se insinúa más de una vez, es que la existencia de la *verdadera comunidad* no depende del hombre por la sencilla razón de que no es una invención del hombre. La comunidad humana no es posterior ni anterior al hombre. Ella es lo que el hombre es en su existencia con los otros hombres. Por *comunidad humana* hay que entender aquí *comunidad de la existencia*, comunidad que se crea y se produce mediante la existencia social de los individuos. Otro modo de decir que la comunidad *es* la relación social, o bien el conjunto de relaciones sociales de las que participa cada individuo en su actividad productiva, espiritual y, para decirlo todo, vital. Lo queramos o no y lo sepamos o no, parece

[46] "Extractos del libro de James Mill...", *op. cit.*, p. 527, traducción modificada.

decir Marx, la existencia es comunitaria por esencia, por tanto, también cuando los hombres se someten a esa forma individual y colectiva de existencia enajenada que es el régimen capitalista.

De esto se deduce que el problema de la comunidad humana articula múltiples dimensiones, entre las cuales debemos contar una dimensión ontológica. En paralelo y a veces superpuesta a la clásica perspectiva económico-política sobre la comunidad, detectamos otra perspectiva, bastante menos reconocida, que prioriza la pregunta por el ser o la esencia de la comunidad. Puede discutirse largamente acerca de cuál de estas perspectivas prevalece en el conjunto de la obra marxiana y de seguro con buenos argumentos en ambos sentidos. Lo que a esta altura nos parece indiscutible es que el problema de la comunidad tal como lo hemos heredado del joven Marx expone una ontología. Enseguida se verán cuáles son los rasgos fundamentales de esta ontología comunitaria. Pero antes haremos una somera recapitulación de las principales ideas y los conceptos desplegados hasta aquí.

Como se recordará, comenzamos nuestro recorrido con una interpretación de la temprana oposición entre el mundo político de la democracia y el mundo apolítico de la monarquía. En el mismo sentido diferenciamos las ideas, todavía por entonces muy poco desarrolladas por Marx, de comunidad (pasada y futura) y sociedad (presente). Luego pasamos a considerar la diferencia conceptual entre emancipación política y emancipación humana, y, estrechamente ligada a esta, aquella otra entre revolución política y revolución social. También en ese apartado comentamos la distinción entre comunidad política (o Estado) y comunidad humana, entre vida política y vida humana. Después abordamos las convergencias y divergencias entre el comunismo tosco y el comunismo verdadero. Al comentar esos pasajes notamos al pasar la analogía estructural entre, por una parte, la comunidad política y la comunidad del comunismo imperfecto y, por otra, entre la comunidad humana general y la comunidad del comunismo consumado. Se trataba, en un caso, de comunidades con o sin Estado pero *todavía* afectadas por la propiedad privada y, en el otro, de comunidades *ya* desembarazadas de la propiedad privada y, lógicamente, de las instituciones asociadas a ella. En todos los casos, los contrastes se explicaban por la mayor o menor distancia que media entre cada una de estas comunidades y la sociedad de la propiedad privada. Asimismo, subrayamos la distinción oposicional entre el concepto feuerbachiano de sociedad y el concepto más general de *bürgerliche Gesellschaft*. Por último, y tomando en consideración esta última distinción, vimos que en el texto de Marx se impone una poderosa jerarquía de acuerdo con la cual se ordenan, por un lado, la sociedad como unidad esencial, que en este sentido no se diferencia en nada de la verdadera comunidad, y, por otro, la sociedad como diferencia y separación inesencial.

A modo de corolario y conclusión de estas lecturas de Marx se puede afirmar que la sociedad (*Gesellschaft*) coincide con la comunidad (*Gemeinschaft, Gemeinwesen*) en la medida en que ambas figuras gozan de un privilegio metafísico idéntico y todavía impensado frente a la *bürgerliche Gesellschaft*, en la medida, pues, en que ambas funcionan como su otro conceptual. En adelante, no se hará otra cosa que continuar y profundizar el movimiento de esta tesis, a veces optando por caminos que aparentan alejarse de ella y que en realidad no hacen más que aportar puntos de vista alternativos para observar una misma y única escena que no cesa de repetirse.

3. La ontología comunitaria

Llegados a este punto del análisis, quizás lo mejor sería volver a empezar. En cierto modo, no tenemos alternativa. Marx nos obliga a ello. Plegarse al movimiento de su texto, como intentamos hacer aquí, implica seguirlo en sus discontinuidades y en sus desplazamientos, en sus perpetuos recomienzos y en la heterogeneidad irreductible de sus lenguajes.[47] A pesar de las apariencias y de lo que durante demasiado

---

[47] La idea de que Marx vivía o convivía, y por cierto no cómodamente, con una "pluralidad de lenguajes que siempre están chocando y desjuntándose en él" pertenece a Maurice Blanchot. Si bien este no es el lugar para ampliar un trabajo en ese sentido, queríamos dejar constancia de cuán importante es esta heterogeneidad discursiva para comprender, o al menos para intentar seguir sin perderse del todo, el movimiento del texto "Marx". Retengamos estas líneas escritas en octubre de 1968: "El ejemplo de Marx nos ayuda a comprender que la palabra de escritura, palabra de protesta incesante, debe desarrollarse y romperse constantemente bajo formas *múltiples*. El discurso comunista es siempre *a la vez* tácito y violento, político y erudito, directo, indirecto, total y fragmentario, largo y casi instantáneo. Marx no vive cómodamente

tiempo se afirmó a favor y en contra del presunto determinismo vinculado al pensamiento marxiano, el texto de Marx vive, como siempre lo ha hecho, de las indeterminaciones que le son consustanciales. Por indeterminación no entendemos aquí ni una falta de planificación ni una indecisión, sino más bien un cierto inacabamiento. El carácter inacabado y esencialmente abierto de la obra de Marx, que es condición indispensable de la crítica y la autocrítica, se corresponde con una permanente disposición al cambio, cuando no al corte o a la ruptura. Hace cerca de cincuenta años, Althusser habló de una "ruptura epistemológica" (*coupure épistémologique*, según la expresión de Gaston Bachelard) en el pensamiento de Marx. Para Althusser, *La ideología alemana* expresa esta ruptura puesto que allí se pone de manifiesto una mutación sin precedentes en la conciencia y en el lenguaje de Marx, de la cual resulta una nueva ciencia de la historia y una nueva filosofía.[48] Mucho más recientemente, Étienne Balibar se refirió a "otras dos rupturas igualmente importantes": una en 1848, marcada por la derrota de las revoluciones liberales, y otra en 1871, asociada a la guerra franco-alemana y al final estrepitoso de la Comuna de París.[49] Probablemente estas "'crisis del marxismo' *avant la lettre*" –como las llama Balibar– no sean las únicas, pero sin duda se encuentran entre las más significativas. Se trató de tres momentos críticos en los que las bases teóricas del proyecto teórico y político de Marx fueron puestas a prueba por el mismo autor mediante exámenes sin concesiones.

---

con esta pluralidad de lenguajes que siempre están chocando y desjuntándose en él. Incluso si estos lenguajes parecen converger hacia el mismo fin, no podrían ser traducidos uno a otro, y su heterogeneidad, el hiato o la distancia que los descentra, los torna no contemporáneos y tales que, produciendo un efecto de distorsión irreductible, obligan a quienes tienen que sostener su lectura (su práctica) a someterse a una incesante modificación" ("Lire Marx", en Écrits politiques. Guerre d'Algérie, Mai 68, etc. 1958-1993, Paris, Léo Scheer, 2003, pp. 138-139). Más recientemente la cuestión fue relanzada por Jacques Derrida en *Espectros de Marx. El Estado de la deuda, el trabajo del duelo y la nueva Internacional* (trad. J. Miguel Alarcón y C. de Peretti, Madrid, Trotta, 1995).

[48] L. Althusser, *La revolución teórica de Marx* (1965), trad. M. Harnecker, México, Siglo XXI, 2004, p. 23 y *passim*.

[49] *La filosofía de Marx*, trad. H. Pons, Buenos Aires, Nueva Visión, 2006, p. 10 y ss.

La ruptura de 1845 marca una clara división entre dos grandes períodos de la obra de Marx: el correspondiente a la elaboración de sus primeros escritos, concebidos en su generalidad bajo una impronta filosófica, y el que comienza con la redacción de las *Tesis sobre Feuerbach* (1845) y *La ideología alemana* (1845-1846), donde se privilegia el estudio empírico y donde el lenguaje empleado es cada vez menos el del filósofo y cada vez más el del científico-social. Se puede plantear, como hacemos aquí, un viraje importante en la teoría de Marx sin por ello estar de acuerdo con todas las consecuencias que Althusser hace derivar de la "ruptura epistemológica". El hecho de que a partir de 1845 buena parte de los presupuestos teóricos sobre los que Marx había elaborado sus tempranas tesis comiencen a erosionarse no constituye por sí mismo un argumento que permita juzgar el "valor" epistemológico de los conceptos utilizados antes o después de ese momento.

Lo cierto es que tanto en las *Tesis…* como en *La ideología alemana* —especialmente en la primera parte, donde se encuentran las observaciones críticas dirigidas a Feuerbach–, se hace patente el distanciamiento de Marx respecto del humanismo teórico y, más específicamente, del llamado "humanismo 'comunitario' de Feuerbach".[50] Este último fue un claro exponente del humanismo que tanta influencia ejerció sobre Marx y sobre el resto de los "hegelianos de izquierda". Con todo, esta toma de distancia de los principios feuerbachianos debe ser leída en un contexto más amplio. Al alejarse del humanismo teórico, Marx también intenta alejarse de lo que en ello todavía da muestras de insuficiencia crítica respecto de la propia teoría, es decir, de la filosofía. Por real que sea la "revolución teórica" contenida en los trabajos de Feuerbach, esta no deja de ser una revolución en el plano de la teoría. Y Marx, por eso años, empezaba a exigir cada vez con mayor resolución no sólo una revolución teórica sino también y sobre todo una revolución práctica. En Alemania, la primera había sido llevada a cabo, aunque aún de manera insuficiente, primero por Hegel y luego por Feuerbach; respecto de la segunda, en cambio, todo estaba por hacerse.

La famosa tesis undécima, según la cual hasta ahora los filósofos se han limitado a *interpretar* el mundo de distintos modos cuando de lo que se

[50] *La revolución teórica de Marx, op. cit.*, p. 185.

trata es de *transformarlo*, no es, como sugiere la versión más extendida, una invitación a desentenderse de la filosofía. Se trata, palpablemente, de una severa interpelación orientada a la *praxis* revolucionaria. Sin embargo, esto no supone la mera prescindencia de la filosofía, como si para Marx la teoría y la práctica fueran simplemente disociables. Por el contrario, lo que ahí se lee es un llamado a transformar el mundo *tal como lo conocemos*, lo cual no deja de ser también un llamado a transformar los distintos modos que sirven para interpretarlo.

No tenemos la intención de hacer una lectura sistemática de las *Tesis…* ni mucho menos. Sólo quisiéramos llamar la atención sobre ciertos aspectos de las mismas que, por un lado, facilitarán la interpretación de algunos pasajes importantes de *La ideología alemana* donde se completa el análisis sobre la relación entre la comunidad, la sociedad civil/burguesa y el Estado en el pensamiento del joven Marx, y, por otro, ayudarán a comprender en qué consiste la ya anunciada ontología comunitaria.

Empecemos leyendo, pues, la tesis sexta:

> Feuerbach resuelve la esencia religiosa en la esencia *humana*. Pero la esencia humana no es algo abstracto e inmanente a cada individuo. Es, en su realidad, el conjunto de las relaciones sociales (*In seiner Wirklichkeit ist es das ensemble der gesellschaftlichen Verhältnisse*).
>
> Feuerbach, quien no entra en la crítica de esta esencia real, se ve, por tanto, obligado:
>
> 1.º a prescindir del proceso histórico, plasmando el sentimiento religioso de por sí y presuponiendo un individuo humano abstracto, *aislado*.
>
> 2.º La esencia sólo puede concebirse, por tanto, de un modo "genérico", como una generalidad interna, muda, que une de un modo *natural* a los muchos individuos.[51]

En forma tal vez demasiado concentrada se puede identificar aquí el aporte revolucionario de Feuerbach a la filosofía, las razones generales por las que Marx lo juzga todavía insuficiente y las condiciones teórico-prácticas para ir más lejos. La crítica positiva de la enajenación

---

[51] "Thesen über Feuerbach", en *MEW* Bd. 3, Berlin, Dietz Verlag, 1969 (trad. cast. "Tesis sobre Feuerbach", en C. Marx y F. Engels, *La ideología alemana*, trad. W. Roces, Buenos Aires, Ediciones Pueblos Unidos, 1985, p. 667).

religiosa y la consecuente interpretación en clave materialista, humanista y naturalista de la esencia humana vuelven a Feuerbach un pensador indispensable para Marx. No obstante –piensa Marx en 1845–, su crítica de la especulación se queda a mitad de camino desde el momento en que no toma en cuenta la historia ni el carácter concreto y relacional de la esencia humana. Su inversión del idealismo hegeliano no pasaría de ser un "materialismo contemplativo", un materialismo que, como se lee en la tesis primera: "capta la cosa (*Gegenstand*), la realidad, lo sensible, bajo la forma del *objeto* (Objekt) *o de la contemplación* (Anschauung)", pero "no como *actividad humana sensorial*, como *práctica*; no de un modo subjetivo". Esta es la "falla fundamental" que Feuerbach compartiría con "todo el materialismo precedente" y lo que ameritaría que sea colocado en la lista de los materialistas antiguos, en la que se encuentran desde los primeros filósofos atomistas (Demócrito, Epicuro y Lucrecio, a quienes Marx había dedicado su tesis doctoral)[52] hasta los materialistas del siglo XVIII.[53] En resumidas cuentas, la objeción de Marx dice lo siguiente: no basta con sustituir la idea por la materia como fundamento de la realidad, además es preciso entender la actividad (*Tätigkeit*) o la práctica (*Praxis*) humana como fundamento de la realidad y, por consiguiente, de su propia transformación.

Al prescindir del proceso histórico, Feuerbach se condena a no ver más que al individuo abstracto, aislado, sin relación. Y al hacer esto lo que ignora es que "el individuo abstracto que él analiza pertenece a una determinada forma de sociedad". No a cualquier sociedad, sino a la sociedad moderna, a la sociedad capitalista que muy poco tiempo antes Marx había comenzado a criticar sirviéndose precisamente de la teoría de Feuerbach, la misma que ahora, por los motivos expuestos, encuentra deficiente. En este sentido hay que leer la tesis novena: "Lo más a que puede llegar el materialismo contemplativo [...] es a contemplar los di-

---

[52] Véase "Diferencia entre la filosofía democriteana y epicúrea de la naturaleza", en *Escritos de juventud*, *op. cit.*, pp. 15-70.

[53] Para hacerse una idea de la importancia que tanto Marx como Engels le adjudican al materialismo francés e inglés del siglo XVIII, conviene leer las páginas que le dedican en "La sagrada familia...", *op. cit.*, p. 142 y ss.

versos individuos sueltos y a la sociedad civil (*bürgerliche Gesellschaft*)",[54] y, a renglón seguido, la tesis décima: "El punto de vista del materialismo antiguo es la sociedad civil; el del materialismo moderno, la sociedad humana o la humanidad social".[55]

Si tomamos en cuenta seriamente las consecuencias que se derivan de los pasajes citados, no es extraño que Marx no haya publicado estas tesis.[56] Lo que aquí se dice pone en cuestión algunos de los principales argumentos de los que él mismo se había servido un año antes en los *Manuscritos*. Recordemos que en 1844 Marx decía haber encontrado en Feuerbach una fundamentación filosófica al socialismo al tiempo que lo hacía responsable de un concepto de sociedad (*Gesellschaft*) completamente radical, uno que, a diferencia del concepto de sociedad de los economistas clásicos, sitúa al género humano en el mundo sensible y se basa en la unidad y no en la separación entre los hombres. En resumidas cuentas, Marx acababa de escribir los borradores para una obra donde hacía propio el punto de vista que ahora encuentra condenable. En las *Tesis…*, como se ha visto, el punto de vista de Feuerbach es equiparado con el de los economistas burgueses. Finalmente, este también habría terminado adoptando el punto de vista de la *bürgerliche Gesellschaft*. Sólo el materialista moderno sabe lo que todo el resto no sabe ni está en condiciones de saber: que el individuo abstracto o aislado, lejos de ser un dato, algo dado de una vez y para siempre, es en realidad un producto histórico-social determinado y por lo tanto incomprensible fuera de la sociedad a la que el individuo pertenece.

Muchos marxistas, empezando por Althusser, estuvieron tentados a ver en las *Tesis…* la primera verdadera lección del "materialismo histórico", expresión que, al igual que aquella otra de "materialismo dialéctico", nunca fue utilizada por Marx.[57] Nuestra tentación, que tal

---

[54] "Tesis sobre Feuerbach", *op. cit.*, p. 668.

[55] *Ibid.*

[56] Fue Engels quien las publicó por primera vez en 1888, aunque en una versión ligeramente diferente a la de Marx, como apéndice a la reedición de su propio texto "Ludwig Feuerbach y el fin de la filosofía clásica alemana", aparecido por primera vez en 1886.

[57] É. Balibar, *La filosofía de Marx*, *op. cit.*, p. 7.

vez no compartamos con muchos pero sí con algunos, es la de leer este texto y algunos de los inmediatamente anteriores y posteriores como una lección de "materialismo ontológico", o, mejor aún, de "ontología materialista", expresiones que, huelga decirlo, tampoco fueron utilizadas por Marx. No es este el lugar para desplegar las razones profundas de semejante tentación. Lo haremos, no obstante, en otro lugar. Aquí simplemente quisiéramos dejar planteada la inquietud. A fin de despejar toda sospecha, empezaremos por decir que la cuestión de la ontología en Marx no es secundaria ni accesoria respecto del problema que nos ocupa. Por el contrario, al menos una de las dimensiones o instancias bajo las cuales se puede pensar la comunidad en Marx es ontológica. ¿Qué implica decir esto? En primer lugar, implica levantar acta de un hecho que no habrá pasado inadvertido a ningún lector más o menos atento. El hecho de que en Marx, o al menos en el Marx que venimos leyendo, se encuentra formulada, directa o indirectamente, la pregunta por el ser o la esencia de la comunidad. Creemos que este es un hecho incontestable. Más discutible, en cambio, es la interpretación acerca de cómo Marx responde o comienza a responder a esta pregunta esencial.

Lo que a falta de un nombre mejor podríamos llamar una ontología comunitaria o de lo común en Marx comparte más de un rasgo con lo que Nancy denominó "ontología del ser singular plural" y Balibar "ontología de la relación" o "de lo transindividual".[58] A grandes rasgos, ambos interpretan que en Marx se esboza una ontología del ser del hombre como ser esencialmente "común" o "en-común". Lo que mínimamente significa pensar el ser o la "esencia *humana*", tal como hace Marx en la tesis sexta, no como "algo abstracto e inmanente a cada individuo", sino como "el conjunto de las relaciones sociales". La radicalidad de este enunciado

---

[58] La ontología del ser singular-plural constituye una de las preocupaciones centrales del pensamiento de Nancy. De esta cuestión, en Marx, se ocupa sobre todo en *Ser singular plural* (Madrid, Arena, 2006), pero también en *La comunidad inoperante* (*op. cit.*) y en *La comparution* (con J.-C. Bailly, Paris, Christian Bourgois, 1991, 2007). Balibar, por su parte, tiende a leer la filosofía de Marx como ejemplo de una ontología de la relación o –según la expresión que reconoce tomar en prestamo a Kojève, Simondon y Lacan– de lo transindividual (*La filosofía de Marx, op. cit.*, p. 34 y ss.). V. Morfino hace un interesante estado de la cuestión en su artículo "Ontologia della relazione e materialismo della contingenza", *Rivista di filosofia Oltrecorrente*, n. 6, 2002, *Comunità dell'altro*, pp. 129-144.

no es fácilmente asimilable. Al afirmar esto, Marx responde de manera novedosa a la vieja pregunta por la naturaleza del *ánthropos* –y, vale aclarar, de manera diferente a como lo había hecho en textos anteriores y como aún lo hará en algunos posteriores–, y la propia respuesta obliga a pensar de nuevo y como por primera vez la pregunta por la "esencia", ella misma tan vieja como la anterior.

El sentido de la noción de esencia interpretado de forma tradicional, es decir metafísica, como sustancia, es radicalmente alterado en el enunciado de Marx. Lo que desde Aristóteles entendemos por sustancia es el sustrato último que sirve de soporte a los accidentes, es lo que permanece más allá de todos los cambios, lo que existe en sí o por sí mismo sin necesidad de nada distinto a sí para existir, en suma, algo incompatible por definición con lo que llamamos *relación*. Al definir "la esencia *humana*" como "el conjunto de las relaciones sociales", o bien, y como lo había hecho antes del '45, como "la *verdadera comunidad* de los hombres", Marx anuncia a un mismo tiempo la crítica de los discursos filosófico-sociales y de los discursos sociológicos todavía por venir.

Balibar resume bien la cuestión cuando comenta a propósito de la tesis sexta que allí Marx recusa *a la vez* la posición filosófica *realista* (para la cual los universales o entidades abstractas existen independientemente de los particulares) y la *nominalista* (según la cual todo lo que hay o todo lo que existe son particulares), ya que "ninguna de estas posiciones es capaz de pensar justamente lo que hay de esencial en la existencia humana: las *relaciones* múltiples y activas que los individuos entablan unos con otros (ya se trate de lenguaje, trabajo, amor, reproducción, dominación, conflictos, etcétera) y el hecho de que son esas relaciones las que definen lo que tienen en común, el 'género'. Lo definen porque lo constituyen en todo momento, en formas múltiples. Proporcionan por lo tanto el único contenido 'efectivo' de la noción de esencia, aplicada al hombre (es decir, a los hombres)".[59]

Asimismo, y siempre según Balibar, la formulación de Marx se sitúa *entre* el punto de vista *individualista* (donde el individuo, en tanto unidad indivisible, es el referente privilegiado y el punto de partida natural para explicar la vida social en su conjunto) y la concepción *organicista*, también

[59] *La filosofía de Marx, op. cit.*, p. 36.

llamada *holista* o *sociologista* (en la cual prevalece el "todo" sobre cada una de las "partes" que lo componen), al tiempo que desafía, extemporáneamente, los fundamentos teóricos de los discursos contemporáneos sobre la *intersubjetividad,* por un lado, y sobre la *complejidad,* por otro.[60]

En efecto, la perspectiva que adopta Marx en las *Tesis…* permanece indecidible (en el sentido que Derrida le asigna a esta palabra) entre las posiciones tradicionales a las que adscriben invariablemente tanto los discursos filosóficos como los científicos-sociales. Según esta perspectiva, la esencia humana no es *anterior* ni *posterior* al individuo, no se aloja *dentro* ni *fuera* de él: la esencia humana coincide con el conjunto de las relaciones diversas y heterogéneas que existen *entre* los individuos. De este modo, lo que deviene esencial es eso mismo que desde siempre habría sido sin esencia –es decir, sin sustancia– y por eso mismo rebajado o, más exactamente, secundarizado en el orden jerárquico del conocimiento dominado por la metafísica. Lo que deviene esencial, pues, es la *relación*, que necesariamente tiene lugar *entre* más de uno y que siempre es relación de uno(s) *con* otro(s).

Ahora bien, muy lícitamente alguien podría preguntarse por qué semejante concesión a medio camino de una interpretación poco propensa a hacer concesiones. En principio, para recordar que la lectura que hacemos intenta acompañar con la mayor fidelidad posible y en la medida de nuestras limitaciones el texto que lee. Lo que significa ante todo estar dispuestos a reconocer tanto la relación de dependencia entre este discurso y la metafísica clásica, como también aquello que no es simplemente subsumible a ella y que más bien le opone resistencia. Esta posición, que sin ser la más cómoda es en definitiva aquella por la que se ha optado aquí, nos prohíbe decidir de una vez y para siempre la significación de un discurso que, en razón de su propia posición respecto de las tradiciones que lo preceden, se precipita en una multiplicidad de sentidos. Quizás el discurso de Marx sea en su singularidad un caso paradigmático de discurso diseminado y diseminante, pero en cualquier caso no es el único. Veremos que tampoco el texto de Tönnies ni el de Weber son de una sola pieza. Comenzar a vincular estos nombres y los legados teóricos que ellos personifican será entonces tanto un ejercicio de crítica

[60] *Ibid.*, pp. 37, 132-133.

sostenida como de afirmación de todo aquello que en la teoría social y sociológica no se deja organizar por las estructuraciones metafísicas.

Sin embargo, tampoco es posible ceder a la exigencia de la precipitación pura y simple, pues el riesgo de perder el hilo es demasiado alto. Estábamos en 1845. El distanciamiento de Marx respecto del humanismo abstracto y del materialismo contemplativo quedó registrado en las once tesis *"ad* Feuerbach" para luego impactar en un texto apenas posterior: *La ideología alemana.* De este libro, redactado por Marx en colaboración con Engels entre 1845 y 1846 y publicado póstumamente por primera vez en 1932, nos interesa considerar una serie de proposiciones correspondientes a su primera parte, "Feuerbach. Contraposición entre la concepción materialista y la idealista (Introducción)", que resumen bien la nueva toma de posición. Allí, Marx –a quien se considera autor de esta primera parte– vuelve a plantear los problemas fundamentales de los que venían siendo objeto sus escritos anteriores, pero desde un punto de vista más cercano al que prevalecerá en sus textos tardíos y en un lenguaje sensiblemente diferente al adoptado hasta el momento. Una vez más, la crítica desplegada por Marx contra sus adversarios puede leerse como una revisión crítica de sus propias premisas teóricas. En consonancia con lo que leíamos en las *Tesis*…, se le concede a Feuerbach una gran ventaja sobre el resto de los neohegelianos criticados en el libro (Bruno Bauer y Max Stirner, entre otros), "la gran ventaja de que ve cómo también el hombre es un 'objeto sensible'", aunque por otra parte se lo critica justamente porque "sólo lo ve como 'objeto sensible' y no como 'actividad sensible', manteniéndose también en esto dentro de la teoría, sin concebir los hombres dentro de su trabazón social dada". En una palabra, es incapaz de llegar "hasta el hombre realmente existente, hasta el hombre activo, sino que se detiene en el concepto abstracto 'el hombre'".[61] A juicio de Marx, ninguno de "los nuevos filósofos revolucionarios alemanes" habría comprendido que lo que ellos llaman "substancia" (*Substanz*) y "esencia del hombre" (*Wesen des Menschen*) no es otra cosa que la actividad del hombre y sus condiciones materiales de vida transmitidas de generación en generación.

[61] "Die deutsche Ideologie", en *MEW* Bd. 3, *op. cit.* (trad. cast. *La ideología alemana, op. cit.*, pp. 48-49).

A partir de *La ideología alemana,* el enfoque de Marx privilegia el análisis "por la vía puramente empírica", al tiempo que su lenguaje es cada vez menos el del filósofo y cada vez más el del economista y el historiador. Ni aquí ni en ningún otro texto posterior la comunidad será asociada nuevamente a la "esencia humana" sin más. Lo que encontramos, en cambio, es una progresiva historización de la comunidad y de las relaciones comunitarias. Al menos en apariencia, la comunidad deja de ser una entidad más o menos abstracta para convertirse en la referencia de un hecho histórico concreto. De hecho, buena parte de este primer capítulo del libro está dedicada a explicar la desintegración de la comunidad antigua y de la comunidad medieval como resultado del desarrollo de la división del trabajo y de las formas de propiedad correspondientes. Según la lógica de esta secuencia histórica, el Estado moderno sería la última fase de la historia de la explotación del hombre por el hombre, aquella donde la "propiedad privada pura" ya se ha liberado de toda "apariencia de comunidad" y de toda "influencia del Estado".

> Mediante la emancipación de la propiedad privada con respecto a la comunidad, el Estado cobra una existencia especial junto a la sociedad civil (*bürgerliche Gesellschaft*) y al margen de ella; pero no es tampoco más que la forma de organización que se dan necesariamente los burgueses, tanto en lo interior como en lo exterior, para la mutua garantía de su propiedad y de sus intereses.[62]

En este punto vuelve a aparecer reelaborada la correlación entre comunidad, sociedad civil/burguesa y Estado. Aunque aquí el énfasis está puesto en el carácter ficticio de la universalidad del Estado en todo tiempo y lugar. En efecto, el Estado aparece caracterizado como "una comunidad puramente ilusoria" (*eine ganz illusorische Gemeinschaft*), como una falsa universalidad tras la cual se encubren los intereses particulares de la clase dominante. Y si bien se dice que la *bürgerliche Gesellschaft "en cuanto tal* sólo se desarrolla con la burguesía", a continuación se la define como "la organización social que se desarrolla directamente basándose en la producción y el intercambio, y que forma *en todas las épocas* la base

---

[62] *Ibid.*, pp. 71-72.

del Estado y de toda otra superestructura idealista".[63] El Estado aparece entonces junto a "todos los diversos productos teóricos y formas de la conciencia, la religión, la filosofía, la moral, etc.", como una formación ideológica explicable a partir del tipo de organización social y económica, es decir, a partir de las relaciones reales entre los individuos. Ahora bien, si como se afirma sobre el final del capítulo "solamente dentro de la comunidad [con otros tiene todo] individuo los medios necesarios para desarrollar sus dotes en todos los sentidos", si "solamente dentro de la comunidad es posible, por tanto, la libertad personal", y si en "los sustitutivos de la comunidad (*Surrogaten der Gemeinschaft*) que hasta ahora han existido, en el Estado, etc., la libertad personal sólo existía para los individuos desarrollados dentro de las relaciones de la clase dominante y sólo tratándose de individuos de esta clase", la pregunta inevitable es la siguiente: ¿cuál es esa comunidad original de la que el Estado es un mero sustituto? ¿Cuál es esa comunidad donde los individuos pueden desarrollar plenamente sus dotes y donde la libertad es una prerrogativa de todos y no sólo de algunos?

La respuesta de Marx coincide con el clímax del capítulo y sirve eventualmente de conclusión a una serie de temáticas que ya no volverán a ser tratadas en el libro. Frente a los sustitutivos o sucedáneos de la comunidad, frente a la "comunidad aparente" y "puramente ilusoria" que es el Estado moderno, se erige la "comunidad real y verdadera" (*wirklichen Gemeinschaft*) dentro de la cual "los individuos adquieren , al mismo tiempo, su libertad al asociarse y por medio de la asociación". Esta otra comunidad, que Marx define propiamente como "la asociación (*Vereinigung*) de los individuos", es la "comunidad de los proletarios revolucionarios, que toman bajo su control sus condiciones de existencia y las de todos los miembros de la sociedad".[64] La revolución comunista significa simultáneamente y de manera indisociable la apropiación del conjunto de las fuerzas productivas por parte de los asociados y la mutación radical de sí mismos. En el acto de la asociación y a través suyo los individuos revolucionan sus condiciones de existencia y, si todavía se puede diferenciar una cosa de la otra, su existencia misma. La aboli-

---

[63] *Ibid.*, p. 38. Subrayados nuestros.
[64] *Ibid.*, p. 87.

ción de la propiedad privada es concomitante a la transformación de los individuos, quienes pasan de ser "individuos medios" a ser "individuos totales". Dentro de la comunidad de los proletarios revolucionarios, las relaciones entre los individuos ya no estarían condicionadas por la pertenencia de los mismos a una clase determinada: "en ella toman partido los individuos *en cuanto tales* individuos".[65] Si bien aquí ya no se trata, como en textos anteriores, de reivindicar la esencia humana como la verdadera comunidad de los hombres, Marx todavía insiste en diferenciar entre los individuos medios (*Durchschnittsindividuen*) de la sociedad burguesa-capitalista y los individuos totales (*totalen Individuen*) de la comunidad. Lo que aquí, como en todas partes donde Marx aborda este problema, distingue a la sociedad actual de la comunidad pasada o futura es tanto la organización del modo de producción y de intercambio como el tipo de relación que existe entre los individuos. Sólo en la comunidad los individuos se apropian de la totalidad de las fuerzas productivas y se relacionan *como tales* individuos. Esta insistencia sobre el *como tal*, el *en cuan tal* o, lo que viene a ser lo mismo, sobre el carácter "total" del individuo remite aún al humanismo comunitario que Marx habría legado de Feuerbach y que, como se ve, no le habría resultado tan sencillo abandonar.

Precisamente allí donde se esperaba una ruptura con las viejas argucias filosóficas que todo el movimiento conceptual de *La ideología alemana* prometía dejar atrás, justo entonces se vuelve a encontrar, completamente idealizada, la figura abstracta de la auténtica comunidad. A pesar de extremar las precauciones y los recaudos metodológicos, a pesar de exponer con todo el rigor posible el proceso histórico por el cual el modo de producción capitalista queda librado a contradicciones insalvables, Marx sucumbe a una abstracción y una idealización semejantes a las que critica en los filósofos alemanes de su tiempo.

Esta conclusión seguramente amerite matices, dado que entre 1843 y 1846 el pensamiento de Marx sufrió cambios más que significativos. En términos generales, estos años corresponden al período que los historiadores del marxismo identifican con el paso dado por Marx del idealismo al materialismo, y del liberalismo democrático al socialismo.

[65] *Ibid.* Subrayado nuestro.

Por razones evidentes que hacen a la historia y a la configuración misma del mundo tal como lo conocemos, nunca se insistirá lo suficiente sobre la importancia de este viraje, lo cual no impide que se puedan reconstruir ciertas continuidades a nuestros ojos fundamentales. Para empezar una relación jerárquica muy determinada entre los conceptos que hemos sometido a revisión. Relación que es dado reconocer no sólo en estos escritos tempranos, sino también, como intentaremos mostrar, en algunos muy posteriores. Lo hemos registrado en cada uno de los textos considerados: para Marx, la "comunidad" tiene invariablemente una connotación positiva, incluso cuando se trata de la llamada comunidad política, de esa comunidad sólo en parte verdadera que, pese a todo, designa el punto más alto de humanidad en los límites del mundo actual. Mientras que la "sociedad", cuando es calificada de "civil" o "burguesa", arrastra consigo una connotación manifiestamente negativa: es el emblema de la humillación física y moral del hombre, de la explotación y la esclavitud moderna, es la esfera de la anarquía, la guerra y la diferencia; en una palabra, es la esfera de lo inhumano.

No puede pasar desapercibido que la axiología que domina estos conceptos resiste a los cambios más radicales, incluidos los cambios que supone la transición del idealismo al materialismo y del liberalismo democrático al socialismo. *Tanto* en el Marx que sueña con volver a hacer de la sociedad de filisteos una comunidad de hombres o un Estado, *como* en el Marx que traza un hiato infinito entre ese mismo Estado (una vez que ha sido transfigurado en la expresión más acabada de una organización social inhumana) y la verdadera comunidad de los hombres, la *Gemeinschaft* o *Gemeinwesen* y la *bürgerliche Gesellschaft* mantienen, por así decir, sus atributos esenciales. En ambos contextos filosófico-políticos, sus cualidades permanecen intactas. En la figura de la comunidad aparece proyectado el pasado humano del modo de organización social completamente deshumanizado del presente, y el futuro donde el hombre aparece reconciliado consigo mismo, con los otros hombres y con la naturaleza. En cambio, la figura de la sociedad capitalista funciona como el recordatorio permanente de la degradación a la que el hombre se somete al someter el mundo humano de las relaciones genéricas al mundo inhumano de las relaciones egoístas. Y entre una y otra, entre lo humano-comunitario y lo inhumano-societario, oscila la figura del Estado. A diferencia de lo que ocurre con la comunidad y la sociedad civil/burguesa, el concepto de Estado cambia radicalmente de valor. En muy poco tiempo, el Estado pasa de ser una comunidad de hombres libres a ser la organización política a través de la cual los miembros de la clase burguesa garantizan y administran sus intereses particulares. Dicho esto, subrayemos lo siguiente: incluso si las relaciones que cada uno de ellos mantiene con el otro son cualitativamente diferentes, los tres conceptos en cuestión están determinados por un mismo humanismo metafísico, aquel que distingue, justamente, entre lo "humano" y lo "inhumano".

El privilegio de la comunidad en el discurso de Marx depende de esta adecuación difícil de nombrar, de este vínculo estrecho y presuntamente natural entre la comunidad y la humanidad del hombre. Nada más natural y sin embargo nada menos evidente que la adecuación entre estos valores –lo *común* y lo *humano*– y sus respectivos opuestos. Precisamente porque el discurso de Marx ha contribuido en gran medida a naturalizar un vínculo que ha tenido consecuencias enormes y aún hoy insospechadas para el pensamiento filosófico y social posterior, creímos necesario comenzar por leer aquellos pasajes de su obra temprana donde el mentado privilegio se puede entrever con mayor facilidad que en otras partes. Una necesidad idéntica guiará la lectura que emprendemos a continuación de algunos pasajes de su obra inmediatamente posterior.

4. De la comunidad a la sociedad

Nuevo recomienzo. Entre el período que acabamos de analizar y el que abordamos ahora median casi diez años. Con frecuencia, el *Manifiesto del Partido Comunista* (1848) suele ser visto como una suerte de gozne en la biografía intelectual de Marx y Engels. Muchas de las tesis allí contenidas, en especial aquellas relacionadas con el desarrollo histórico de las sociedades, continuaron vigentes para sus autores muchos años después de la primera publicación –como se puede constatar en los sucesivos prólogos escritos a partir de 1872– y, con el paso del tiempo, llegaron a convertirse en verdaderos apotegmas de la concepción materialista de la historia. Sin embargo, como cualquier otro "documento histórico", el *Manifiesto…* envejeció, e incluso, en ciertos aspectos, fue desmentido por sus propios autores. Y es que, más allá de los cambios típicamente coyunturales, las nociones que Marx y Engels manejaban por entonces carecían de la fundamentación que les daría el estudio en profundidad de la economía política. Si bien Marx ya había hecho sus primeras armas en esta materia, es sólo a partir de 1850 que todos sus esfuerzos se encaminan a la investigación de la ciencia económica. Fruto de esa investigación monumental, en palabras del propio Marx, "escrupulosa y que ha llevado varios años", son los escritos que pondremos a consideración en adelante.

Es también a partir de esos años que se puede hablar de un renovado interés por parte de Marx y Engels respecto del problema de la comunidad, aunque es sobre todo de textos de Marx que nos ocuparemos aquí. En cualquier caso, desde mediados del siglo XIX tanto Marx como Engels muestran una atracción cada vez mayor, que a veces raya con la fascinación, por las formaciones sociales y económicas precapitalistas en general y por la comunidad primitiva en particular.

Según Eric Hobsbawm –quien en este punto coincide al menos con otro reconocido historiador y estudioso del marxismo–[66], "es probable que en la carrera de Marx se hayan producido dos períodos en los que se ocupó más particularmente de la historia de las sociedades preindustriales o no europeas: la década de 1850, es decir el período que precede a la redacción de la *Crítica de la economía política*, y la de 1870, después de la publicación del tomo I de *El capital* y de la redacción fundamental del II y del III, período en el que Marx parece haber vuelto a los estudios históricos, sobre todo de Europa oriental y la sociedad primitiva, quizás en relación con su interés en las posibilidades revolucionarias de Rusia".[67] Nuestro análisis pretende dar cuenta de los modos en que Marx piensa la noción de comunidad en sendos períodos. Con ese fin intentaremos explicar los desplazamientos teóricos y prácticos entre ellos, para luego vincular la orientación histórica, antropológica y económico-política que

---

[66] Véase la "Introducción" de L. Krader a *Los apuntes etnológicos de Karl Marx*, trad. J. M. Ripalda, Madrid, Editorial Pablo Iglesias / Siglo XXI, 1998.

[67] "Introducción", en K. Marx y E. Hobsbawm, *Formaciones económicas precapitalistas*, edición al cuidado de E. Huerta, México, Siglo XXI, 2011, p. 26.

se desprende de los trabajos de esta época con los presupuestos metafísicos del pensamiento marxiano sobre los que ya hemos avanzado en los apartados anteriores.

Cronológicamente, el primero de los escritos a considerar del período que precede a la redacción de la *Contribución a la crítica de la economía política* (1859) son los llamados *Grundrisse*. El grupo de manuscritos conocido con ese nombre fue redactado por Marx entre octubre de 1857 y mayo de 1858 sin la intención de ser publicado. De hecho, el grueso del texto permaneció inédito hasta 1939-1941. Se suele decir que los *Grundrisse* recogen los resultados de la investigación que Marx venía llevando a cabo en el terreno de la economía política desde la época de los *Manuscritos* de 1844. Su importancia es tanto histórica, ya que a partir de ellos es posible reconstruir la genealogía de trabajos posteriores tales como la *Contribución...* y *El capital*, como teórica, puesto que en ellos aparecen desarrollados un conjunto de problemas que, si bien Marx planeaba retomar y en ciertos casos reelaborar a la luz de nuevos avances científicos, por falta de tiempo ya nunca volverá sobre ellos más que de forma esporádica y tangencial. Uno de los problemas sobre los que se explaya en 1857-1858 pero sobre el que ya no se detiene en lo sucesivo de manera sistemática es, justamente, el problema de la comunidad primitiva y su devenir histórico.

Sin llegar nunca a constituir un "tema", la comunidad se encuentra en el centro de los grandes problemas en torno a los cuales se organiza la redacción de los *Grundrisse*. Marx recurre permanentemente a ella, pero el tratamiento mismo de la cuestión es desarrollado en un apartado titulado "Formas que preceden a la producción capitalista" ("Formen, die der kapitalistischen Produktion vorhergehen"). En la actualidad, dicho apartado es con seguridad el más recordado de todo el compendio. Y esto no tanto porque el problema de la comunidad como tal haya suscitado un interés especial entre los estudiosos de esta obra, sino porque allí Marx despliega una nueva teoría acerca de la evolución histórica –bastante más elaborada y compleja que las esbozadas en *La ideología alemana* y en el *Manifiesto...*– y expone la periodización por épocas en la que luego se basará para elaborar la famosa clasificación de los modos de producción ("asiático, antiguo, feudal y burgués moderno") incluida en el Prólogo a la *Contribución...*[68]

Nuestro interés no radica en la especificidad de esta nueva teoría evolutiva y menos aún en la cuestión de las épocas históricas, lo que tampoco significa que aquí no se las tome en cuenta. Lo que realmente nos interesa es la caracterización de la comunidad primitiva, la explicación de su mayor o menor resistencia al desarrollo de las fuerzas productivas y de su disolución definitiva a expensas del crecimiento de la sociedad moderna.

Nótese, para empezar, que antes de 1850 las alusiones de Marx a la comunidad primitiva o, más ampliamente, a las organizaciones comunitarias precapitalistas son prácticamente inexistentes, salvo por las breves referencias hechas en *La ideología alemana*.[69] Por lo que se puede inferir que su acercamiento a la cuestión está motivado, en primer lugar, por la necesidad de profundizar sus conocimientos en materia de economía política. Pero también por la necesidad de fundamentar su tesis, todavía embrionaria, acerca del progreso histórico de las formaciones sociales, desde las más simples y unitarias, cuyo prototipo es la comunidad primitiva, hasta las más complejas y diferenciadas, cuya forma más desarrollada es la *bürgerliche Gesellschaft*. Ya en las primeras páginas del manuscrito titulado "Introducción general a la crítica de la economía política (1857)", más conocido como "Einleitung" y publicado junto a los *Grundrisse*, encontramos bosquejados los lineamientos fundamentales de esta tesis:

> Cuanto más lejos nos remontamos en la historia, tanto más aparece el individuo –y por consiguiente también el individuo productor– como dependiente y formando parte de un todo mayor (*einem größren Ganzen*): en primer lugar y de una manera todavía muy enteramente natural, de la familia y de esa familia ampliada que es la tribu (*Stamm*); más tarde, de las comunidades (*Gemeinwesen*) en sus distintas formas, resultado del antagonismo y de la fusión de las tribus. Solamente al llegar el siglo XVIII, con la "sociedad civil", las diferentes formas de conexión social

---

[68] "Zur Kritik der politischen Ökonomie", en *MEW* Bd. 13, Berlin, Dietz Verlag, 1971 (trad. cast. *Contribución a la crítica de la economía política*, trad. J. Tula, L. Mames, P. Scaron, M. Murmis y J. Aricó, México, Siglo XXI, 2008, p. 5).

[69] Véase, por ejemplo, *op. cit.*, pp. 23, 38, 55-56, 72-73, 77-78.

aparecen ante el individuo como un simple medio para lograr sus fines privados, como una necesidad exterior. Pero la época que genera este punto de vista, esta idea del individuo aislado, es precisamente aquella en la cual las relaciones sociales (generales según este punto de vista) han llegado al más alto grado de desarrollo alcanzado hasta el presente.[70]

Si hemos elegido citar este pasaje entre tantos otros pertenecientes al mismo período y que dicen aproximadamente lo mismo es por su alto grado de generalidad o, si se prefiere, de ejemplaridad, y en el mismo sentido por la sencillez con que Marx presenta un problema que, como todos sabemos y como antes que nadie sabía él mismo, es todo menos sencillo. Al escribir esto Marx tenía la pretensión evidente de dotar de un sentido certero —verdadero y preciso— el devenir de la historia humana, vale decir, de la historia de las sociedades humanas. El sentido del devenir histórico que Marx racionaliza como proceso lógico o dialéctico es el "progreso" entendido como marcha hacia adelante, como mejoramiento o, también, como perfeccionamiento de la vida del hombre en sociedad. Asentado en sólidas tradiciones metafísicas (la de Aristóteles y la de Hegel entre las más visibles) y políticas (especialmente aquellas representadas por los escritores socialistas: "utópicos", "científicos" y "románticos"), consolida a través de su producción una cierta "idea de progreso" que habrá de resultar sumamente influyente en el campo de filosofía social y de las nacientes ciencias sociales.[71]

Durante un largo período que se extiende por lo menos hasta bien entrada la década de 1870, el evolucionismo de Marx se afirma en la certeza objetiva (y no sólo, como se dice a veces, en la esperanza o en el deseo) de que la historia de las formaciones sociales *avanza* según la *sucesión* de modos de producción en una dirección única e *irreversible*, cuyo *fin* ineluctable coincide con la culminación de la prehistoria de la sociedad humana y el comienzo de una nueva historia. Por esquemática, lineal y

[70] "Einleitung", en *MEW* Bd. 42, Berlin, Dietz Verlag, 1983 (trad. cast. "Introducción general a la crítica de la economía política (1857)", en *Contribución...*, *op. cit.*, p. 283).

[71] Sobre las fuentes intelectuales de la moderna "idea de progreso" y sus consecuencias en el plano de la teoría sociológica, véase el artículo de K. Bock, "Teorías del progreso, el desarrollo y la evolución", en T. Bottomore y R. Nisbet (comp.), *Historia del análisis sociológico*, trad. L. Wolfson, L. Espinosa y A. Bignami, Buenos Aires, Amorrortu, 2001, pp. 59-104.

totalizante que hoy pueda resultarnos esta teoría del cambio social, no hay que olvidar la diferencia sustancial que ella supone en comparación con la mayoría de las teleologías precedentes. Pues si bien la línea entre el origen y el fin de la historia está trazada de antemano, la transformación social propiamente dicha depende del resultado de las tensiones reales y de la lucha práctica entre las clases sociales. Y este resultado, como Marx aprendería con mayor o menor resignación a lo largo de su vida, nunca está realmente dado y mucho menos garantizado. Ahora bien, creemos, con Balibar, que "los problemas de la filosofía de la historia en Marx no deben discutirse en el nivel de las declaraciones más generales, sino en el de los análisis, que es también el de la explicitación máxima de los conceptos".[72] Pasemos, pues, al nivel analítico y conceptual.

Como insinuábamos más arriba, Marx no volverá a ofrecer un examen más detallado de la comunidad primitiva y su devenir histórico que aquel que se puede leer en las "Formen...". Allí, se propone investigar las condiciones del surgimiento del modo de producción capitalista, y señala para empezar dos supuestos fundamentales: en primer lugar, la separación del individuo con respecto a su "gran laboratorium", es decir, con respecto a la tierra, y, como consecuencia de ello, la disolución de la pequeña propiedad y de la propiedad colectiva de la tierra. Ambos supuestos, se entiende, son el resultado de un largo proceso que comienza con la progresiva desintegración de las comunidades y culmina con el ocaso definitivo de las mismas. Son los rasgos generales y las implicancias de este proceso, y no tanto las formas históricas de la propiedad de la tierra que tienen a la comunidad como protagonista, aquello sobre lo que queremos insistir aquí.

Una descripción general de las primeras formas que preceden a la producción capitalista debería bastar para situar el comienzo de un fin largamente anunciado. En el comienzo, entonces:

> [...] los individuos no se comportan como trabajadores sino como propietarios –y miembros de una entidad comunitaria (*Gemeinwesen*), que al mismo tiempo trabajan. El objetivo de este trabajo no es *la creación de valor* –aun cuando es posible que se ejecute plustrabajo para intercam-

---

[72] *La filosofía de Marx, op. cit.*, p. 107.

biarlo por productos ajenos, i.e. por plusproductos– sino que su objetivo es el mantenimiento del propietario individual y de su familia así como de la entidad comunitaria global.[73]

En la primera forma de la propiedad de la tierra, a la que Marx denomina forma "oriental" o "asiática", los individuos son simultáneamente copropietarios y miembros de la comunidad en la que trabajan. A esta "comunidad (*Gemeinschaftlichkeit*) de sangre, de idioma, de costumbres, etc.", que tiene por base la tierra, se la llama "natural" u "originaria" (*ursprüngliche*), ya que "no aparece como *resultado* sino como *supuesto de la apropiación colectiva* (temporaria) *del suelo y de su utilización*". Esta primera forma tiene la comunidad como "supuesto" y, según se aclara más adelante, como "sustancia, de la cual los individuos son meros accidentes o con respecto a la cual sólo constituyen componentes naturales".[74] Muy distinto es el caso de la segunda forma, la cual ya es "producto de una vida histórica más dinámica". En la forma "antigua clásica", en Grecia y en Roma, la comunidad también es el "primer supuesto", pero esta ya no tiene por base la tierra sino la ciudad. La tierra, antes indisputada, se convierte ahora en motivo de guerra entre distintas comunidades, y la guerra misma en condición de existencia vital. La comunidad deviene Estado. La propiedad comunitaria o estatal (el ejemplo propuesto por Marx es el *ager publicus* romano) es separada de la propiedad privada, dando lugar al propietario privado individual. "En este caso, sigue siendo presupuesto para la apropiación del suelo el ser miembro de la comunidad, pero, en tanto miembro de la comunidad, el individuo es propietario privado".

La tercera forma a la que Marx se refiere es la "germánica" y su época es la Edad Media. Al igual que la oriental, la forma germánica tiene por sede la tierra. Pero a diferencia de aquella, en esta las familias que conforman la comunidad se establecen aisladas unas de otras. Por esa razón, entre los germanos "la comunidad solamente existe [...] en virtud de cada acto de reunión de sus miembros"; "la *comunidad* aparece como

---

[73] "Grundrisse der Kritik der politischen Ökonomie", en *MEW* Bd. 42, *op. cit.* (trad. P. Scaron, *Elementos fundamentales para la crítica de la economía política (Grundrisse) 1857-1858*, vol. 1, México, Siglo XXI, 2007, pp. 433-434).

[74] *Ibid.*, p. 436.

una *reunión* (Vereinigung), no como una *unión* (Verein), como acuerdo entre sujetos autónomos que son los propietarios de la tierra, no como unidad (*Einheit*)".[75] En esta tercera forma, la propiedad de la tierra no depende de la comunidad, sino que la existencia misma de la comunidad depende de la re-unión de sujetos independientes entre sí que a su vez son propietarios individuales de la tierra que trabajan. Parafraseando a Marx ,cabe decir que, si en la comunidad como *unión* (o como *unidad*) las partes están contenidas en el todo, en la comunidad como *reunión* es el todo el que está contenido en las partes.

Allende las importantes diferencias que se acaban de señalar, todas estas formas comparten las siguientes características generales que aquí presentamos del modo más resumido posible: a) el tener como fundamento de su ordenamiento económico "la propiedad de la tierra y la agricultura"; b) el estar orientadas a "la producción de valores de uso"; c) el hecho de que allí el individuo, en tanto miembro de una comunidad (más o menos natural, más o menos histórica), se relaciona con las condiciones objetivas del trabajo y por ende de su reproducción como individuo, es decir con la tierra, como con algo naturalmente suyo, o incluso, como llega a decir Marx, "tratándolas como naturaleza inorgánica de su subjetividad, en la cual esta se realiza a sí misma".[76] La existencia de estas formas concretas de relaciones de propiedad y de las comunidades respectivas depende enteramente de que los miembros que las constituyen se reproduzcan en continuo bajo idénticas condiciones. Desde el momento en que esto no ocurre, tanto la comunidad como la forma de propiedad de la tierra sobre la que aquella descansa están condenadas a perecer. Y si bien algunas de estas formas son más resistentes que otras,[77] tarde o temprano todas ellas terminan suprimiendo las condiciones que las hacían posibles. Llega un momento en el que la producción de las condiciones de existencia ya no reproduce sino que destruye estas

---

[75] *Ibid.*, p. 442.

[76] *Ibid.*, p. 444.

[77] "La forma asiática es necesariamente la que se mantiene con mayor persistencia y duración. Esto está implícito en sus supuestos: que el individuo no llega a ser independiente de la comunidad, que [[hay un]] círculo self-sustaining de la producción, una unidad de la agricultura y la manufactura, etc." (*ibid.*, p. 446).

condiciones, y con ellas, indefectiblemente, destruye la comunidad. Más concretamente, Marx habla de un límite en el desarrollo de las fuerzas productivas más allá del cual el propio desarrollo "representa decadencia y ruina". Se trata de un límite variable y diferente para cada formación económica. Según las características de las mismas, el desarrollo puede significar cosas bien distintas. Por ejemplo, en la forma asiática, que por sus cualidades es la más inmune a los cambios, el sólo aumento de la población es un factor de desarrollo que amenaza las condiciones de existencia más básicas. En la forma antigua clásica se enumeran como factores desestabilizantes "el desarrollo de la esclavitud, la concentración de la propiedad de la tierra, el intercambio, el sistema monetario, etc.". En todos los casos, explica Marx, se trata de excesos del propio desarrollo que en principio resultan enteramente compatibles con los fundamentos de las formaciones originarias. De ahí que, inversamente a lo que podría suponerse, la búsqueda de conservación por parte de una comunidad tiene por resultado precisamente lo contrario:

> El objetivo de todas estas entidades comunitarias (*Gemeinwesen*) es [[su]] conservación, *es decir la reproducción como propietarios de los individuos que la componen, es decir su reproducción en el mismo modo de existencia, el cual constituye al mismo tiempo el comportamiento de los miembros entre sí y por consiguiente constituye la comunidad misma* (Gemeinde selbst). *Pero, al mismo tiempo, esta reproducción es necesariamente nueva producción y destrucción de la forma antigua.* [...] De tal modo la conservación de la comunidad antigua implica la destrucción de las condiciones en las que se basa, se convierte en su opuesto.[78]

Fiel a una concepción dialéctica típicamente hegeliana aunque "puesta sobre sus pies" y según un tipo de exposición que no lo es menos, Marx considera el efecto disolvente del desarrollo de las fuerzas productivas sobre las comunidades como un "despliegue de la masa humana en progreso". Lo que está en juego en las "Formen..." es ante todo el "proceso de disolución" (*Auflösungsprozeß*) de las formas preburguesas de propiedad y producción como consecuencia de su propio desarrollo. Se trata de un análisis general y sumamente abstracto antes que de una investigación

[78] *Ibid.*, p. 454.

propiamente histórica de las épocas implicadas en el proceso. De hecho, en el momento en que fue realizado, los conocimientos históricos de Marx y de Engels sobre la comunidad primitiva eran más bien rudimentarios.[79] Su punto fuerte era la historia del capitalismo. Aquel estaba orientado principalmente a descubrir los orígenes de la organización social basada en relaciones de propiedad capitalistas y en presentar esta organización, la sociedad moderna o *bürgerliche Gesellschaft*, como el opuesto en el que se convierte la vieja comunidad.

Como bien ilustra el subtítulo introducido en la versión española de las "Formen…", el texto trata, en suma, "acerca del proceso que precede a la formación de la relación de capital o a la acumulación originaria". Proceso que podemos describir como el pasaje progresivo desde formaciones económicas cuyas relaciones sociales de producción "expresan un predominio tanto del valor de uso y de la producción orientada al uso inmediato como de una entidad comunitaria real", a formaciones económicas donde, opuestamente, predomina el valor de cambio, la producción orientada al intercambio y la acumulación, y donde la comunidad, dada su abstracción, apenas merece ese nombre.[80] Creemos que es en la explicación del pasaje de las comunidades antiguas a las sociedades modernas donde hay que rastrear los elementos constitutivos de aquello que Marx entiende, en el período que comienza en 1850, tanto por "comunidad" como por "sociedad" (civil/burguesa). Y, más específicamente, creemos que hay que rastrear estos elementos en el corazón de dicha explicación, esto es, en el momento decisivo en el que aparecen simultáneamente el "dinero" y el "intercambio".

Marx describe este momento una y otra vez a lo largo de sus textos –a veces incluso más de una vez en el mismo texto–, con ligeras modi-

[79] "No se basaba en ningún conocimiento serio de las sociedades tribales, ya que la antropología moderna se encontraba en su infancia […]. Hasta Morgan, la mayor parte de sus puntos de vista al respecto se basaban en parte en los autores clásicos, en parte en materiales sobre Oriente pero, sobre todo, en materiales de la temprana Europa medieval o en el estudio de las supervivencias comunales en Europa" (E. Hobsbawm, "Introducción", *op. cit.*, p. 24).

[80] "La abstracción de una entidad comunitaria en la cual los miembros no tienen nada en común, a no ser el lenguaje, etc., y apenas esto, es manifiestamente el producto de un estado histórico muy posterior" (*Elementos fundamentales…*, vol. 1, *op. cit.*, p. 450).

ficaciones pero usando casi siempre las mismas palabras, metáforas y giros idiomáticos. Así, por ejemplo, ya encontramos una descripción de la aparición del dinero y del (inter)cambio en el temprano manuscrito de la "Einleitung", en la mitad de un comentario a propósito de las "comunidades eslavas", semejantes en todo a las comunidades naturales y espontáneas representativas de la forma oriental:

> [...] en las comunidades eslavas el dinero y el cambio que lo condiciona no aparecen o lo hacen muy raramente en el seno de cada comunidad, mientras que aparecen en cambio en sus confines, en el tráfico con otras comunidades; de allí que sea en general erróneo situar el cambio en el interior de las comunidades como el elemento constitutivo originario. Al principio aparece más bien en la relación de las diversas comunidades entre sí, antes que en las relaciones de los miembros en el interior de una misma y única comunidad. Además: aunque el dinero haya desempeñado desde muy temprano un papel múltiple, sin embargo, como elemento dominante, pertenece en la Antigüedad sólo a naciones unilateralmente determinadas, a naciones comerciales. Y hasta en la Antigüedad más culta, entre los griegos y los romanos, sólo en el período de su disolución alcanza el dinero su pleno desarrollo, el cual en la moderna sociedad burguesa constituye un supuesto.[81]

La tres ideas centrales de esta tesis, a saber: a) que el dinero y el intercambio son exteriores a la comunidad o que a lo sumo cumplen en ella un papel completamente secundario, b) que estos aparecen en sus confines, es decir, en la relación entre comunidades y no en el interior de la comunidad misma como elementos constitutivos suyos, y c) que la disolución de la comunidad coincide con el pleno desarrollo del dinero, van a repetirse casi idénticamente a lo largo y a lo ancho de los *Grundrisse*.[82] Las volvemos a encontrar prácticamente inalteradas en el manuscrito conocido como "Urtext" ("Fragmento de la versión primi-

---

[81] "Introducción general a la crítica de la economía política (1857)", *op. cit.*, pp. 303-304.

[82] *Elementos fundamentales...*, vol. 1, *op. cit.*, pp. 86, 161-162; *Elementos fundamentales...*, vol. 2, trad. P. Scaron, Buenos Aires, Siglo XXI, 2011, pp. 31-32, 465.

tiva de la *Contribución a la crítica de la economía política* (1858)")[83] y en la versión publicada de la *Contribución...*[84] Finalmente, reaparecen en los capítulos I, II y XII del primer tomo de *El capital* (1867),[85] y en los capítulos X, XIX y XX del tercer y póstumo tomo.[86]

De esta tesis, sostenida ininterrumpidamente a lo largo de diez años de producción teórica, de 1857 a 1867 para ser más precisos, se pueden inferir algunas de las presunciones sobre las que Marx se basa al momento de afirmar que, una vez disuelta la comunidad, esta se convierte progresivamente en su contrario, es decir, en la moderna sociedad burguesa. Para afirmar esto Marx presume, en primer lugar, la plenitud *interior* de la comunidad originaria, su unión o su unidad sustancial como cosa dada. De ahí precisamente que los elementos y las fuerzas disgregantes sean situados en el *exterior* de la comunidad, en sus límites o, como le ocurre decir a menudo, en los escasos puntos de contacto que ella mantiene con otras comunidades. Lo que se disgrega con el desarrollo de las fuerzas productivas es tanto la relación recíproca entre los hombres, que no es otra cosa que la comunidad, como el hombre miembro de esa comunidad, el cual "aparece originariamente como un *ser genérico*,

[83] "Fragment des Urtextes von *Zur Kritik der politischen Ökonomie* (1858)", en *MEGA* Bd. II/2, Berlin, Dietz Verlag, 1980 (trad. cast. "Fragmento de la versión primitiva de *la Contribución a la crítica de la economía política* (1858)", en *Contribución...*, *op. cit.*, pp. 196-197).

[84] *Contribución...*, *op. cit.*, pp. 34, 139-140.

[85] "Das Kapital. Band I", en *MEW* Bd. 23, Berlin, Dietz Verlag, 1962 (trad cast. P. Scaron, *El capital*, Tomo I/Vol. 1, México, Siglo XXI, 1998, pp. 96-97, 107-108; Tomo I/Vol. 2, México, Siglo XXI, 1998, pp. 427-429).

[86] "Das Kapital. Band III", en *MEW* Bd. 25, Berlin, Dietz Verlag, 1964 (trad. L. Mames, revisión y notas P. Scaron, *El capital*, Tomo III/Vol. 6, México, Siglo XXI, 1997, pp. 224-225, 406, 422-424). Es interesante notar que en el texto de Engels, "Apéndice y notas complementarias al Tomo III de *El capital*", aparecido póstumamente en 1895-96, este cita uno de esos pasajes (puntualmente el que aparece en las pp. 224-225) y aclara: "Si Marx hubiese alcanzado a reelaborar el tercer tomo, no cabe duda de que hubiese desarrollado considerablemente más este pasaje. Tal como está, sólo ofrece un contorno esbozado de lo que hay para decir acerca del punto en cuestión" (Tomo III/Vol. 8, México, Siglo XXI, p. 1133). Tras lo cual se entrega a una reinterpretación que parece más acorde con el evolucionismo antropológico que tanto había influenciado a Engels en el último tramo de su vida que con la visión general de Marx, también evolucionista pero sin duda más sensible que la del primero a las singularidades históricas y a las historicidades singulares.

un *ser tribal*, un *animal gregario*, aun cuando de ninguna forma como un ζῷον πολιτικόν en el sentido político".[87] Al disolverse la comunidad primitiva se disuelve entonces no solamente la base económica sobre la que aquella reposa, sino también el "hombre" y la "humanidad" que Marx identifica con dicha comunidad.

Al analizar ciertos pasajes de los escritos de juventud tuvimos la oportunidad de identificar el contrapunto entre ser genérico, comunidad y futuro comunista, esa "dialéctica sutil" que en palabras de Dumont "une, e identifica de alguna manera, *Gattungswesen*, *Gemeinwesen*, y el proyecto revolucionario".[88] Ahora, este esquema dialéctico de la historia se completa con una visión revalorizada del pasado donde la comunidad primitiva prefigura desde un punto de vista humanista la comunidad futura. Las cualidades humanas de la antigua comunidad, devenidas cualidades inhumanas en la moderna sociedad capitalista, sólo vuelven a encontrarse en la comunidad del comunismo por venir. Entre el ocaso de la primera y el advenimiento de la segunda se despliega el vasto proceso histórico que comienza con la metamorfosis del "vínculo social". Como consecuencia directa del desarrollo que lleva aparejado la aparición del dinero, los individuos dejan de estar "recíprocamente relacionados" para volverse "recíprocamente indiferentes" entre sí. Por esa razón, explica Marx, es que los antiguos percibían el dinero como la "fuente de todos los males". La "sed de placeres" y la "avaricia", dos formas particulares de lo que Marx llama "avidez de dinero", simbolizan la extinción de la comunidad. Esto quiere decir que el dinero (con todo lo que este simboliza: desde el predominio del valor de cambio hasta el ascendiente de un *ethos* social comercial) y la comunidad primitiva son antitéticos y

---

[87] *Elementos fundamentales…*, vol. 1, *op. cit.*, p. 457. Aprovechamos la referencia al *zôon politikón* para consignar aquí, aunque sin poder profundizar en ello, la decisiva influencia del pensamiento aristotélico en la tesis de Marx. En cierto modo, las tres ideas directrices de esta tesis son generalizaciones de problemas que este, como lo atestiguan sus propias notas y extractos de lecturas, encuentra desarrollados principalmente en la *Política* y en la Ética Nicomáquea. Sobre la deuda de Marx con Aristóteles en estos aspectos puntuales, véase W. J. Booth, "Households, Markets, and Firms", en G. E. McCarthy (ed.), *Marx and Aristotle: Nineteenth Century German Social Theory and Classical Antiquity,* Maryland, Rowman & Littlefield Publishers, Inc., 1992, pp. 243-271.

[88] *Homo æqualis. Génesis y apogeo de la ideología económica, op. cit.*, p. 167.

mutuamente excluyentes. Donde comienza uno y por sus mismos efectos termina la otra. La comunidad, entendida en su más ajustado sentido como la relación social entre los hombres, termina allí donde comienza la relación social entre las cosas.

La metamorfosis del vínculo social consiste, pues, en este relevo fundamental del hombre por la cosa. Marx lo ha explicado con toda suerte de palabras, según las épocas y las lenguas (puesto que domina varias, y a veces varias a la vez). En las "Formen…" encontramos una de estas explicaciones, la más económica de todas las que pudimos contabilizar hasta el momento: "La *equiparación* en lugar de la verdadera comunidad y de la verdadera universalidad (*Die* Vergleichung *an der Stelle der wirklichen Gemeinschaftlichkeit und Allgemeinheit*)". La equiparación o la igualación, pero también la comparación de una cosa con otra: todos estos sentidos están presentes en la palabra *Vergleichung*. Digamos, entonces, que un vínculo basado en el cálculo contable ha sustituido a la verdadera comunidad y a la verdadera universalidad, ellas mismas, como a esta altura sabemos bien, más allá de toda contabilidad posible. El cambio no puede ser más radical. Y sin embargo, cuestión decisiva pero con frecuencia desatendida, por mucho que se resienta el vínculo social en su transformación histórica, este nunca desaparece ni se rompe, como se suele decir en la jerga de la teoría social. Ni siquiera en la deshumanizada sociedad capitalista. Estrictamente hablando, la "comunidad" y la "universalidad" no se disuelven. Más bien habría que decir que el lugar que estas figuras ocupan, que no es un lugar entre otros sino el lugar de lo que toda nuestra tradición moderna, al menos desde Rousseau, denomina *vínculo*, ha sido ocupado por una comunidad y una universalidad completamente diferentes. Por una comunidad, según Marx, abstracta, externa y accidental pero no por eso menos efectiva para el desarrollo de las fuerzas productivas. Este lugar, en la actualidad, ha sido ocupado por el dinero. Bajo las condiciones de la *bürgerliche Gesellschaft*, el dinero *es* la comunidad y la universalidad: "el dinero es inmediatamente la *comunidad*, en cuanto es la sustancia universal de la existencia para todos, y al mismo tiempo el producto social de todos. Pero en el dinero, como ya vimos, la comunidad es para el individuo una mera abstracción, una mera cosa externa, accidental, y al mismo tiempo un simple medio para su satisfacción como individuo aislado".[89]

La comunidad se convierte en su opuesto, literalmente y punto por punto: la comunidad real y verdadera deviene una mera abstracción; la comunidad como sustancia interna deviene una cosa externa y accidental; la comunidad como fin en sí mismo de individuos recíprocamente vinculados deviene un simple medio para la satisfacción egoísta de individuos recíprocamente indiferentes. Lo que a primera vista resulta desconcertante es el hecho de que el resultado de esta conversión histórica significa, por una parte, el más alto grado de desarrollo de las fuerzas productivas y de las relaciones sociales, y, como consecuencia de ello, el máximo dominio alcanzado por el hombre sobre la naturaleza; mientras que por otra parte supone la máxima degradación de la humanidad del hombre, su enajenación total y absoluta. El carácter contradictorio y aparentemente paradójico de la *bürgerliche Gesellschaft* –ese "mal necesario" del que hablábamos en el segundo apartado– nos recuerda una vez más el lugar definido y a la vez irreemplazable que ella ocupa en la representación marxiana del progreso histórico de las formaciones sociales. Sea que se enfaticen sus aspectos progresivos, sea que se enfaticen sus aspectos regresivos, en el discurso de Marx ella siempre aparece como un paso a ciegas en la historia humana, o bien, para decirlo de una vez, como el pasaje inhumano, pero necesario, del hombre al hombre.

5. El privilegio de la comunidad (I)

Para comprender cabalmente lo que hemos llamado el privilegio de la comunidad en Marx, que por cierto no se deja explicar como una simple preferencia, fue necesario mostrar el lugar subordinado de la *bürgerliche Gesellschaft* en su discurso. Desde luego, esta constatación no excluye que en ciertos momentos, casi siempre aislados y por ende fácilmente identificables, el tono de Marx se vuelva crítico respecto de algunos aspectos de la comunidad del pasado y, muy a menudo de

[89] *Elementos fundamentales…*, vol. 1, *op. cit.*, p. 161. Siguiendo pautas diferentes pero que en todo caso no carecen de cierta afinidad con las que aquí plantea Marx, más adelante, leyendo a Weber, reencontraremos la comunidad del dinero o, como este último prefiere decir, la "comunidad de mercado".

manera simultánea, celebratorio de las fuerzas materiales y espirituales desplegadas por la sociedad capitalista.

Quizás el ejemplo más acabado de esa doble tonalidad sea el propio *Manifiesto...* En él confluye la voz que critica las "relaciones firmes y enmohecidas, con su secuela de ideas y conceptos venerados desde antiguo", con aquella otra que celebra el "papel extremadamente revolucionario" que ha desempeñado la burguesía en el transcurso de la historia.[90] Aunque en realidad tampoco puede decirse que esta crítica esté dirigida directamente a la comunidad en tanto formación característica de una época dada. La crítica de 1848 incluye ciertamente las formas comunitarias primitivas pero apunta, más en general, a todos aquellos elementos reaccionarios o conservadores del pasado precapitalista. Distinto es el caso de los artículos sobre el dominio colonial inglés en la India que escribe en 1853 para el *New-York Daily Tribune*. En ellos Marx se refiere explícitamente, y en términos muy severos, a la comunidad como forma de organización económico-social. Por ejemplo, en "The British Rule in India", cuando escribe: "no debemos olvidar que esas idílicas comunidades rurales (*idyllic village communities*), por inofensivas que parezcan, siempre fueron la sólida base del despotismo oriental, que restringieron el intelecto humano dentro de los límites más estrechos posibles, convirtiéndolo en el instrumento sumiso de la superstición, esclavizándolo bajo reglas tradicionales, privándolo de toda grandeza y de energías históricas".[91] Directa o indirectamente, en esos artículos la "intromisión inglesa" aparece doblemente justificada: por una parte, y "por repugnante que sea desde el punto de vista humano", al haber "disuelto esas pequeñas comunidades semibárbaras y semicivilizadas", "contaminadas por las diferencias de casta y por la esclavitud", y por otra parte, al haber producido "la más grande, y, a decir verdad, la única revolución social de la que se haya oído hablar en Asia". Hasta donde

---

[90] K. Marx y F. Engels, *Manifiesto comunista*, ed. bilingüe, trad. E. Grau Biosca y L. Mames, Barcelona, Grijalbo Mondadori, 1998.

[91] Citado por K. A. Megill, "The Community in Marx's Philosophy", *Philosophy and Phenomenological Research*, Vol. 30, No. 3 (Mar., 1970), p. 385. Sobre la "comunidad" en la filosofía Marx véase, además del artículo citado, la respuesta de M. B. Mahowald, "Marx's 'Gemeinschaft': Another Interpretation", *Philosophy and Phenomenological Research*, Vol. 33, No. 4 (Jun., 1973), pp. 472-488.

sabemos, Marx nunca volverá a utilizar un tono semejante para referirse a las comunidades precapitalistas, ni en los textos del decenio 1858-1868, ni en aquellos de la década de 1870 y comienzos de la siguiente, donde la comunidad reaparece como problema y sobre los que diremos algo enseguida.

Si hoy hay quienes continúan afirmando que Marx deseaba volver el tiempo atrás, es porque nunca leyeron los textos a los que acabamos de referirnos o porque se limitan a repetir una opinión instalada –justamente– a fuerza de repetir sin pensar, o, lo que resulta más probable, por una combinación de las dos cosas. En rigor de verdad, ni siquiera es necesario recurrir a los escritos donde la comunidad es cuestionada en algunos de sus aspectos básicos para descartar esta tesis. Basta advertir, como hemos hecho aquí con insistencia, que para Marx el modo de producción más inhumano es, con todo, un momento históricamente necesario al interior de un proceso que avanza con vistas a un fin o a un *télos* determinado, en una sola dirección y de manera irreversible. La sociedad capitalista se encuentra atravesada por esta contradicción o, mejor dicho, ella es esta contradicción. El mal radical que ella encarna no modifica en nada su carácter históricamente necesario, y, a la inversa, el hecho de ser una necesidad histórica no altera en absoluto su inhumanidad característica. Esta tensión, subyacente en todos los retratos de la *bürgerliche Gesellschaft* que hemos recogido hasta el momento, obliga a rechazar de modo igualmente categórico la tesis contraria a la anterior. Una tesis surgida originalmente del debate entre los revolucionarios rusos y luego popularizada por diversas tradiciones según la cual Marx sería un partidario de la modernización en general y del progreso técnico-capitalista en particular. Ambas conclusiones, apoyadas generalmente en textos o pasajes aislados, son forzosamente parciales. No resisten un examen serio ni tampoco lo ameritan. Sabemos de antemano que las cosas no son tan sencillas. Nunca lo son tratándose de Marx.

En el contexto de este estudio, preferimos hablar de Marx como de un autor nostálgico al mismo tiempo que modernista. Caracterización que lo aproxima a cierto romanticismo. Como lo demuestran con elocuencia Löwy y Sayre en su libro *Rebelión y melancolía*, "*el romanticismo es una de las fuentes olvidadas de Marx y de Engels*, una fuente que es tal vez tan importante para su trabajo como el neohegelianismo alemán o el materialismo francés".[92] Según ellos, la influencia de la cultura romántica se manifiesta principalmente en dos rasgos importantes del pensamiento de Marx y Engels. El primero está relacionado con el "interés" y la "simpatía crecientes" que ambos mostraron "por ciertas formaciones sociales precapitalistas: un tema característico de la visión romántica de la historia"; el segundo, con "la crítica de ciertos aspectos fundamentales de la modernidad industrial-capitalista".[93] Ambos rasgos fueron ampliamente considerados a lo largo de nuestra lectura de los textos de Marx, como también lo fueron, aunque en menor medida, los rasgos contrarios. Si estos últimos recibieron menos atención es, en principio, porque en el conjunto de la obra marxiana su impronta es menos marcada, y en consecuencia también menos legible. Y aún hay que decir que, en el período que comienza alrededor de 1870, los gestos que siguiendo a Löwy y Sayre podemos llamar *románticos* no hicieron más que pronunciarse.

Por un lado, el interés que Marx y Engels mostraron desde 1850 por la comunidad primitiva encontró casi veinte años más tarde la base científica de la que aquellos carecían. A partir de 1860 comenzaron a aparecer las primeras investigaciones antropológicas y etnológicas, investigaciones que Marx y Engels no tardaron en leer, comentar y discutir. Entre los investigadores más destacados de su tiempo hubo dos que captaron toda su atención. El primero de ellos fue G. L. von Maurer, historiador alemán dedicado al estudio de las antiguas instituciones germánicas. Si bien Maurer ya aparece citado en *El capital*, es solamente a partir de 1868 que va a convertirse tanto para Marx como para Engels en una referencia obligada en lo que respecta a la historia de las comunidades antiguas y feudales.[94] El segundo de estos investigadores fue L. H. Morgan, autor del célebre libro *Ancient Society* (1877) por el cual es considerado uno de los padres fundadores de la antropología moderna y el máximo exponente

---

[92] *Op. cit.*, p. 105. Entre los románticos críticos del capitalismo industrial que mayor impacto habrían tenido tanto en Marx como en Engels, se menciona a Sismondi, Danielson, Dickens, Balzac, Carlyle, Maurer, Niebuhr, Morgan, Fourier, Leroux y Hess.

[93] *Ibid.*, pp. 107, 110.

[94] A propósito del impacto del trabajo de Maurer sobre Marx y Engels, remitimos a E. Hobsbawm, "Introducción", *op. cit.*, pp. 21-24.

del evolucionismo antropológico. El impacto de la obra de este último fue sin duda mayor, y esto porque, al leerla, Marx sintió confirmada su propia teoría antropológica. Básicamente, la teoría de Morgan considera la evolución histórica de la humanidad como un proceso a través del cual la sociedad antigua (*societas*), basada en relaciones personales organizadas en torno a la institución de la *gens*, se transforma en la sociedad moderna o Estado (*civitas*), basada en el territorio y la propiedad.[95] Al igual que Marx, Morgan denunciaba el efecto destructivo de la propiedad privada y del individualismo sobre el espíritu humano y creía que los valores de la antigua *societas* iban a ser regenerados en una sociedad futura que el hombre no tardaría en reconstruir.[96] Con todo, las investigaciones de Maurer y Morgan no fueron las únicas en reavivar la atracción de Marx por la comunidad primitiva. También es sabido que por esos años leyó con entusiasmo a los investigadores rusos, y en especial al sociólogo M. M. Kovalevski por su tratado sobre la "posesión comunal de la tierra". En resumen, estos hallazgos redundaron en un renovado interés por la cuestión de la comunidad y el comunismo primitivos y, en cierto modo, vinieron a confirmar viejas tesis. Así lo asegura Engels al comentar un pasaje del tomo III de *El capital* (1894) donde Marx hace expresa su

---

[95] Véase L. H. Morgan, *La sociedad primitiva*, trad. corregida de la Editorial Pavlov, México, Madrid, Ayuso, 1975.

[96] Evidentemente, aquí nos limitamos a subrayar aquellos paralelismos que consideramos más significativos. Por lo demás, huelga decir que sobre muchos puntos Marx toma expresa distancia de la concepción de Morgan, tal como se puede apreciar en sus extractos de *Ancient Society*. Véase "Extractos de Marx, tomados de Lewis Henry Morgan *Ancient Society*", en L. Krader, *Los apuntes etnológicos de Karl Marx, op. cit.*, pp. 71-210. No está de más recordar que son estos mismos extractos los que Engels tiene a la vista y sobre los que se apoya al momento de redactar *El origen de la familia, la propiedad privada y el Estado* (1884), cuyo Prefacio a la primera edición comienza diciendo: "Los capítulos siguientes vienen a ser, en cierto sentido, la ejecución de un testamento. Carlos Marx se disponía a exponer personalmente los resultados de las investigaciones de Morgan en relación con las conclusiones de su (hasta cierto punto, puedo llamarlo nuestro) análisis materialista de la historia, para esclarecer así, y sólo así, todo su alcance. En América, Morgan descubrió de nuevo, y a su modo, la teoría materialista de la historia, descubierta por Marx cuarenta años antes, y, guiándose de ella, llegó, al contraponer la barbarie y la civilización, a los mismos resultados esenciales que Marx" ("Der Ursprung der Familie, des Privateigentums und des Staats", en *MEW* Bd. 21, Berlin, Dietz Verlag, 1975 (trad. Ediciones Progreso, Moscú, *El origen de la familia...*, Barcelona, Planeta-De Agostini, 1992, p. 27)).

"opinión" –ya conocida por nosotros– "de que la transformación de los productos en mercancías se originan por el intercambio entre diversas entidades comunitarias, y no entre los miembros de una misma comunidad". En nota al pie leemos el siguiente comentario de Engels: "Entonces, en 1865, aún era una mera 'opinión' de Marx. Hoy en día, a partir de la amplia investigación de las entidades comunitarias primitivas desde Maurer hasta Morgan, es un hecho que casi nadie, en parte alguna, pone en tela de juicio".[97]

Por otro lado, pero en paralelo a este redescubrimiento de la comunidad, desde 1870 se puede apreciar en las opiniones de Marx una hostilidad cada vez mayor hacia la modernidad capitalista. Una hipótesis sugerida para explicar esto es que Marx, que hasta entonces había denunciado la condición inhumana del régimen capitalista sin por ello dejar de valorar su papel "progresista" en la historia de la humanidad, después de la guerra franco-prusiana y de la derrota sangrienta de la Comuna de París se vuelve aún más crítico y, por decirlo así, menos condescendiente con el régimen y sus vicisitudes. Otra hipótesis que no invalida la anterior pero a diferencia de esta compromete un aspecto sensible de la teoría marxiana es que en esos mismos años, y por circunstancias diversas que intentaremos resumir, el carácter históricamente necesario del modo de producción capitalista como paso previo al socialismo fue puesto en duda por el propio Marx. De ser efectivamente así, una vez puesta en duda la inevitabilidad histórica del capitalismo ya no sería necesario rescatar su "lado bueno", y sólo restaría profundizar la crítica de su "lado malo".[98] Sea como fuere, el caso es que una serie de hechos concretos provocaron un cambio inesperado en la tendencia del pensamiento histórico de Marx. Para empezar, el surgimiento de movimientos revolucionarios en Rusia hizo que desde fines de 1870 Marx y Engels comenzaran a pensar seriamente en la posibilidad de una revolución socialista en ese país, aun si este no seguía los pasos de las naciones industrializadas de Europa occidental. En ese contexto nace entre los revolucionarios rusos una disputa teórica en torno al problema que planteaba la comunidad

---

[97] Tomo III/Vol. 6, *op. cit.*, nota 27, p. 224.

[98] Sobre las ironías del "lado bueno" y del "lado malo" de la historia en Marx, reenviamos una vez más al libro de Balibar, *La filosofía de Marx*, *op. cit.*, pp. 108-110 y *passim*.

rural tradicional (*obschtschina*). De un lado estaban los autodenominados "marxistas", quienes basándose en la lectura de *El capital* consideraban que Rusia debía atravesar el camino de la producción capitalista antes de encontrar la vía al socialismo y, por lo tanto, condenaban la comuna rural rusa como un arcaísmo destinado a desaparecer, y del otro lado se encontraban los populistas o *Naródniki*, quienes, por el contrario, creían que la comuna rural contenía en germen las condiciones necesarias para una transición al socialismo sin paso previo por el modo de producción capitalista. No es sorprendente, pues, que Marx haya sido consultado al respecto. Lo que quizás resulte sorprendente, como en parte ya adelantamos, es que su respuesta haya respaldado la opinión de los segundos. Así lo atestigua primero, aunque de manera indirecta, la carta de 1877 de Marx a Mijailovski,[99] y luego, más explícitamente, la carta que envía a V. I. Zassoulitch en 1881.

Esta última carta y los cuatro borradores de la misma que se han conservado conforman un testimonio revelador de una comprensión dialéctica del progreso alternativa a la que domina prácticamente la totalidad de los trabajos anteriores de Marx. Lejos del evolucionismo universalista, determinista y eurocéntrico que condiciona gran parte de sus análisis, Marx rescata aquí la singularidad histórica y la potencialidad revolucionaria de la "comuna rural rusa". Lo hace poniendo el acento en "una combinación de circunstancias única" que no sólo la preservaría de la "*disolución fatal*" a la que se vieron expuestas las formas comunitarias en Europa occidental a causa del "progreso social", sino que además le permitiría apropiarse de "todas las *adquisiciones positivas*" del capitalismo "sin pasar por sus horribles peripecias". Estas circunstancias se reducen básicamente a dos: por un lado, Rusia es el único país europeo donde la "comuna (*commune*) agrícola" o "rural" –a la que Marx considera como una formación tardía nacida de una "comunidad más arcaica" (*communauté plus archaïque*)– sobrevivió a escala nacional y no como un ejemplo aislado de propiedad comunal de la tierra;[100] por otro lado,

---

[99] Véase "Carta a la redacción de 'Otiéchestviennie Zapiski'", en K. Marx y F. Engels, *Escritos sobre Rusia II. El porvenir de la comuna rusa*, trad. W. Roces, México, Ediciones Pasado y Presente, 1980, pp. 62-65.

[100] Como ejemplo de la "*vitalidad natural*" de la comuna de tipo arcaico, Marx invoca

la comuna rusa es "contemporánea de la producción capitalista", hecho que le permite incorporar sus avances técnicos sin por ello sucumbir a ella en su conjunto. Esta combinatoria particular termina por explicar "la *gran superioridad* de la 'comuna rural' rusa sobre las comunas arcaicas del mismo tipo", y por qué ella se encuentra en condiciones de desarrollarse "como *elemento regenerador* de la sociedad rusa y como *elemento de superioridad* sobre los países sometidos por el régimen capitalista":[101]

> Teóricamente hablando la "comuna rural" rusa puede conservarse, pues, desarrollando su base, la propiedad común de la tierra, y eliminando el principio de propiedad privada que ella también implica; puede convertirse en un *punto de partida directo* del sistema económico al cual tiende la sociedad moderna; puede cambiar de vida sin comenzar por suicidarse; puede aprovechar los frutos con los que la producción capitalista ha enriquecido a la humanidad, sin pasar por el régimen capitalista, régimen que considerado exclusivamente desde el punto de vista de su *duración* posible apenas cuenta en la vida de la sociedad.[102]

No obstante, la comuna rural rusa se encuentra amenazada en su "igualdad económica y social primitiva" por una diversidad de factores disolventes: ya sea aquellos que se alojan en su *interior* (acumulación de riqueza mobiliaria, crecimiento de la propiedad privada en detrimento de la propiedad comunal, etc.) como aquellos que vienen del *exterior* (la falta de vinculación entre las comunas, ese *"microcosmo localizado"* que tanto favorece al surgimiento del despotismo, el favorecimiento del sistema capitalista por parte del Estado, etc.). Marx no ignora que a corto plazo estos factores le aseguran a la comuna una muerte segura.

el caso del "distrito de Tréveris", su "tierra natal", donde todavía entonces —es decir, en 1881— se hacía sentir el peso de la comunidad fundada por los germanos, "el único foco de libertad y de vida populares" durante "toda la Edad Media" ("Lettre à Vera Ivanovna Zassoulitch (Premier projet, deuxième projet, troisième projet, quatrième projet et lettre à Vera Ivanovna Zassoulitch", en *MEGA* Bd. I/25, Berlin, Dietz Verlag, 1985, pp. 223, 236. Recordemos que Marx, que había estudiado ruso —como él mismo dice en 1877, "para poder estar autorizado a estimar el desarrollo económico actual de Rusia"—, lo leía pero no lo escribía, de ahí que la carta y los borradores hayan sido escritos en francés, lengua franca entre él y Zassoulitch.

[101] *Ibid.*, pp. 227-228, 230. Subrayados nuestros.

[102] *Ibid.*, p. 226.

Por esta razón su opinión es que "para salvar la comuna rusa, hace falta una revolución rusa". La revolución permanece como posibilidad, en potencia. En última instancia, todo dependerá del tiempo que tarde en producirse la "catástrofe", según la metáfora elegida aquí para referirse a la revolución. Habiendo detectado un movimiento de pensamiento casi idéntico en textos anteriores, es tanto más fácil advertir ahora como en estos borradores Marx hace coincidir el desarrollo de la comuna rural rusa con la tendencia histórica hacia la eliminación del sistema capitalista y el consiguiente retorno de la sociedad al tipo arcaico de producción y apropiación comunista:

> [...] ella [la comuna rusa] no es solamente contemporánea de la producción capitalista, sino que ha sobrevivido a la época en que este sistema social se presentaba todavía intacto, por el contrario, ella lo encuentra, tanto en Europa occidental como en Estados Unidos, en lucha con la ciencia, con las masas populares, y con las fuerzas productivas mismas que él engendra. En pocas palabras, lo encuentra en una crisis que terminará con su eliminación, con un retorno de las sociedades modernas al tipo "arcaico" de la propiedad común o, como dice un autor americano, libre de toda sospecha de tendencias revolucionarias y respaldado en sus trabajos por el gobierno de Washington, "el sistema nuevo" al que tiende la sociedad moderna "será un renacimiento (a revival) en una forma superior (in a superior form) de un tipo social arcaico".[103]

Posiblemente, esta sea una de las más viejas y permanentes tesis de la teoría marxiana. La encontramos ya, aunque formulada evidentemente con otro vocabulario y en un contexto muy diferente, casi cuarenta años antes en la correspondencia con Ruge. Luego la volvimos a encontrar sin modificaciones sustanciales en prácticamente todos los escritos que recorrimos. Y ahora la encontramos nuevamente, tal vez en su versión más simple y acabada, en los borradores o proyectos de la carta a Zassoulitch. No es poco significativo que aquí Marx busque confirmar la objetividad de sus afirmaciones apelando a los dichos de cierto "autor americano" que, a diferencia de sí mismo, no puede ser sospechoso de fomentar

---

[103] *Ibid.*, p. 220. La misma idea se repite al menos cuatro veces en los dos primeros borradores de la carta. Véanse también pp. 225, 228, 232.

ninguna clase de revolución como no sea la científica. El "americano" al que Marx nunca llama por su nombre no es otro que Morgan, y la supuesta cita (en realidad se trata de una paráfrasis) corresponde a las conclusiones de *Ancient Society*, libro que en ese momento comenzaba a revolucionar el campo de la antropología moderna no menos que el de la sociología.[104]

Como se puede apreciar, en términos generales existe una gran coherencia entre los dos grandes períodos en que Marx se ocupó con mayor detenimiento de las formas comunitarias primitivas o arcaicas. Ni desde el punto de vista de la periodización histórica ni desde el punto de vista de la concepción evolutiva parece haber mayores divergencias entre lo planteado en las "Formen..." y lo expresado en los borradores de la carta a Zassoulitch. Si bien lo que dice al respecto en estos últimos no es mucho, a partir de las diferencias que marca entre la "comuna rural" y las "comunidades más arcaicas" y de las analogías explícitas entre la "comuna rusa" y la "comuna germana",[105] se puede inferir que su visión

---

[104] La "cita" de Marx está tomada de uno de los pasajes finales del libro de Morgan, el mismo con el que a su turno Engels concluye *El origen de la familia...* (*op. cit.*, pp. 303-304). Dada su importancia en el contexto de este y los próximos capítulos, nos permitimos reproducirlo *in extenso*: "A partir del advenimiento de la civilización, el acrecentamiento de la propiedad ha sido tan inmenso, sus formas tan diversificadas, sus empleos tan generalizados y su manejo tan inteligente para el interés de sus dueños, que ha llegado a ser para el pueblo una potencia indomable. La mente humana se siente aturdida en presencia de su propia creación. Llegará el día, sin embargo, en que el intelecto humano se eleve hasta dominar la propiedad y defina las relaciones del estado con la propiedad que salvaguarda y las obligaciones y limitaciones de derechos de sus dueños. Los intereses de la sociedad son mayores que los de los individuos y debe colocárselos en una relación justa y armónica. El destino final de la humanidad no ha de ser una mera carrera hacia la propiedad, si es que el progreso ha de ser la ley del futuro como lo ha sido del pasado. El tiempo transcurrido desde que se inició la civilización no es más que un fragmento de la duración pasada de la existencia del hombre y un fragmento de las edades del porvenir. La disolución social amenaza claramente ser la terminación de una empresa de la cual la propiedad es el fin y la meta, pues dicha empresa contiene los elementos de su propia destrucción. La democracia en el gobierno, la fraternidad en la sociedad, la igualdad de derechos y privilegios y la educación universal anticipan el próximo plano más elevado de la sociedad, al cual la experiencia, el intelecto y el saber tienden firmemente. Será una resurrección, en forma más elevada, de la libertad, igualdad y fraternidad de las antiguas gentes" (*La sociedad primitiva*, *op. cit.*, pp. 543-544).

[105] "Lettre à Vera Ivanovna Zassoulitch...", *op. cit.*, pp. 236-237.

de conjunto sobre estas cuestiones es básicamente la misma. El cambio más decisivo se produce al interior de su propia teoría evolutiva. En 1881, Marx admite cierta "alternativa" en el proceso de evolución de la comunidad que no estaba presente en los escritos de 1850-1860. Ahora asegura que, en situaciones históricas singulares (como es el caso de Rusia en esa época), la comunidad no debe sucumbir necesariamente a la "fatalidad histórica" del movimiento que siguen los países europeos occidentales encabezados por Inglaterra.[106] No hay duda de que esta alternativa se desmarca de las tradicionales formulaciones del enfoque histórico de Marx y posibilita tesis hasta entonces impensables. Pero no creemos, como se ha podido sugerir, que los textos sobre la situación agraria rusa encierren proposiciones anti-evolucionistas (Balibar) y mucho menos anti-teológicas (Löwy). A lo sumo, lo que en ellos se pone seriamente en cuestión son los rasgos más marcadamente universalistas, deterministas y eurocéntricos de su teoría evolutiva, pero no la teoría misma. Decir esto no es minimizar la importancia de estos cambios. No desconocemos las contradicciones que ellos generan ni las consecuencias que en todos los planos se derivaron y aún se siguen derivando de ellas. Simplemente quisiéramos subrayar que el enfoque evolucionista se encuentra tan presente en estos últimos escritos como en los primeros, y que la metafísica teleológica, o habría que decir más bien arqueo-teleológica, nunca dejó de hacerse sentir en el pensamiento emancipatorio de Marx.

El comienzo o el origen (*arkhé*) y el fin (*télos*) tienen en común, pues, la comunidad. No cualquier comunidad, ya que sabemos que hay más de una y que para Marx no son ni valen todas igual. A pesar de todas sus diferencias, lo que tienen en común la comunidad primitiva y la comunidad comunista del futuro es que ambas son comunidades *verdaderas*. La primera ofrece el prototipo del que la segunda viene a ser

[106] Otro cambio, quizás menos decisivo pero igualmente importante, es el que se produce en la valoración del papel jugado por el gobierno inglés en la destrucción de las comunidades indias. Mientras que en 1853 Marx reafirmaba el carácter progresista aunque inhumano de la colonización inglesa en la India, en 1881 escribe: "En lo tocante a las Indias Orientales por ejemplo, nadie ignora, salvo Sir H[enry] Maine y gente de la misma calaña, que la supresión de la propiedad común del suelo no fue allí más que un acto de vandalismo inglés que empujó al pueblo indígena no hacia adelante sino hacia atrás" (*ibid.*, p. 236).

una forma mejorada o, como dice Marx parafraseando a Morgan, "una forma superior". Pero a ciencia cierta no se puede decir cuál de las dos es más verdadera, pues son, en esencia, lo mismo. La sempiterna retórica del *retorno*, del *renacimiento* o del *revival* acusa esta mismidad esencial. Salvo casos excepcionales, la evolución histórica de las formaciones sociales sigue un proceso complejo por el cual las comunidades vuelven a ser lo que eran una vez atravesada la época de la producción capitalista, época donde las relaciones del hombre consigo mismo y con el mundo se trastocan hasta volverse casi irreconocibles. Reconocibles apenas por el contraste violento entre el retrato del presente de la sociedad moderna, el de su presunto pasado y el de su futuro deseable. El contraste entre formaciones históricas de distinto tipo deviene entonces una herramienta de la mayor importancia para distinguir lo verdadero y real de lo falso y aparente. Sobre todo teniendo en cuenta que la sociedad desde la que se habla es aquella donde la realidad de las relaciones sociales aparece necesariamente invertida. Ninguna crítica, por radical que sea o pretenda ser, puede pasar por alto lo siguiente: Marx fue el pensador de la comunidad entendida como origen y fin de los hombres, así como también fue el pensador y el crítico de la ideología y del fetichismo como fenómenos sociales.

La riqueza prácticamente infinita de este pensamiento radica en las posibilidades que abre y nunca termina de suturar. Como intentamos mostrar, Marx habla varias lenguas y múltiples lenguajes. Enfrentarse a su lectura (o sostenerla, como sugiere Blanchot) nos obliga a una transformación permanente. No obstante, es preciso insistir en ello, el privilegio de la comunidad atraviesa más o menos indemne todos los cambios y posicionamientos de Marx, ya sean disciplinarios, políticos o temáticos. Si nos aventuramos a emprender un recorrido tan amplio de sus textos no fue para satisfacer la clásica demanda académica de agotar un problema, sino más bien para demostrar la persistencia del mismo a lo largo de una trayectoria virtualmente inagotable. Lo hicimos usando un criterio cronológico que reproduce la interpretación dominante, según la cual habría un "joven Marx" más *filosófico* y un "Marx maduro" más *científico*, a los efectos de demostrar que respecto de la comunidad y de toda una serie de problemas relativos a ella existe una compacta continuidad. El privilegio de la comunidad no es un fenómeno exclusivo de la juventud de Marx. No se restringe a ese período de su obra que por oposición a un período a veces mal llamado de "madurez" se termina prejuzgando de inmaduro, ni es un simple paréntesis especulativo en el trabajo de un autor que habría dedicado los mejores y más productivos años de su vida a la investigación científica, lejos de toda filosofía. Descreemos tanto de la presumida inmadurez como de la posibilidad de distinguir al filósofo del científico. Como Krader, creemos que la antropología de Marx "pasó de ser en los escritos primeros una antropología filosófica –en la que la orientación empírico-etnológica tenía una importancia reducida–, a una etnología empírica, a la vez revolucionaria y evolucionista, en la que el elemento antropológico-filosófico tenía poco peso", pero que a su vez esta "antropología revolucionaria no sólo prosigue las posiciones originarias de su antropología filosófica, sino que también las extiende y profundiza".[107] Ni la tan mentada conversión del idealismo al materialismo, ni la orientación empirista que Marx asume a partir de 1850 neutralizan el peso axiológico con el que carga la "comunidad" desde sus primeros trabajos. Las presuposiciones metafísicas que vinculan sistemáticamente la comunidad y la humanidad del hombre nunca fueron abandonadas ni mucho menos cuestionadas. Más justo sería decir que continuaron operando por otros medios. La crítica incesante de la potencia inhumana enraizada en la sociedad capitalista se hace en nombre de la humanidad del hombre y, no lo olvidemos, en nombre de la "verdad". El pensamiento de la comunidad es inseparable del pensamiento de la verdad. La *comunidad* nombra la verdad del vínculo social y determina su sentido.

Al margen de los escasos momentos en que Marx hace explícitas sus reservas respecto de algunos rasgos distintivos de la comunidad primitiva, hay que admitir que en el resto de su obra tiende a privilegiar el vínculo comunitario en todas sus formas, en todos sus tiempos y gradaciones históricas en detrimento del vínculo societario capitalista. Como en parte hemos podido observar hasta aquí, Marx no fue el primero ni el último en reproducir la metafísica comunocéntrica. Varios lo precedieron en este camino. Entre otros ciertos representantes de la tradición romántica con la

---

[107] "Introducción", en *Los apuntes etnológicos de Karl Marx, op. cit.*, p. 3.

que Marx compartió no pocos puntos de vista.[108] Lo mismo puede decirse de algunos contemporáneos suyos en quienes se evidencia una fuerte inclinación hacia el arquetipo comunitario, tal es el caso de Lorenz von Stein y Otto von Gierke, sin olvidar los discursos antropológicos en los que Marx encontró una confirmación a su propia teoría, especialmente los de Maurer y Morgan, pero también algunos otros que sin merecer su aprobación, como el de Sir H. Maine, están atravesados por el mismo comunocentrismo.

Marx comparte con todos ellos una época en la que la filosofía moral y la reflexión social tienden a conceder una primacía a la comunidad. Un privilegio a veces ignorado y otras veces disimulado por sus mismos promotores, pero con efectos similares en todas partes allí donde opera. Un privilegio que consiste en asignar a la comunidad, es decir, al tipo de vínculo social que esta representa, el lugar de la verdad. La determinación del vínculo comunitario como verdad, en la medida en que se tiene por cosa dada o evidente, permanece impensada en su raíz. Como efecto de ello tienden a pasar desapercibidas muchas de las consecuencias teóricas y prácticas que esta determinación conlleva, y de las cuales quizás la más inmediata es la deposición de cualquier otro vínculo pensado, imaginado o sentido como distinto y, en el caso límite, como contrario.

Hasta fines del siglo XIX la comunidad se dice de muchas maneras. Lo que existía hasta entonces era una noción todavía muy general de la misma, formulada con palabras y expresiones diferentes, acerca de lo que se suponía que *había sido* o *podría ser* un vínculo social fundado en la unidad y la reciprocidad entre los hombres. En el caso de Marx, esta noción aparece plasmada en una variedad de nombres con valencias relativamente similares: *Gemeinschaft*, *Gemeinwesen*, *Gemeinschaftlichkeit*, *Gemeinde*, *Gemeindewesen*, etc. La estabilidad terminológica y semántica que se alcanza con el cambio de siglo es el resultado de un largo y sinuoso proceso en el cual el discurso de Marx jugó un papel central y bastante más influyente de lo que habitualmente se cree o se está dispuesto a reconocer. Es en su obra más que en cualquier otra de la misma época

---

[108] Una diferencia remarcable a este respecto entre Marx y los románticos tradicionales es que, mientras aquel tomaba como modelo y ejemplo la comunidad primitiva, estos en general exaltaban la comunidad medieval del sistema feudal.

donde encontramos el antecedente más directo del acontecimiento teórico que vino a sellar el sentido del concepto moderno de *Gemeinschaft*. El acontecimiento al que se hace referencia llegó de la mano de uno de los padres fundadores del pensamiento sociológico alemán, el "Néstor de la sociología" Ferdinand Tönnies. El mismo radica en la introducción de la archiconocida pero raramente problematizada oposición entre *Gemeinschaft* y *Gesellschaft*. Sobre este evento singular en la historia del problema de la comunidad y sobre sus principales implicancias para la teoría sociológica nos ocuparemos en el capítulo siguiente.

Capítulo tercero
Comunidad y sociedad:
Ferdinand Tönnies

En la actualidad todo sucede como si se supiera con certeza lo que estos conceptos quieren decir. El uso cada vez más extendido y naturalizado de este par conceptual –tanto dentro como fuera de los círculos académicos– viene a reforzar este supuesto saber. Sin embargo, es significativo que hoy seamos tantos, y cada vez más, los que en el ámbito de la investigación teórica hacemos el intento de pensar esta cuestión desde perspectivas que, aunque diversas, apuntan todas ellas a producir nuevas conceptualizaciones. Dicho esto, es preciso tener en cuenta que aquí no se analizará el significado comprensivo o integrador de este par conceptual, sino el significado que Tönnies le adjudica en sus obras y, muy especialmente, en aquella cuyo título lo introduce: *Gemeinschaft und Gesellschaft*, más conocida entre nosotros como *Comunidad y sociedad*.

Como es sabido, en las últimas décadas este clásico de la teoría sociológica convocó el interés de numerosos investigadores vinculados a las más variadas corrientes del campo de las ciencias sociales y las humanidades. Si bien es cierto que durante mucho tiempo la obra de Tönnies pasó completamente inadvertida –salvo para unos pocos especialistas, casi todos ellos más cercanos a la teoría política, a la teoría del derecho y a la filosofía que a la sociología propiamente dicha–, ya no puede invocarse su nombre como si aún se tratara de un pensador "olvidado". Hoy, quizás, sea menos importante la cuestión de saber si se ha olvidado injustamente (o no) a este autor que llegar a comprender por qué y cómo se lo lee en la actualidad, esto es, *por qué* y *cómo* se lo rescata del tan mentado "olvido" al que habría sido relegado. Sin pretender dar una respuesta acabada a estos interrogantes, creemos que la revivificación de Tönnies en la escena teórica contemporánea está directamente asociada al actual renacimiento de la vieja y persistente pregunta por la comunidad.[1] Huelga decir que esta pregunta excede el campo de la sociología así como el de las ciencias sociales en general. Como sugeríamos en la Introducción, hoy por hoy el problema de la comunidad recorre al tiempo que modela una multiplicidad de debates donde se cruzan diferentes saberes, prácticas y disciplinas. En cualquier caso no deja de ser llamativo que, sea para aprobarlas o para reprobarlas, la teoría de Tönnies sobre la *Gemeinschaft* y la *Gesellschaft* ocupen un lugar central en todos estos debates. Llamativo pero no sorprendente si se tiene en cuenta que Tönnies alcanzó el estatus de celebridad precisamente por el hecho de ser el responsable de dicha distinción analítica, de la cual se derivan importantes consecuencias teórico-prácticas. Lo cual nos conduce al segundo y crucial interrogante, referido a cómo se lo lee en la actualidad. Aquí es donde consideramos pertinente intervenir. No para hacer un balance de las lecturas existentes, y menos aún para arriesgar una lectura presuntamente esclarecedora, sino más bien para intentar demostrar que sin una reconsideración profunda de los postulados sobre los que se basa esta teoría difícilmente se pueda acceder a una comprensión crítica de lo que se pone en juego en los discursos modernos y contemporáneos sobre la "comunidad" y la "sociedad".

A los fines de la exposición, en un primer momento intentaremos precisar mínimamente los antecedentes y las fuentes que mayor incidencia tuvieron sobre la temprana formación de Tönnies y, en particular, sobre el nacimiento de la oposición conceptual entre comunidad y sociedad. Esto permitirá reconstruir un contexto histórico y biográfico que creemos necesario para empezar a comprender el vasto alcance de dicha oposición.

---

[1] La revivificación o el *revival* de Tönnies es ostensible desde hace al menos tres décadas. Desde 1980, la *Ferdinand Tönnies Gesellschaft* organiza periódicamente simposios dedicados a su pensamiento. A instancias de esta misma organización, en 1998 apareció el primero de los 24 volúmenes proyectados de sus obras completas, la *Tönnies-Gesamtausgabe*, de los cuales hasta ahora fueron publicados 7. Asimismo, la cantidad de bibliografía sobre Tönnies producida en los últimos veinte años, desde artículos o *papers* hasta tesis de doctorado y libros enteros, supera ampliamente todo lo hecho con anterioridad. Sobre las razones más generales de este fenómeno, véase L. Clausen, "The European Revival of Tönnies", en C. Bickel and L. Clausen (eds.), *Tönnies in Toronto*, Kiel, Christian-Albrechts-Universität zu Kiel, 1998, pp. 1-16.

Luego pasaremos a considerar los diferentes y a veces contradictorios significados que asumen los conceptos de *Gemeinschaft* y *Gesellschaft* en el *opus magnum* de Tönnies, procurando seguir una estrategia de lectura que se mantenga a distancia tanto de las interpretaciones aprobatorias o legitimantes como de aquellas reprobatorias o vagamente críticas a los que históricamente, y por razones que se presentarán gradualmente, parecen estar sometidos estos conceptos. Repasaremos los progresivos cambios en su teoría del Estado a la luz de los acontecimientos políticos que tuvieron lugar en Alemania durante el mismo período y en los que el propio autor unas veces se comprometió y otras tantas se vio comprometido. Por último y a modo de balance examinaremos algunos aspectos relativos a la concepción sistemática de la sociología a la que llega en su vejez y de la que da testimonio su obra definitiva, *Principios de sociología*, publicada en 1931.

1. El nacimiento de los "conceptos capitales"

Si es cierto, como da a entender Bergson, que un filósofo no persiste a lo largo de su vida más que en una sola idea, la de Tönnies consistió en elaborar un teorema donde aparecen claramente diferenciados y contrapuestos dos términos que hasta entonces eran utilizados habitualmente como sinónimos. "Gemeinschaft und Gesellschaft" fue el título que Tönnies eligió en 1881 para su tesis de habilitación en filosofía en la Universidad de Kiel, donde había concluido sus estudios en 1877 con una tesis doctoral en filología clásica. Si bien la disertación de 1881 fue, como afirma el propio autor en un texto autobiográfico, un "primer esbozo, un bosquejo",[2] vale la pena recordarla pues es la primera formulación de la distinción conceptual que aquí nos interesa analizar. Seis años más tarde, en 1887, publica *Gemeinschaft und Gesellschaft*, por la que muchos años más tarde sería reconocido y gracias a la cual, finalmente, pasaría a la posteridad como uno de los primeros y más destacados promotores de la sociología en Alemania. Desde entonces y hasta su muerte, ocurrida en 1936, la actividad de Tönnies fue incesante.

[2] "Ferdinand Tönnies. Eutin (Holstein)", en *Die Philosophie der Gegenwart in Selbstdarstellungen*, Leipzig, Felix Meiner, 1922, p. 212.

Su principal ocupación fue la docencia, profesión que ejerció en la Universidad de Kiel con algunas interrupciones desde 1881 hasta 1933, año en que fue relevado de su cargo universitario por decisión del gobierno nazi. Paralelamente a su labor docente, mantuvo un modesto pero decidido compromiso político con sindicatos, movimientos cooperativos y asociaciones filantrópicas. Hecho que impactó negativamente en su carrera docente y en cierto modo lo convirtió en un intelectual marginado, ya que la estructura mandarinal de las instituciones académicas, fuertemente dependiente de un Estado autoritario como era el de Alemania, no aprobaba la actividad política de sus miembros. Desde un punto de vista ideológico Tönnies puede ser definido como un visionario utópico con vocación socialista y defensor de la socialdemocracia,[3] aunque a lo largo de su vida sus posiciones y opiniones políticas fueron muy cambiantes. Al igual que otros académicos de su generación, como Weber y Sombart, integró la *Verein für Sozialpolitik* (Asociación de política social), espacio donde confluyeron intelectuales y políticos liberales movilizados por las consignas reformistas del así llamado "socialismo de cátedra" (*Kathedersozialismus*). Junto a Weber, Sombart y Simmel entre algunos otros, fundó en 1909 la *Deutsche Gesellschaft für Soziologie* (Sociedad alemana de sociología), que presidió hasta 1933 cuando fue obligado a dejar el puesto en manos del sociólogo filonazi Hans Freyer. Asimismo, es importante tener en cuenta que Tönnies es autor de una obra fecunda y variada, la cual incluye ensayos, artículos, textos teóricos e investigaciones empíricas. Si tomamos el conjunto de la misma, constatamos que su traducción a otras lenguas fue y sigue siendo muy parcial y selectiva.[4] De hecho, su única publicación mundialmente conocida y aquella por

---

[3] Véase C. Adair-Toteff, "Ferdinand Tönnies: Utopian Visionary", *Sociological Theory*, 13.1, March 1995, pp. 58-65.

[4] Dejando de lado algunos textos y fragmentos aislados, apenas cuatro obras de Tönnies fueron traducidas al castellano: *Desarrollo de la cuestión social* (trad. M. Reventos, Barcelona, Labor, 1927), *Vida y doctrina de Tomás Hobbes* (trad. E. Imaz, Madrid, *Revista de Occidente*, 1932, reeditado en Madrid, Alianza, 1988), *Principios de sociología* (trad. V. Llorens, México, FCE, 1942) y *Comunidad y sociedad* (trad. J. Rovira Armengol, Buenos Aires, Losada, 1947). De su trabajo más célebre existen otras dos traducciones: *Comunidad y asociación* (trad. J. F. Ivars, Barcelona, Península, 1979) y *Comunidad y sociedad* (trad. J. F. Ivars, revisión J. L. Monereo Pérez, Granada, Comares, 2009).

la cual hoy quizás su nombre continúa circulando entre nosotros es *Gemeinschaft und Gesellschaft*.

Hacer la genealogía de estos conceptos o al menos, y más modestamente, intentar rastrear sus orígenes nos obliga a reconstruir parcialmente la historia de este libro. Por muchas razones no se trata de una historia sencilla. Entre las razones más evidentes hay que contar el hecho de que muchos de los conceptos implicados en su arquitectura básica, empezando por los incluidos en el título, fueron catalogados por comentaristas de distintas épocas y nacionalidades sencillamente como intraducibles.[5] A lo que hay que agregar que tanto el lenguaje, como la gramática y la sintaxis que Tönnies utiliza ya eran considerados anticuados hasta por los propios lectores de su tiempo.[6] En otro orden de cosas, una de las mayores dificultades para acceder al texto es la enorme cantidad de referencias teóricas (sobre todo filosóficas, pero también jurídicas y etnológicas) sobre las que se apoya el autor para encadenar sus argumentos, muchas de ellas actualmente en desuso o simplemente inaccesibles para un lector contemporáneo.

J. L. Villacañas ofrece una ajustada y profunda descripción de *Comunidad y sociedad* al escribir: "Cruce de muchos caminos, delta donde desembocan muchos ríos, pero al mismo tiempo fuente de muchos veneros [...] la obra de Tönnies integra esa condensación de mirada, esa concentración de luz por la que, de repente, un fenómeno disperso, confuso, aparece ante todos los ojos dotado de forma, determina una figura de conciencia para toda su época, porta un *eidos* pleno de signifi-

---

[5] Esta ya era la opinión de Durkheim en 1889, uno de los primeros y más lúcidos reseñistas de *Gemeinschaft und Gesellschaft*: "Como el autor [es decir, como Tönnies], creo que hay dos grandes especies de sociedades y las palabras de las que se sirve para designarlas indican bastante bien su naturaleza: es lamentable que sean intraducibles" ("Communauté et société selon Tönnies", en *Textes 1. Éléments d'une théorie sociale*, Paris, Minuit, 1975, p. 389). Sobre el problema de la traducibilidad de los conceptos de *Gemeinschaft* y *Gesellschaft* a otras lenguas europeas reenviamos al sugerente texto de A. Runeberg, "On the (Un)translatability of some of Ferdinand Tönnies' Principal Sociological Ideas", *Acta Sociologica*, 14, 1971, pp. 227-235.

[6] N. Bond, "*Gemeinschaft und Gesellschaft*: The Reception of a Conceptual Dichotomy", *Contributions to the History of Concepts*, Volume 5, Number 2, 2009, p. 164. Aunque según asegura Bond: "a menudo la oscuridad se debe de hecho a frases agramaticales y una dicción idiosincrática" (*ibid.*).

cado, cuajado de connotaciones, de tal forma que es capaz de expresar el espíritu de un tiempo".[7]

Consideremos el libro, pues, como cruce de caminos, como desembocadura y como fuente. En un comienzo hablaremos de sus principales afluentes, y un poco más adelante, en este capítulo y en los siguientes, de sus efluentes. Como sugiere Villacañas, *Comunidad y sociedad* logra expresar ni más ni menos que el espíritu de un tiempo. Dicho de otro modo, logra expresar la concepción o visión del mundo, la ***Weltanschauung*** de toda una época, provocando así efectos de evidencia y de certeza aparentemente incontestables. Si la obra se presenta a sí misma como portadora de verdades incuestionables, y si durante décadas es leída en esos mismos términos, es precisamente por estar fundada en el más estricto sentido común. De ahí que, a pesar de todas las dificultades que pueden entorpecer su interpretación, la comprensión de la misma permanece garantizada incluso para lectores contemporáneos.

Quizás lo que hay que entender desde el comienzo es que la aparente simplicidad del texto es el resultado, por un lado, de su particular arquitectura, basada enteramente, como se verá más adelante, en la construcción de meditadas oposiciones conceptuales, y, por otro, de la obsesiva búsqueda por sintetizar, armonizándolas, cosmovisiones teóricas contrapuestas. El efecto logrado es notable. Sin embargo, nada de esto logra reducir la ambigüedad del texto en algunos de sus pasajes decisivos. Acaso consciente de esta falta de claridad expositiva que tantas veces le fue reprochada y que con el tiempo se convirtió en una de las principales objeciones de sus críticos,[8] Tönnies fue particularmente explícito respecto de sus influencias y de la relación entre estas y sus motivaciones, gracias a lo cual contamos con numerosas indicaciones para reconstruir la historia de sus "conceptos capitales" (*Hauptbegriffe*), tal como los anuncia desde el comienzo.

---

[7] "Tönnies versus Weber. El debate Comunitarista desde la teoría social", en F. Cortés Rodas y A. Monsalve Solórzano (eds.), *Liberalismo y comunitarismo. Derechos humanos y democracia*, Valencia, Alfons el Magnànim, 1996, p. 22.

[8] Véase la ya clásica crítica de René König, "Die Begriffe Gemeinschaft und Gesellschaft bei Ferdinand Tönnies", *Kölner Zeitschrift für Soziologie und Sozialpsychologie*, 7. Jahrgang, 1955, pp. 348-420.

Ya en el prólogo a la primera edición encontramos material suficiente para hacernos una idea de cuáles eran los muchos caminos que allí se cruzaban. Dicho prólogo comienza con una observación sobre el contraste entre las escuelas *historicistas* y *racionalistas* que dominaron el ámbito de las "ciencias sociales o de la cultura" durante el siglo XIX. Allí, Tönnies se encarga de subrayar la importancia de comprender esta decisiva controversia cuando lo que se intenta, como en su caso, es un *"nuevo análisis de los problemas fundamentales de la vida social"*.[9] Retomará el tema, primero, en un artículo de 1895,[10] y luego en reiteradas aunque dispersas ocasiones. Pero es en un texto póstumo e inconcluso, titulado "El nacimiento de mis conceptos de 'comunidad' y 'sociedad'", donde plantea abiertamente la relación que en los escritos anteriores sólo se dejaba adivinar:

> El origen de mis conceptos sociológicos tiene sus raíces en la importante contradicción existente –en Alemania– entre el modo racionalista de pensar y la escuela histórica, que al final se resolvió en favor de esta última. Este dualismo destaca, sobre todo, en la filosofía del derecho, y ha dado lugar al abandono total de todo aquello, que en el terreno del derecho puede derivarse de la razón o que, precisamente y de manera justificada, de la razón de un legislador. De ahí que, en cambio, haya conducido a un más alto precio del derecho consuetudinario como configuración normal del espíritu popular. Durante años he reflexionado a fondo acerca de esos conceptos, sobre todo a partir del pequeño libro de Savigny: De la profesión para legislar en nuestro tiempo y la ciencia del derecho [*Vom Beruf unserer Zeit für Gesetzgebung und Rechtswissenschaft* (1814)]. Después me familiaricé con el escrito mundialmente conocido de Sir Henry Maine, Ancient Law. En el terreno de mi sociología, los resultados a que dio lugar la lectura comparativa de estos autores, se expresan, por

[9] *Gemeinschaft und Gesellschaft. Grundbegriffe der reinen Soziologie*, Darmstadt, Wissenschaftliche Buchgesellschaft, 2005, p. XV. Lamentablemente, la versión castellana de J. Rovira Armengol que aquí seguimos y citamos sólo cuenta con la traducción de los prólogos a las ediciones tercera (1920), y cuarta y quinta (1922), pero no reproduce los importantes prólogos a la primera edición ni aquellos correspondientes a las ediciones segunda (1912), sexta y séptima (1925), y octava (1935).

[10] "Historismus und Rationalismus", en *Tönnies-Gesamtausgabe* (*TG*) Bd. 15, Berlin / New York, Walter de Gruyter, 2000, pp. 167-195.

un lado, con los conceptos de relaciones y lazos comunitarios y, por el otro, en las relaciones y lazos societarios.[11]

La oposición entre el *historicismo* y el *racionalismo* es de la mayor importancia, dado que se corresponde en varios y fundamentales aspectos con la oposición conceptual entre *Gemeinschaft* y *Gesellschaft*. Como se acaba de constatar y se profundizará más adelante, Tönnies encuentra en el pensamiento historicista alemán –tanto en la escuela del derecho de Savigny como en la escuela económica encabezada por Gustav von Schmoller– un modelo adecuado para entender la *comunidad*, y en el racionalismo –del que Maine, naturalmente, es apenas uno de sus representantes–, uno para entender la *sociedad*.

Pero volvamos al prólogo de 1887. Luego de esta breve observación sobre el contraste entre las interpretaciones historicistas y racionalistas, Tönnies se vuelca a una segunda controversia en parte coincidente con la anterior. Se trata de la contradicción existente entre las interpretaciones *empiristas* y *racionalistas* acerca del conocimiento humano. En este caso, mucho más explícitamente que en el anterior, Tönnies propone una síntesis desde una perspectiva donde ambas interpretaciones, antes que excluirse, se requieren y se complementan mutuamente, tal como sucede, según el autor, en la teoría del conocimiento de Kant. También en este caso existe una correspondencia entre la oposición analizada y sus conceptos capitales. La experiencia de la percepción sensorial teo-

---

[11] "Die Entstehung meiner Begriffe Gemeinschaft und Gesellschaft", *Kölner Zeitschrift für Soziologie und Sozialpsychologie, op. cit.* (trad. F. Galván, "El nacimiento de mis conceptos de 'comunidad' y 'sociedad'", *Sociológica*, Año 1, Número 1, primavera 1986, p. 97). F. Galván fue uno de los primeros estudiosos de Tönnies en América Latina. En la actualidad, su trabajo es continuado por uno de sus colegas de la Universidad Autónoma Metropolitana de México, el profesor R. Farfán, autor de una interesante introducción a Tönnies, *Comunidad y sociedad. Ferdinand Tönnies y los comienzos de la sociología en Alemania (1887-1920)*, México, UAM-Azcapotzalco, 2007. En Argentina, exceptuando los recientes trabajos realizados en el marco del grupo de investigación dirigido por P. de Marinis, la investigación sobre Tönnies es muy acotada. Véase A. Poviña, "La idea sociológica de 'comunidad'", en *Actas del Primer Congreso Nacional de Filosofía*, Tomo III, Buenos Aires, Platt, 1950, pp. 1757-1763; C. Fantini, *Una introducción a la sociología de F. Tönnies*, Córdoba, Universidad Nacional de Córdoba, 1965; A. B. Rosler, *Derecho natural y sociología. Tönnies y la Filosofía Política del Teorema Comunidad y Sociedad*, Buenos Aires, CEAL, 1993.

rizada por el empirismo permanece asociada al campo referencial de la *comunidad*, y la abstracción categorial del racionalismo, al de la *sociedad*.

Más concretamente, la síntesis a la que aspira llegar Tönnies con su teoría de la comunidad y la sociedad es una donde "la visión 'orgánica' e 'histórica'" tradicionalmente opuestas a la "pura jurisprudencia (el derecho natural)" y a la "economía política" permanezcan "incluidas en ella y dependientes de ella".[12] Por "visión 'orgánica'" hay que entender tanto el punto de vista del romanticismo organicista, representado ejemplarmente por Adam Müller, como el positivismo biologicista inspirado en los trabajos de Darwin; dos corrientes con fuertes resonancias en la teoría tönnesiana de la evolución histórica y social de la humanidad. Mientras que el "derecho natural" y la "economía política" –disciplinas que Tönnies identifica principalmente con los nombres de Althusius, Hobbes y Locke en el primer caso, y los de Smith, Ferguson, Marx y Engels en el segundo– fueron sus principales referencias para la elaboración de la teoría de la *Gesellschaft*.

Ya sobre el final de este primer prólogo, Tönnies confiesa que podría haber escrito un capítulo entero sobre aquellos que lo influenciaron y a quienes debe el sostén de sus ideas. En el campo de las ciencias sociales habla de los "grandes trabajos sociológicos" de Comte y Spencer, de los "importantes libros" de Albert Schäffle y Adolf Wagner, y destaca "el profundo examen político" de Rodbertus sobre la "marcha patológica de la sociedad moderna", sin dejar de mencionar lo que a sus ojos son debilidades de unos y otros. En lugar aparte ubica a tres autores que dejaron en él "huellas profundas, estimulantes, instructivas, confirmatorias": Sir Henry Maine, a quien no obstante le reprocha, por una parte, el haberse opuesto obstinadamente a la sagacidad con que Johann Jakob Bachofen y Lewis Morgan investigaron la "historia primitiva de la familia, la comunidad, y las instituciones en general", y, por otra, su "juicio optimista sobre las condiciones modernas"; Otto von Gierke, de quien dice admirar su erudición y respetar sus juicios; y Karl Marx, a quien no duda en definir como "el más notable y profundo de los filósofos sociales". Una vez realizados los reconocimientos, Tönnies concluye categórico:

---

[12] *Gemeinschaft und Gesellschaft*, *op. cit.*, p. XXII.

"Soy completamente único en mi terminología y en mis definiciones".[13] Lo cual es incontestable. Allí reside una parte de la originalidad de su pensamiento, y no tanto en la idea, bastante anterior a Tönnies y al surgimiento de la sociología, de oponer en términos normativos o valorativos dos tipos de socialidad: una tradicional con carga positiva a una moderna con carga inversa.

Evidentemente, se pueden rastrear los orígenes de esta terminología y de las definiciones que le corresponden como en parte intentamos hacer aquí y como tantos lo han hecho ya, sin duda mejor y más acabadamente que nosotros,[14] aunque esto no debe hacer olvidar que la dualidad conceptual entre *Gemeinschaft* y *Gesellschaft* es invención de Tönnies. Más acá o más allá de la deuda de Tönnies con sus antecesores y maestros, es preciso reconocer nuestra deuda con él, lo que por cierto no es más que otro modo de admitir su vigencia, para lo mejor y para lo peor.

Tönnies es el responsable indiscutido de haber realizado una distinción conceptual crucial entre *Gemeinschaft* y *Gesellschaft*, asignándole a estos términos unos significados precisos en el lenguaje de la filosofía

---

[13] *Ibid.*, p. XXIII.

[14] Aprovechamos la ocasión para listar cronológicamente, a título indicativo y no exhaustivo, algunos de las investigaciones más valiosas en este sentido: G. Rudolph, *Die philosophisch-soziologischen Grundpositionen von Ferdinand Tönnies. Ein Beitrag zur Geschichte und Kritik der bürgerlichen Soziologie* (1967), Hamburg-Harvestehude, Rolf Fechner, 1995; E. G. Jacoby, *Die moderne Gesellschaft im sozialwissenschaftlichen Denken von Ferdinand Tönnies. Eine biographische Einführung*, Stuttgart, Ferdinan Enke, 1971; A. Mitzman, *Sociology and Estrangement. Three Sociologists of Imperial Germany* (1973), New Brunswick / Oxford, Transaction Books, 1987, pp. 39-131; W. J. Cahnman (ed.), *Ferdinand Tönnies. A New Evaluation*, Leiden, E. J. Brill, 1973; C. Schlüter y L. Clausen, *Renaissance der Gemeinschaft? Stabile Theorie und neue Theoreme*, Berlin, Duncker & Humblot, 1990; L. Clausen y C. Schlüter (eds.), *Hundert Jahre 'Gemeinschaft und Gesellschaft'. Ferdinand Tönnies in der internationalen Diskussion*, Opladen, Leske + Budrich, 1991; C. Bickel, *Ferdinand Tönnies. Soziologie als skeptische Aufklärung zwischen Historismus und Rationalismus*, Opladen, Westdeutscher, 1991; P.-U. Merz-Benz, *Tiefsinn und Scharfsinn. Ferdinand Tönnies' begriffliche Konstitution der Sozialwelt*, Frankfurt am Main, Suhrkamp, 1995; F. Osterkamp, *Gemeinschaft und Gesellschaft: Über die Schwierigkeit einen Unterschied zu machen. Zur Rekonstruktion des primären Theorieentwurfs von Ferdinand Tönnies*, Berlin, Duncker & Humblot, 2001; N. Bond, *Understanding Ferdinand Tonnies' "Community and Society". Social theory and political philosophy between enlightened liberal individualism and transfigured community*, Berlin, Lit Verlag, 2013.

y de las ciencias sociales. En 1887 ya es consciente de ello. Se sabe "completamente único" en su "terminología" y en sus "definiciones", así como el hacedor de una distinción hasta entonces inexistente: "A medida que vayamos aplicando estos términos [*Gemeinschaft* y *Gesellschaft*] se pondrá de relieve que nuestra elección se funda en el uso de sinónimos propio de la lengua alemana, mientras que la terminología científica anterior solía mezclarlos a capricho sin distinguirlos".[15] Afirmar, pues, que esta distinción fue introducida por Tönnies equivale a decir que hasta la publicación de su libro en 1887 no existía ninguna teorización al respecto en esos términos precisos. Y esto no es poco decir dado el vasto alcance que esta dualidad llegará a tener con los años. Existían, desde luego, antecedentes más o menos directos, como pueden ser la clásica distinción de Maine entre "estatus" y "contrato" (*Ancient Law*, 1861), o aquella otra propuesta por Morgan, también clásica, entre *societas* y *civitas* (*Ancient Society*, 1877). En el mismo sentido se puede hablar de la oposición establecida por Gierke entre *Genossenschaft* y *Herrschaft* en su influyente tratado en cuatro volúmenes *Das deutsche Genossens-chaftsrecht* (1868-1913). Incluso hay quienes ven un antecedente muy próximo de los conceptos tönnesianos de "comunidad" y "sociedad" en la antítesis planteada por Hegel entre la esfera de la "familia" y la de la "sociedad civil" o "burguesa". Desde nuestro punto de vista, el antecedente más claro y directo de la dualidad *Gemeinschaft/Gesellschaft* hay que buscarlo en algunos de los pasajes de Marx citados en el capítulo anterior. Si bien es cierto que Marx nunca formuló una dualidad equivalente a la de Tönnies, el pensamiento oposicional de ambos, tanto en lo que hace a su terminología como a su contenido filosófico-histórico, está bastante más cerca de lo que a menudo se suele creer.[16] Más adelante volveremos sobre algunas de estas cuestiones.

---

[15] *Comunidad y sociedad, op. cit.*, p. 19.

[16] Acaso el primero y uno de los pocos investigadores en llamar la atención sobre el hecho de que Marx se anticipa a Tönnies por el modo en que aquel se sirve de los términos *Gemeinschaft* y *Gesellschaft* fue F. Pappenheim en un texto de gran valor heurístico hoy prácticamente olvidado, *The Alienation of Modern Man. An Interpretation based on Marx and Tönnies* (1959), New York / London, Modern Reader Paperbacks, 1968.

El teorema de Tönnies es un punto de inflexión en la historia de los relatos y los diagnósticos sobre la modernidad occidental. Introduce no solamente un uso novedoso de una terminología ya conocida, sino también un modo de comprender la transformación del mundo a partir de aquella. Es sintomático que desde el momento en que *Gemeinschaft und Gesellschaft* comienza a adquirir cierta notoriedad, los dos términos que componen el teorema adquieren un sentido distinto e independiente al que tenían antes por separado. Esto es fácil de corroborar si se toman algunos ejemplos lexicográficos. En el *Handwörterbuch der Soziologie* (1931), diccionario en el cual participaron algunos de los sociólogos alemanes más destacados de la época,[17] encontramos aparte de las entradas "Gemeinschaft" y "Gesellschaft", ambas firmada por Theodor Geiger, la entrada "Gemeinschaft und Gesellschaft" firmada por el propio Tönnies. Algo similar sucedería algunas décadas más tarde en la *International Encyclopedia of the Social Sciences* (1968), donde además de los artículos "Community" y "Society" se puede consultar el artículo "Community-Society Continua",[18] con amplias referencias a Tönnies y a sus seguidores en Estados Unidos. Del mismo modo, se puede mencionar el artículo enciclopédico de M. Riedel, "Gesellschaft, Gemeinschaft" (1975), dedicado a reconstruir el trasfondo sobre el cual se construye la historia de una oposición que alcanza su realización con el teorema de Tönnies pero cuyos orígenes en la cultura occidental son muy anteriores a él, y cuya impronta lo sobrevive largamente.[19] Al margen de estos ejemplos, hay que tener en cuenta la rápida recepción de los conceptos tönnesianos entre sus colegas. Desde comienzos del siglo XX varios sociólogos alemanes de renombre comenzaron a incorporarlos a sus respectivos sistemas (entre otros, Spann, Schmalenbach, Vierkandt, Geiger, Plenge,

---

[17] G. Briefs, F. Eulenburg, F. Oppenheimer, W. Sombart, A. Weber y L. v. Wiese entre otros. Véase A. Vierkandt (ed.), *Handwörterbuch der Soziologie*, Stuttgart, Ferdinand Enke, 1959.

[18] H. M. Mainer, "Community-Society Continua", en D. L. Sills (ed.), *International Encyclopedia of the Social Sciences*, Vol. 3, New York, Macmillan and Free Press, 1968, pp. 174-180.

[19] "Gesellschaft, Gemeinschaft", *op. cit.*, pp. 801-862. Del mismo autor, véase "Gemeinschaft", en J. Ritter (ed.), *Historisches Wörterbuch der Philosophie* Bd. 3: G-H, Basel / Stuttgart, Schwabe & Co, 1974, pp. 239-243.

Staudinger y Max Weber[20]), aunque no siempre figuran en sus obras los créditos y reconocimientos correspondientes.[21] Según la acertada formulación de Freyer, la influencia de Tönnies fue "tan universal que operó anónimamente y de manera casi subterránea", lo cual no la vuelve menos decisiva en la historia de la sociología y, como hoy está a la vista, de las ciencias humanas en general. Mucho antes del "renacimiento de la comunidad" y del *revival* actual de Tönnies, un especialista de la historia intelectual alemana reciente escribió: "El estudio pionero de Tönnies […] estableció todos los temas importantes a tratar no sólo en sus propios escritos posteriores, sino también en la obra de sus colegas y sucesores entre 1890 y 1933. Así pues, todo lo que se puede decir de la sociología alemana durante el período que estudiamos tiene que ser establecido, prácticamente, en una descripción de la famosa antítesis de Tönnies".[22]

Gemeinschaft und Gesellschaft es tanto un punto de inflexión como uno de pasaje por donde circulan en aparente unidad legados tan contradictorios entre sí como el *historicismo* y el *racionalismo*, el *nominalismo* y el *realismo*, el *romanticismo* y el *positivismo*, el *idealismo* y el *materialismo*, la *filosofía* y la *ciencia*. En consecuencia, no debe extrañarnos que el objetivo del libro sea también él mismo doble y contradictorio. Por un lado, Tönnies pretende exponer un "*nuevo análisis de los problemas fundamentales de la vida social*" sobre la base de conceptos construidos especialmente para esa tarea "por medio de operaciones científicas", y, por otro, elaborar un relato histórico coherente y en sí mismo acabado sobre el desarrollo que se encamina tendencialmente desde la edad de la comunidad (*Zeitalter der Gemeinschaft*) hacia la edad de la sociedad (*Zeitalter der Gesellschaft*). Es imposible determinar hasta qué punto

---

[20] Véase J. Leif, *La sociologie de Tönnies*, Paris, PUF, 1946, p. 190 y ss.

[21] En el prólogo a las ediciones cuarta y quinta de *Comunidad y sociedad* Tönnies se lamentaba de esta situación: "advierto actualmente que no sólo mi terminología —en la que apenas si reclamo como propio otro mérito que el de haber hecho una distinción de sinónimos–, sino los mismos conceptos, en sus notas y aplicaciones características, son utilizados de un modo que a lo sumo concede al autor el honor de una cita *inter multos alios* en un índice bibliográfico adicional" (*op. cit.*, p. 9).

[22] F. K. Ringer, *El ocaso de los mandarines alemanes. Catedráticos, profesores y la comunidad académica alemana, 1890-1933*, trad. J. M. Pomares, Barcelona, Pomares-Corredor, 1995, p. 162.

Tönnies era consciente, al menos en 1887, del carácter intrínsecamente contradictorio de su empresa. Lo cierto es que las nociones de *Gemeinschaft* y *Gesellschaft* admiten ese doble estatuto: el científico y el filosófico-histórico. Considerados como "conceptos científicos" con "sentido *sociológico*", *Gemeinschaft* designa relaciones donde los hombres se encuentran "esencialmente unidos" y *Gesellschaft* relaciones donde los hombres se encuentran "esencialmente separados", mientras que, como formas históricas particulares, la comunidad es identificada con la Antigüedad y la Edad Media, y la sociedad con la Edad Moderna. Desde luego, las cosas no son tan sencillas como se muestran. Estas son, en todo caso, las dos grandes interpretaciones de las que ha sido objeto el teorema en cuestión y de las que nos ocuparemos con detenimiento en el tercer apartado de este capítulo.

Ahora es preciso avanzar y ampliar la panorámica de los antecedentes y las fuentes sobre las que se basa Tönnies. Hasta aquí nos hemos basado fundamentalmente en lo que él mismo adelanta en el primer prólogo a *Gemeinschaft und Gesellschaft*, es decir, en un momento en que nadie podía imaginar el lento pero "exitoso" camino que todavía le quedaba por recorrer. Si bien durante veinticinco años la publicación apenas mereció algunas críticas aisladas y no siempre favorables, desde 1912, fecha de su segunda edición, su suerte cambió por completo. Muchas cosas habían sucedido entre 1887 y 1912. Para empezar, la "sociología", que todavía en el prólogo a la segunda edición Tönnies declara "deliberadamente proscrita" y "sin lugar alguno en las universidades alemanas", "ni siquiera en la mesa vecina a la filosofía", había comenzado lentamente a hacerse un lugar. A ello contribuyó indirectamente la modernización económica y social que experimentó la sociedad alemana a través de un proceso acelerado de industrialización, situación que terminó por incidir en la maduración de una "nueva conciencia socio-política". Esta nueva "conciencia", que Tönnies veía reflejada en los trabajos de Schmoller, Brentano, Knapp, Wagner y Schäffle entre otros,[23] es la misma que motivó en 1872 la creación de la Asociación de política social y en 1909 la fundación de la Sociedad alemana de sociología. En el prólogo a la segunda edición, Tönnies realiza una breve pero ilustrativa reconstruc-

---

[23] *Gemeinschaft und Gesellschaft*, *op. cit.*, p. XXVIII.

ción histórica del panorama teórico de esos años e implícitamente toma posición respecto de lo que fue la "gran controversia" que dividió las aguas de su tiempo: "socialismo contra capitalismo (o individualismo)". La caracterización positiva que hace de las posiciones críticas adoptadas por Saint-Simon y Comte dice mucho sobre su propia posición al respecto sin verse obligado a explicitarla:

> [...] bajo la poderosa influencia de Saint-Simon, Comte adopta una posición *crítica* respecto del progreso, la modernidad y el liberalismo. Lo mismo hicieron los románticos, los representantes de la tradición, de la Edad Media y de las autoridades. Pero Saint-Simon y Comte toman esta posición sobre la base del progreso mismo, la modernidad y el liberalismo. Sin querer regresar a la religiosidad y al feudalismo, reconocen sin embargo la prevalencia de un orden positivo y orgánico en la Edad Media, y asimismo reconocen el carácter esencialmente negativo y revolucionario de la modernidad sin desconocer la ciencia, la ilustración y la libertad; por el contrario, las afirman y enfatizan fuertemente.[24]

A renglón seguido afirma que "también es esta la posición obligada de las teorías socialistas", destaca la "significación permanente de la 'Crítica de la economía política'" y cierra toda alusión a la controversia entre socialismo y capitalismo con una cita de *El capital*. Si a esto sumamos las elogiosas referencias a las "investigaciones etnológico-sociológicas" que hace a continuación, "de Bachofen a Morgan" pasando por Maine y Gierke (como por lo demás ya había hecho en el prólogo de 1887), tendremos un cuadro bastante aproximado de la perspectiva bajo la cual Tönnies emprende no solamente su tratamiento de los conceptos de "comunidad" y "sociedad", sino también su defensa de las relaciones comunitarias y su crítica de las relaciones societarias, una y otra inseparables ya del análisis conceptual.

En el pasaje que acabamos de citar se pone una vez más en evidencia la heterogeneidad y asimismo la tensión que emana de este pensamiento. En él se despliega una crítica de la sociedad moderna, del capitalismo (o individualismo) y de los elementos negativos de la modernidad en general que Tönnies habría compartido con el positivismo francés, con

---

[24] *Ibid.*, p. XXIX.

el romanticismo, y con las teorías socialistas, especialmente cuando estas son críticas de la civilización industrial. Más allá de la terminología puesta en práctica para desarrollar su propia crítica, la originalidad de Tönnies consiste en su modo de afirmar y articular legados que, a pesar de ser diferentes, se reivindican críticos de ciertos aspectos del proceso de modernización. La incapacidad de muchos intérpretes de ayer y de hoy para reconocer la posibilidad de afirmar simultáneamente teorías contradictorias entre sí es la causa principal de los estereotipos interpretativos en torno a *Gemeinschaft und Gesellschaft*. Tönnies, sin embargo, fue extremadamente cuidadoso a este respecto. Nunca afirmó plenamente ninguna de las corrientes en las que no obstante se sostiene su teorema, y aun así, o por eso mismo, arreciaron las críticas de uno y otro lado. La acusación más persistente que se le hizo a su trabajo –y la que en el fondo más afectaba a Tönnies por sentirse en parte responsable– es la que lo tacha de antimodernista. Es indudable que *Comunidad y sociedad* está atravesado de punta a punta por un *pathos* romántico que podemos identificar fácilmente tanto en su lenguaje como en algunas de sus posiciones fundamentales. El libro expone una filosofía de la historia que supone la desaparición progresiva de la *Kultur* a manos de la *Zivilisation*, una visión "orgánica" sobreimpuesta a una visión "mecánica" de los fenómenos sociales, una crítica sistemática del espíritu de cálculo y el racionalismo prescritos por la economía política y el derecho natural moderno, y así también la afirmación del carácter originariamente pre-racional de la voluntad humana. No obstante, una de las tantas diferencias que merecen ser destacadas entre Tönnies y los románticos conservadores es la inclinación irrenunciable del primero por los valores esenciales de la Razón –"la ciencia, la ilustración, y la libertad"– junto a la clara conciencia de que el proceso de "racionalización", con sus consecuencias positivas y negativas sobre la vida social, era un hecho tan inexorable como irreversible. Al igual que Marx, Tönnies juzgaba simplemente como un hecho inconcebible cualquier forma de retroceso en la marcha de la historia. Su teoría sociológica y su pragmática política apuntan claramente a la reconstrucción de vínculos comunitarios bajo las condiciones –hostiles en un sentido y favorables en otro, pero en todos los casos las únicas posibles– que ofrece la sociedad del presente. De ahí, entonces, que la acusación de antimodernismo, casi siempre asociada a una nostalgia regresiva, no se ajuste totalmente a la verdad, ni tampoco aquella de "pesimismo social" que tanto molestó a Tönnies y de la cual va a defenderse en el prólogo a las ediciones cuarta y quinta (1922) de *Comunidad y sociedad*:

> Höffding, a quien dediqué la segunda edición, calificó de "pesimismo social" la primera en un artículo que le consagró en 1890 [...]. Entonces rechacé yo esta calificación, y sigo rechazándola en la actualidad, porque exponía (quizá mediando alguna culpa de mi parte) a una interpretación errónea: la de que en la vida social actual sólo quiero ver una cosa pasajera y perecedera. Desde entonces, durante toda una generación, he expuesto repetidas veces (perjudicándome externamente con ello) que no rechazo ni ridiculizo las reformas serias y radicales que se hagan en lo ético y social en nuestra situación de la sociedad, antes bien, mi intención fue siempre muy al contrario, propugnarlas. Tampoco repudio en lo más mínimo los hechos positivos del progreso, de la ilustración, del desarrollo y civilización libres, como si careciesen de valor: mi opinión nunca fue la de los románticos deslumbrados por el pasado a la luz de la poesía; entiendo y aprecio estas fantasías tanto como entiendo y aprecio el orgullo que nos ha llevado tan magníficamente lejos: la idea de que la "cultura" (*Kultur*) principalmente nórdica, nutrida del cristianismo y de la antigüedad, se agotará en su brillante forma más reciente (de "civilización" (*Zivilisation*)) de un modo tanto más rápido y completo cuanto menos pueda retrotraerse a sus fundamentos sociales, a los de la comunidad; cuanto más se resuelva en una mera sociedad que no pueda prescindir de la regulación del Estado sin que esta sea capaz de alterar positivamente su esencia –cuando como resultado de mi estudio redacté la presente obra, esta idea se había adueñado de mi alma con fuerza intuitiva, y todas las investigaciones y especulaciones que logré hacer en los 35 años siguientes sirvieron sólo para corroborarla y ahondarla.[25]

El romanticismo de Tönnies se caracteriza menos por su deslumbramiento ante el pasado que por su desasosiego respecto del presente, respecto de un orden fundado en la "sociedad" y en el "Estado" propios

[25] *Comunidad y sociedad*, *op. cit.*, p. 10.

del presente. Su "pesimismo", como él mismo lo expresa en otro pasaje donde se explica con Höffding, "refiere como mucho al futuro de la cultura (*Kultur*) presente, no al futuro de la cultura en general".[26] Con esto quiere decir que su condena a las tendencias modernas de la vida social debe ser entendida en términos históricos, no absolutos. Como es sabido, antes de la publicación de *Comunidad y sociedad* la "Gemeinschaft" ya había sido reivindicada por distintos teóricos del romanticismo político, y entre ellos muy especialmente por Adam Müller, a quien Tönnies confiesa haber leído con admiración. No obstante, una importante diferencia a tener en cuenta es que, mientras aquellos sostenían que la comunidad perdida podía restaurarse en el seno del Estado, Tönnies afirmaba exactamente lo contrario. Como se verá más adelante, el Estado es una institución inseparable de la sociedad, y la sociedad o la *Gesellschaft* de Tönnies es, según la fórmula de Lukács, "el capitalismo, visto por los ojos del anticapitalismo romántico".[27] Para Löwy y Sayre, más que un anticapitalista romántico Tönnies es el mayor exponente de lo que ellos llaman "romanticismo resignado". Aquello que lo define como "pensador romántico 'resignado' es la convicción trágica de que el regreso a la *Gemeinschaft* es una ilusión, que la decadencia social es inevitable, como la declinación de un organismo vivo que ya no puede regresar a su primera juventud", en suma, que "la posibilidad de una restauración de la auténtica *Gemeinschaft* le parece excluida".[28]

[26] "Zur Einleitung in die Soziologie" (1899), en *TG* Bd. 15, *op. cit.*, pp. 126-127, nota 4.

[27] *El asalto a la razón. La trayectoria del irracionalismo desde Schelling hasta Hitler*, trad. W. Roces, Barcelona, Grijalbo, 1976, p. 479. "En Tönnies encontramos, cierto es, el matiz especial, llamado a influir eficazmente sobre las doctrinas posteriores, de que en él no se advierte ya el anhelo del retorno a estados sociales superados, principalmente al feudalismo. Sin embargo, su posición sirve de base para una crítica de la cultura en la que, aun destacándose con fuerza los rasgos problemáticos y negativos de la cultura capitalista, se subraya al mismo tiempo el carácter inevitable, fatal, del capitalismo" (*ibid.*).

[28] *Rebelión y melancolía*, *op. cit.*, p. 85. Aquí son considerados como próximos al romanticismo resignado varios y notables "universitarios alemanes": M. Weber, W. Sombart, G. Simmel, M. Scheler, E. Troeltsch, K. Mannheim, A. Wagner y L. Brentano.

2. Los conceptos psicológicos o las dos formas de la voluntad

A fin de seguir ampliando este restringido muestreo de las principales fuentes de la oposición de Tönnies, es momento de avanzar sobre un aspecto nuclear de su sistema: la "teoría de la voluntad individual". En ella, el teorema "comunidad y sociedad" encuentra su "réplica y analogía". Y aún más, en ella encuentra la totalidad del sistema de pensamiento tönnesiano su fundamento epistemológico más acabado. A lo largo de su vida Tönnies fue muy cambiante respecto de sus opiniones y perspectivas. Sin embargo, hay al menos una idea sobre la cual se mantuvo firme desde el comienzo y hasta el final, a saber, la idea de que lo social procede de la voluntad humana, y, por lo tanto, que toda relación entre los hombres sólo es comprensible y explicable psicológicamente.

Esta idea es anterior a *Comunidad y sociedad* e incluso anterior a aquel "primer esbozo" de 1881. Surge de sus primeras lecturas filosóficas, recomendadas y en parte guiadas por Friedrich Paulsen, quien fue primero su profesor en la Universidad de Berlín para luego convertirse en uno de sus amigos más cercanos. En 1876, siendo todavía un estudiante, Tönnies comienza a leer a Hobbes por sugerencia de Paulsen. En los años subsiguientes, sus estudios estuvieron centrados principalmente en distintos aspectos del materialismo de Hobbes y Spinoza. Entre 1879 y 1881, Tönnies publica una serie de artículos recopilados bajo el título "Anmerkungen über die Philosophie des Hobbes",[29] donde deja planteada su posición respecto de la filosofía de quien considera como el legítimo fundador del derecho natural moderno. Tönnies afirma el carácter revolucionario de la teoría hobbesiana de la voluntad individual, opuesta como está a la concepción clásica de la filosofía política, al tiempo que le reprocha su visión pesimista sobre la naturaleza del hombre. Al momento de publicar estos artículos, Tönnies se perfilaba como un defensor de los valores liberales enarbolados por la Ilustración anglosajona, vale decir, como un pensador fundamentalmente distinto del que concibió el teorema por el que hoy lo conocemos. Lamentable-

---

[29] Actualmente editados en F. Tönnies, *Studien zur Philosophie und Gesellschaftslehre im 17. Jahrhundert*, edición al cuidado de E. G. Jacoby, Stuttgart / Bad Cannstatt, Frommann / Holzboog, 1975, pp. 171-240.

mente, no podemos detenernos aquí en las razones que lo llevaron a adoptar, a partir de 1879, "un paradigma opuesto al liberalismo".[30] Con esto simplemente queremos indicar que en este primer acercamiento a Hobbes,[31] Tönnies ya había entrevisto la posibilidad de una teoría social (o "moral", como se la llamaba entonces) fundada en la relación recíproca de las voluntades. El subjetivismo moderno lo marcó profundamente, arrastrando su pensamiento en una dirección contraria a la que seguía la corriente intelectual de su época en Alemania, todavía anclada a la tradición objetivista instaurada por Hegel. La consecuencia más importante de esta temprana iniciación en las filosofías racionalistas del siglo XVII fue que los fenómenos sociales serían interpretados por Tönnies desde el punto de vista del sujeto individual.

Tengamos en cuenta que antes de haberse familiarizado con Descartes, Hobbes, Locke y Spinoza por iniciativa de Paulsen,[32] Tönnies había leído por su cuenta dos autores que dejaron fuertes marcas en su trabajo: Nietzsche y Schopenhauer. Según relata en el escrito autobiográfico de 1922, *El nacimiento de la tragedia* (1871) lo conmovió profundamente. El espíritu pesimista de este primer libro de Nietzsche –inspirado a su vez en la filosofía moral de Schopenhauer–, la filosofía de la historia que lo atraviesa y el diagnóstico de la decadencia de la cultura moderna con el que concluye, son elementos que suelen invocar los comentaristas a los fines de trazar un paralelo con *Comunidad y sociedad*. Hay quien ve en la antítesis entre lo "apolíneo" y lo "dionisíaco" –los dos "instintos" en los que se basa Nietzsche para desarrollar su teoría sobre el nacimiento y la muerte de la tragedia ática– una clara prefiguración de la oposición

---

[30] Para ello reenviamos al trabajo de N. Bond, "Le refus de la *bürgerliche Gesellschaft* et la genèse de la sociologie moderne allemande: l'exemple de *Gemeinschaft und Gesellschaft* de Ferdinand Tönnies", *op. cit.*, pp. 93-120.

[31] En efecto, los "Anmerkungen…" corresponden a un primer momento de sus estudios sobre Hobbes, seguidos por la publicación de una importante monografía, *Hobbes. Leben und Lehre* (Stuttgart, Frommann, 1925), traducida al castellano como *Vida y doctrina de Tomás Hobbes* (*op. cit.*), y una gran cantidad de artículos.

[32] Sobre la influencia de Paulsen en la temprana formación filosófica de Tönnies, remitimos a la correspondencia epistolar entre ambos, F. Tönnies y F. Paulsen, *Briefwechsel 1876-1908*, Kiel, Hirt, 1961.

capital de Tönnies.[33] Lo cierto es que la admiración inicial por Nietzsche se fue apagando lentamente hasta convertirse en una especie de aversión crítica.[34] A pesar de todas las diferencias que los separan, ambos coinciden en lo que podríamos llamar un común desprecio por la sociedad mercantil y los valores decadentes que ella representa y reproduce.

No es extraño, pues, que a la lectura de Nietzsche haya seguido la de Schopenhauer. Cada vez que tiene la ocasión, Tönnies recuerda a sus lectores la enorme influencia que este ejerció sobre su propia obra y en particular sobre su teoría volitiva. En efecto, la noción de voluntad (*Wille*), tal como aparece desarrollada en *Comunidad y sociedad*, la toma en prestamo de Schopenhauer. Es sobre todo en *El mundo como voluntad y representación* (1819, 1844), entre otros textos del mismo autor, donde encuentra una serie de categorías y distinciones psicológicas de las que en principio se apropia para luego otorgarles, en su propia teoría, un carácter distintivo y original. En un texto tardío Tönnies aclara que de este sistema filosófico no toma más que lo estrictamente necesario para apuntalar su teoría de la "voluntad humana": "Con el propósito de captar el núcleo de la esencia humana, ya en mi temprana juventud fui guiado por Schopenhauer, pero no le otorgué ningún valor a la generalización metafísica, esto es (como hoy también lo veo) a la inadmisible ampliación del concepto de voluntad. Sino que pronto volví a concebir la voluntad como algo específicamente humano, como *appetitus rationalis*. Por largo tiempo trabajé entonces en mis pensamientos para establecer la diferencia de la voluntad razonable, que se corresponde con la diferencia entre comunidad (*Gemeinschaft*) y sociedad (*Gesellschaft*)".[35] Tácitamente, Tönnies

---

[33] Véase J. Zander, "Ferdinand Tönnies und Friedrich Nietzsche. Mit einem Exkurs: Nietzsches 'Geburt der Tragödie' als Impuls zu Tönnies› 'Gemeinschaft und Gesellschaft'", en L. Clausen y F. U. Pappi (eds.), *Ankunft bei Tönnies. Soziologische Beiträge zum 125 Geburtstag von Ferdinand Tönnies*, Kiel, Mühlau, 1981, pp. 185-227.

[34] Así lo testimonian los siguientes escritos de Tönnies: *"Ethische Cultur" und ihr Geleite*, Berlin, Dümmler, 1893 y *Der Nietzsche-Kultus. Eine Kritik*, Leipzig, Reisland, 1897. Simmel reseña este último en la *Deutsche Literaturzeitung* (vol. 17, n° 42, 1897, columnas 1645-1651), donde afirma que la crítica de Tönnies no tiene más fundamento que sus propios prejuicios morales y políticos.

[35] "Mein Verhältnis zur Soziologie" (1932), en *TG* Bd. 22, Berlin / New York, Walter de Gruyter, 1998, p. 330.

reafirma de este modo la tradición científico-racionalista legada por Spinoza, para quien la voluntad y el pensamiento (o el intelecto) son una y la misma cosa. Como mostraremos a continuación, tal es la premisa constante de la teoría psicológica de la voluntad sobre la que se funda el teorema de la comunidad y la sociedad.

El intento por establecer una distinción entre voluntades comienza desde el momento mismo en que se plantea la diferencia entre comunidad y sociedad. Y esto es lo que ocurre en la tesis de habilitación de Tönnies, aquel primer bosquejo de 1881 titulado "Gemeinschaft und Gesellschaft (Theorem der Kultur-Philosophie)". Se trata de un manuscrito asistemático de una treintena de páginas donde el autor se propone trazar la diferencia entre comunidad y sociedad de acuerdo con el tipo de relación existente entre las voluntades individuales. La conclusión a la que llega Tönnies es la siguiente: allí donde prevalecen relaciones amistosas se hablará de *Gemeinschaft*, mientras que allí donde lo hacen relaciones hostiles se hablará de *Gesellschaft*.[36] Lo que importa resaltar de esta primera formulación binaria de los futuros "conceptos capitales" no es solamente ni en primer lugar los valores a los que cada uno de ellos va asociado ("amistad", "costumbre" y "sentido del deber", por una parte, "hostilidad", "avidez" y "temor", por otra), sino el hecho de que las relaciones mismas, al margen de su signo y de su fuerza, emanan de la voluntad de los individuos. Es decir que el carácter propiamente *social* de estas relaciones, sean comunitarias o societarias, es el resultado de la acción recíproca entre voluntades. A pesar de las apariencias, las consecuencias de este hecho son inmensas. Tönnies había dado un gran paso. El primero de una larga serie que lo llevaría a convertirse en el "Néstor" de la sociología moderna alemana. En cierto sentido, lo que se esboza en el texto de 1881 es, ni más ni menos, que el esquema todavía poco articulado de una "sociología 'voluntarista'" (N. Bond) en la cual se inscribe la oposición conceptual más influyente en Alemania hasta aproximadamente la llegada del nazismo al poder.

Ahora bien, antes de exponer y comentar rápidamente los primeros resultados conceptuales de esta sociología voluntarista, cabe preguntarse

---

[36] "Gemeinschaft und Gesellschaft (Theorem der Kultur-Philosophie). Entwurf von 1880/81", en *TG* Bd. 15, *op. cit.*, pp. 31-67.

cómo y por qué Tönnies elige desarrollar una teoría social cimentada sobre bases psicológicas. En parte creemos haber respondido a la primera de estas preguntas. Por un lado, Tönnies actualiza un arsenal de conceptos volitivos diseminados en las más grandes tradiciones filosóficas de la modernidad. Por otro, su concepción coincide en buena medida con los criterios de las nuevas corrientes científicas en psicología, y en especial con las ideas de la psicología clínica fundada hacia 1880 por Wilhelm Wundt, cuya teoría de la voluntad acusa más de una semejanza con la de Tönnies.[37] La segunda pregunta, relativa a por qué elige este camino en particular, se puede contestar de varias maneras. En principio alegando que en realidad no fue un camino elegido, sino más bien, y como ocurre a menudo, el resultado más o menos inesperado de una combinación de inquietudes propias y ajenas que buscan respuesta a través de la práctica intelectual. Fuera de esta respuesta que en principio no habría por qué descartar, Arthur Mitzman ofrece una interesante y más que plausible explicación de la que aquí nos hacemos eco. A partir de un estudio minucioso de la correspondencia entre Tönnies y Paulsen, Mitzman demuestra que la mayor inquietud política y social del primero, al menos desde 1881, estaba relacionada "con el Estado, con el hecho de refutar la masa de teorías sociales contemporáneas que posicionaban al Estado como el salvador de la humanidad de sí misma, y con el hecho de establecer una ideología y una estructura de valores alternativos".[38] Las teorías del Estado con las que Tönnies pretendía establecer un diálogo crítico, marcando a la vez una clara distancia conceptual, eran aquellas representadas por quienes en el terreno de la jurisprudencia eran considerados los sucesores modernos de Hegel, principalmente Lorenz von Stein, R. Gneist y R. von Ihering. Téngase en cuenta que en aquel momento, para Tönnies, "el 'Estado' era el Estado prusiano, el Estado bismarckiano", al cual asociaba valores societarios, contrarios en todo a la comunidad. "Para desarrollar su propia teoría, la cual claramente tenía sus orígenes en el odio explícito por el mismo 'Estado' que todas las otras

---

[37] Sobre la relación entre Tönnies y Wundt, véase la tesis doctoral de A. A. Kurtz, *Rise of the Cult of Will: Ethics and the Search for Meaning in Germany, 1870-1936*, University of Maryland, 2004, disponible en http://hdl.handle.net/1903/2042.

[38] *Sociology and Estrangement*, *op. cit.*, p. 79.

teorías estaban empeñadas en glorificar, tenía que destruir estas teorías", "tenía que suplantarlas con una sólida fundación teórica". Fue así que, siempre según Mitzman, Tönnies "creó esta fundación reduciendo todas las acciones humanas a patrones psicológicos".[39]

El argumento de esta explicación parece confirmarlo Tönnies en un texto donde, como tantas otras veces, reevalúa la andadura de su concepto de comunidad. El pasaje que citamos a continuación alude puntualmente a las diferencias existentes entre sus propias nociones de *Gemeinschaft* y *Gesellschaft* y las de Lorenz von Stein, quien, como él y ya antes que él, también las había utilizado, aunque en un sentido sensiblemente diferente:

> He creído necesario plantear que todas las relaciones sociales, todos los valores sociales y las vinculaciones sociales, en la medida en que están disponibles para sus sujetos –los hombres sociales–, son creados, puestos o establecidos por medio de su voluntad, y es justamente esta limitación psicológica (*psychologische Bedingtheit*) la que constituye su esencia, ya que de esta manera son vistos, en cierto modo, desde adentro. Mientras que, por ejemplo, la determinación del concepto de sociedad (*Gesellschaft*) por parte de Stein ("trabajo orgánico de la vida humana") está apegada al exterior; para él "comunidad" (*Gemeinschaft*) es sólo una expresión que indica "la pluralidad está ahí para el individuo". De ahí que él designe [...] a la sociedad y al Estado como "los dos grandes elementos de la comunidad" (System der Staatswissenschaft. 2. Band. Die Gesellschaftslehre, p. 73).
>
> Más bien, debe reconocerse el principio de clasificación supremo de las formaciones sociales en la condición diversa de la voluntad humana, la cual, en cierto modo allí está contenida y constituye su principio vital.[40]

Si bien Tönnies utiliza la misma terminología que Stein, el sentido de los términos empleados por ambos es casi antagónico. Con frecuencia se dice que la teoría de Stein es el antecedente teórico más inmediato del teorema de Tönnies, cuando en realidad hay que leer más bien a este

---

[39] *Ibid.*, p. 80.

[40] "Der Begriff der Gemeinschaft" (1919), en *Soziologische Studien und Kritiken*, Zweite Sammlung, Jena, Gustav Fischer, 1926, pp. 268-269.

último como una respuesta a aquella. El objetivismo hegeliano inscripto en esta y en casi todas las teorías del Estado desplegadas a lo largo del siglo XIX en Alemania encuentra en la teoría del condicionamiento psicológico de los fenómenos sociales una fuerte impugnación tanto en el plano epistemológico como en el político. Para Tönnies, lo social (*das Soziale*) solamente puede ser captado "desde adentro", esto es, desde el punto de vista de la volición humana, nunca desde el "exterior". Esto quiere decir que el conocimiento de la voluntad humana es condición de posibilidad para la comprensión de los fenómenos sociales en general. De lo que se deduce a su vez que la dimensión sociológica de la teoría tönnesiana se encuentra en una estrecha relación de dependencia respecto de la dimensión psicológica de la misma. Según este posicionamiento, el Estado ya no puede ser concebido a la manera de Hegel y sus sucesores como la realización de una Idea. Más bien todo lo contrario. El Estado, como cualquier otra formación social, es el resultado de relaciones reales entre individuos en los cuales predomina una forma de la voluntad. Establecer las diferentes formas de la voluntad que sirven como criterio para la clasificación de las formaciones sociales fue una de las principales tareas a las que se encomendó Tönnies en los años inmediatamente posteriores a 1881.

En una carta de junio de 1885, es decir, dos años antes de la publicación de *Gemeinschaft und Gesellschaft*, Tönnies le anuncia a Paulsen los primeros resultados de la teoría que no tardaría en dar a conocer. La misma –afirma– está basada en la distinción psicológica entre *Wesenwille* (o "voluntad esencial") y *Willkür* (palabra que literalmente significa "arbitrariedad", pero que debe ser entendida como la facultad de elegir libremente), a la cual hay que adjuntar la distinción entre *Gemeinschaft* y *Gesellschaft*, la nacionalidad y la estatalidad, las estructuras orgánicas y las mecánicas, el espíritu de familia, la moralidad y la religión de un lado, y los poderes económicos, políticos y científicos disolventes de lo anterior, de otro.[41] Así, por primera vez, aparece planteada de forma clara y concisa la principal serie de oposiciones que va a orientar el pensamiento de Tönnies a lo largo de toda su vida. La serie, no hay que olvidarlo, aparece encabezada por los conceptos psicológicos fundamen-

[41] Citado por A. Mitzman, *Sociology and Estrangement*, *op. cit.*, p. 78.

tales. Las oposiciones adjuntas, más allá de la importancia desigual que tiene cada una de ellas en el conjunto de la obra tönnesiana, dependen estrechamente de la primera. De ahí la importancia de esta para nosotros.

Wesenwille y *Willkür* son los nombres de las dos formas de la voluntad humana. En ambas interviene el pensamiento, aunque de manera distinta. En la *Wesenwille* la voluntad contiene al pensamiento, mientras que en la *Willkür* es el pensamiento el que contiene a la voluntad. Cada una de estas formas constituye un "todo coherente, en que encuentra su unidad la pluralidad de sentimientos, instintos y apetencias". En el primer caso la unidad es "real o natural" y se basa en el pasado, si bien, según la importante aclaración de Tönnies, es por esta voluntad que tanto el pasado como el porvenir deben ser explicados. En el segundo caso la unidad es "ideal o hecha" y se refiere exclusivamente al futuro.[42] En el corazón de esta distinción se pone en juego en último término la relación entre el querer humano y la elección de medios y fines. La voluntad esencial afirma la unidad entre medios y fines eligiendo unos y otros de forma natural, es decir, con arreglo a lo que Tönnies considera lo más esencial de la existencia del hombre: la sensación o sentimiento (*Empfindung*) y la experiencia o práctica (*Erfahrung*). La voluntad de arbitrio, por el contrario, se concentra en un fin abstracto para cuya realización son elegidos los medios más eficientes. Tal es el significado más general de los conceptos psicológicos. Así aparecen en la primera edición de *Gemeinschaft und Gesellschaft* y ya no conocerán mayores alteraciones a lo largo del tiempo. Con todo, cabe advertir que a partir de la tercera edición (1920) Tönnies va a sustituir la palabra *Willkür* ("a causa de los diferentes y contradictorios significados del término")[43] por el neologismo *Kürwille*, habitualmente traducido al castellano como "voluntad arbitraria", pero que a fin de evitar confusiones preferimos traducir por "voluntad de arbitrio".[44]

[42] *Comunidad y sociedad*, *op. cit.*, pp. 119-120.

[43] "Mein Verhältnis zur Soziologie", *op. cit.*, p. 330.

[44] Según la RAE, el adjetivo "arbitrario, ria" tiene al menos tres significados diferentes: que depende del arbitrio, que procede con arbitrariedad, que incluye arbitrariedad. El sentido del adjetivo en la expresión "voluntad arbitraria" corresponde a la primera acepción relevada. No obstante la aclaración, hemos optado por traducir siempre *Kürwille* por "voluntad de arbitrio", entendiendo por arbitrio la "Facultad

Retomando una frase de Tönnies se decía al comienzo de este apartado que el teorema comunidad y sociedad tiene su "réplica y analogía" en la teoría de la voluntad individual. Quizás ahora estamos en mejores condiciones que al inicio para comprender esta importante afirmación. El teorema comunidad y sociedad es ante todo la réplica sociológica de la teoría psicológica de las dos formas de la voluntad individual. Este hecho singular no convierte por sí mismo la cuestión sociológica en meramente secundaria respecto de la cuestión psicológica. Sin embargo, reafirma una interpretación de la constitución y de la evolución de lo social que parte de una fundamentación volitiva.

Los conceptos sociológicos y los psicológicos son análogos desde el momento en que cada par se instituye como una relación de oposición y exclusión mutua donde se confirma la estructura jerárquica que los mantiene unidos en su falsa paridad. Ahora bien, en los límites de lo estructural o arquitectural no tardamos en corroborar analogías significantes entre cada uno de los polos de las oposiciones. Lo que en verdad no es raro si consideramos que para Tönnies las relaciones o acciones recíprocas entre los individuos son siempre y en primer lugar expresiones de la voluntad y de sus fuerzas.[45] Así, la *comunidad* es expresión de la *voluntad esencial* mientras la *sociedad* es expresión de la *voluntad de arbitrio*. En adelante ya no se podrá desvincular estos conceptos ni desconocer el sentido o la dirección original de este condicionamiento.[46] Por lo demás, si las mentadas analogías no son evidentes por sí mismas, son al menos lo bastante llamativas como para evidenciar la asimetría axiológica que organiza todo el argumento. La "voluntad esencial" y su replicación, la "comunidad", anteceden lógica y cronológicamente a sus otros conceptuales, la "voluntad de arbitrio" y su propia replicación, la "sociedad". Como en parte ya hemos visto al presentar rápidamente

---

que tiene el hombre de adoptar una resolución con preferencia a otra", expresión que a nuestro juicio deja menos lugar a posibles malentendidos. Véase *Diccionario de la lengua española*, Tomo I, México, Espasa Calpe, 2009, p. 194.

[45] *Comunidad y sociedad*, *op. cit.*, p. 19.

[46] Aunque también es cierto que, en un momento ya avanzado de su argumentación, Tönnies reconoce que en el derecho, o a través de sus formas, las dos grandes formas de vida en común y las dos formas de la voluntad se unen y mantienen entre sí relaciones de mutua causalidad (*ibid.*, pp. 217-218).

estos conceptos, la *Wesenwille* y la *Gemeinschaft* remiten al pasado, a la unidad natural y experiencial, a la vida orgánica, a la costumbre en el sentido amplio de la palabra y al carácter nacional de un pueblo. En cambio, la *Kürwille* y la *Gesellschaft* remiten al presente y al futuro, a la unidad artificial y conceptual, a los poderes de la ciencia aplicada a la técnica, y a la estatalidad. La diferencia entre una y otra serie no puede ser más clara, como tampoco puede serlo la preferencia de Tönnies por la primera. La condena de la sociedad y de todo lo que va a asociado a ella (relaciones, instituciones, prácticas, valores) se hace en nombre de la comunidad, es decir, en nombre de aquello que antecede cronológicamente a la sociedad, pero también de aquello que la hace lógicamente posible. La *Gemeinschaft* es, pues, el pasado de la *Gesellschaft* y, a su vez, el "origen común" necesario para concebir la separación de los individuos entre sí. No hay separación esencial o sociedad sin que haya previamente unidad esencial o comunidad originaria. Por esta razón, la crítica de la "sociedad" hecha en nombre de la "comunidad" necesita siempre de un pasado originario, si no mítico por lo menos idealizado, que logre dar cuenta simultáneamente de lo que la sociedad es y de lo que (no) debería ser.

Hasta acá no hemos indagado más que los aspectos generales y más visibles de la réplica sociológica de la teoría psicológica y sus respectivas analogías. Sin embargo, existe otro aspecto sin duda menos visible y menos comentado que los anteriores sobre el que quisiéramos detenernos un instante antes de pasar al análisis más pormenorizado de la oposición comunidad/sociedad. Si Tönnies está convencido, como en buena medida lo estuvieron sus predecesores y sus influencias más directas, de que en grandes líneas la humanidad ha evolucionado desde una forma de vida en común donde predominaba el todo sobre las partes a uno donde predominan las partes sobre el todo, o bien, desde la *edad de la comunidad* a la *edad de la sociedad*, es porque cree que la propia voluntad humana ha experimentado un cambio profundo y duradero a lo largo de la historia. Dicho de otro modo: la transformación epocal, la evolución social de la *comunidad* a la *sociedad,* es la réplica de la evolución psíquica de los individuos desde una forma de voluntad natural, concreta, original, sensitiva o emocional a una forma de voluntad artificial, abstracta, derivada y racional. La acción concomitante de la evolución social y de la evolución psíquica aparece confirmada en el prólogo a la segunda edición de *Gemeinschaft und Gesellschaft*. Tönnies cita allí una de las críticas de su amigo Harald Höffding. En esta ocasión, a diferencia de los casos comentados anteriormente, una crítica positiva: "Höffding, él mismo en tanto psicólogo inclinado hacia la sociología, atraído a esta por la ética y la filosofía de la religión, escribió sobre esta obra [*Gemeinschaft und Gesellschaft*] que vincula sociología y psicología de un modo singular, en tanto muestra cómo el desarrollo social (*soziale Entwicklung*) está necesariamente relacionado con, y tiene su contraparte en, un correspondiente desarrollo de las facultades espirituales humanas".[47]

Este desarrollo histórico, al mismo tiempo e indisociablemente sociológico y psicológico, está signado por lo que Tönnies concibió como una tendencia al racionalismo y más específicamente como un proceso de racionalización (*Rationalisierung*). Como bien hace notar Stefan Breuer, Wolfgang Schluchter y con él buena parte de los intérpretes de Weber se equivocan cuando le atribuyen a este último el hecho de haber descubierto que la modernidad occidental en su conjunto, y no sólo en su aspecto económico, está atravesada por un proceso de racionalización que le es característico. Este es, según Breuer, el descubrimiento de Tönnies.[48] La tesis según la cual el proceso de racionalización, entendido como uno de los hechos históricos más importantes que viven los pueblos modernos, es esencial a la sociedad, al Estado y a la ciencia, la encontramos en un texto de Tönnies de 1895.[49] Aunque también es cierto que es Weber, más que Tönnies y más que cualquier otro pensador de la época, quien ha penetrado más hondamente en las razones de este proceso. Retomaremos la cuestión en el próximo capítulo. De momento, sólo intentaremos echar luz sobre uno de los aspectos menos comentados y más significativos del pensamiento de Tönnies. Si bien su tratamiento de la cuestión de la racionalidad no es sistemático ni mucho menos, no cabe duda de que se trata

---

[47] *Gemeinschaft und Gesellschaft*, *op. cit.*, p. XXXIV.

[48] S. Breuer, "De Tönnies à Weber: Sur l'existence d'un 'courant allemand' en sociologie", en C. Colliot-Thélène y J.-F. Kervégan (eds.), *De la société à la sociologie, op. cit.*, pp. 136-137.

[49] "Historismus und Rationalismus", *op. cit.*, p. 176.

de uno de los problemas que lo obsesionan y que reencontramos una y otra vez en muchas de sus publicaciones anteriores y posteriores a 1895.

De hecho, lo proponemos aquí como una clave de lectura general y programática para entrar a *Comunidad y sociedad*. ¿No es acaso este proceso de racionalización el que tiende y distiende el arco entre los polos de las oposiciones antes mencionadas? ¿No es este proceso, en cuanto proceso, el que nos permite pensar el alcance histórico-conceptual de las oposiciones más allá del carácter estático al que parece condenarlos el binarismo metafísico del discurso tönnesiano? Nos inclinamos a ver en esta "tendencia al racionalismo", indicada en el libro mediante referencias más o menos descifrables, el síntoma de una contradicción que será la marca distintiva de toda una época. Esta contradicción, devenida marca epocal *a través de* Tönnies o *gracias a* él, es aquella que reúne dos tentativas formalmente antagónicas a las que ya no hemos referido al menos una vez: por un lado, la de crear un sistema de conceptos operacionales con la finalidad de realizar un nuevo análisis de los problemas fundamentales de la vida social, y, por el otro, la de desplegar una filosofía de la historia donde los conceptos en cuestión representan diferentes fases de la evolución, tanto individual como colectiva. El estudio del proceso de racionalización "descubierto" por Tönnies integra ambas aproximaciones. Los conceptos de voluntad esencial y voluntad de arbitrio, comunidad y sociedad, sirven para describir y explicar positivamente, es decir, científicamente, un acontecimiento histórico sin precedentes y una transformación integral de la condición humana. Ahora bien, lo sepa Tönnies o no en 1887, esta descripción y esta explicación están afectadas por un normativismo irreductible. Para aquel, el proceso de racionalización es una tendencia evolutiva, un hecho histórico incuestionable del cual, como hemos visto, no discute ni desconoce las derivaciones positivas ("los hechos positivos del progreso, de la ilustración, del desarrollo y civilización libres"), mas no por ello deja de ser un hecho profundamente lamentable. La evolución de la comunidad a la sociedad es un hecho decadente. Es el hecho por antonomasia de la decadencia occidental,[50] de la declinación de la vida, de los principios materiales y

---

[50] En el prólogo a las ediciones cuarta y quinta (1922), Tönnies reivindica la prioridad y la primogenitura de su idea respecto de la de Oswald Spengler: "*La decadencia de Occidente* [1917], título de una obra que se ha hecho famosa, asoma a los labios de

espirituales que la animan y, en consecuencia, un hecho esencialmente negativo. Es también el triunfo de lo artificial y de lo artificioso, de lo no natural y de lo falso, de los poderes económicos, políticos e intelectuales que suponen y afirman una estructura social donde los individuos permanecen separados. Como se constatará fácilmente, esta cosmovisión que Tönnies compartió con buena parte de los sociólogos de su época, con sus sucesores y seguidores circunstanciales, especialmente durante los años de la Gran Guerra, fue a la vez causa y consecuencia de una voluntad política cuya orientación fue oscilando con el transcurso del tiempo.

En cualquier caso, al llamar la atención sobre el cúmulo de contradicciones que gravitan en torno a la cuestión de la racionalidad, como Tönnies la entendió, intentamos poner al descubierto una vez más las diferentes texturas que habitan este libro de apariencia inagotable que es *Comunidad y sociedad*. Naturalmente, los nombres propios y comunes que las encarnan podrían multiplicarse. Podríamos hacerlos proliferar y así diferir o simular que diferimos nuestra propia interpretación de la cosa misma. No obstante, aquí nos detenemos en lo que respecta a los antecedentes y a las fuentes, a lo que quizás deba considerarse retrospectivamente no menos una puesta en perspectiva que una puesta en aviso, una advertencia o, simplemente, la preparación necesaria para una interpretación ya comenzada.

3. Oposiciones, significados, interpretaciones

Hay aquí una primera aproximación a la cuestión. En cierto sentido, creemos habernos acercado a ella. No tanto para delimitarla, como sin duda hubiera sido deseable, sino más bien para testimoniar de la dificultad de asignarle límites precisos a una cuestión que por sus alcances mismos no puede sino ser excesiva. Cada vez que nos interrogamos sobre el binomio comunidad/sociedad tenemos la sospecha de estar enfrentados no a un problema sino a varios. A diferencia de otras preguntas clásicas de la teoría sociológica, aquella que indaga el sociologema comunidad/ sociedad es sospechosa de decir más de lo que dice, de (en)cubrir muchos sentidos a la vez y, por lo tanto, de resistir a su delimitación. En

---

un sinfín de personas que apenas se habrían atrevido a soñar en consideraciones y reflexiones de este tipo" (*Comunidad y sociedad, op. cit.*, pp. 10-11).

ello, pues, radica su talante excesivo. Hecho que naturalmente no exime de la necesidad de plantearla o replantearla. Más bien, parecería que es en razón de esta sospecha creciente acerca de todo lo que este problema envuelve que se ha vuelto necesario reformular esta pregunta tal como llega hasta nosotros.

Creemos que la pregunta por el significado de estas nociones se puede pensar al menos de dos maneras. Por un lado, sencillamente como la pregunta por la significación de dos términos bien conocidos y en apariencia bien dominados, emparentados históricamente con el nacimiento de la sociología y más ampliamente con el de las ciencias sociales. En *Comunidad y sociedad* Tönnies le consagra a cada uno de ellos una "Teoría". El Libro Primero, que lleva por título "Definición general de los conceptos capitales", se subdivide en tres partes: la introducción general o "Tema"; el Capítulo primero, "Teoría de la comunidad"; y el Capítulo segundo, "Teoría de la sociedad". Las tesis con las que allí nos encontramos han dado lugar a diferentes interpretaciones de las que nos ocuparemos enseguida. En principio resulta interesante notar que, más allá de las diferencias que existen entre las interpretaciones disponibles, la gran mayoría de quienes se han preguntado por el significado de estos conceptos reproducen en mayor o menor medida el esquema que propone Tönnies: a) introducción al problema, b) rasgos generales de la comunidad, c) rasgos generales de la sociedad. Ahora bien, la misma pregunta puede plantearse de otro modo. Un modo que, sin entrar forzosamente en contradicción con el anterior, prioriza un análisis que hace hincapié en la arquitectónica de la obra o, si se prefiere, en las reglas de composición del texto. Pensada así, la pregunta que nos convoca ya no sería aquella que interroga el sentido de estos términos por separado, sino la que comienza por reconocer *en ellos*, y *entre ellos*, una relación de oposición y exclusión mutua que es inseparable de toda operación significante.

Nuestra pregunta, entonces, sería: ¿qué significa "comunidad y sociedad"? ¿Qué sucede con estos conceptos que ya no parecen poder prescindir uno del otro y de los que estamos tentados de decir, por esa misma razón, que se presentan en bloque? En bloque y, como a esta altura se habrá notado, respetando siempre una misma secuencia o un mismo orden de aparición. Evidentemente, la teoría de la comunidad tiene un papel protagónico. Aquí también la comunidad mantiene su privilegio metafísico. Según un esquema que en muchos aspectos se asemeja al de Marx, Tönnies reproduce la metafísica comunocéntrica. En su discurso la comunidad no sólo viene primero que la sociedad, sino que ella es primera: detenta a la vez la primogenitura y la primacía. Para Tönnies, la comunidad es origen: comienzo y fundamento de la sociedad.

Vayamos al texto. Si dejamos de lado las numerosas aclaraciones que hace Tönnies en cada uno de los prólogos, el primer intento por definir los conceptos de comunidad y sociedad lo encontramos en el § 1 del "Tema". Tönnies comienza precisando dos categorías claves de su sociología: la de "relación" (*Verhältnis*) y la de "unión" (*Verbindung*). Para empezar, distingue entre relaciones positivas y relaciones negativas. Ambas, nos dice, son "expresiones de la voluntad [humana] y de sus fuerzas". Las relaciones positivas "tienden a la conservación [...] de otra voluntad o cuerpo" y las negativas a su "destrucción". Y aclara enseguida que su investigación va a ocuparse exclusivamente de las primeras, a las que también denomina "relaciones de afirmación recíproca", excluyendo de este modo, sin rodeos ni justificación aparente, las relaciones negativas.[51] Luego llama "unión" al "grupo formado por esta relación positiva, concebido como cosa o ente que actúa de un modo unitario hacia adentro y hacia fuera".[52] Expuestas brevemente estas ideas introductorias, arriesga una primera y decisiva aproximación a los conceptos capitales:

> La relación misma, y también la unión, se concibe, bien como vida real y orgánica –y entonces es la esencia de la *comunidad*–, bien como formación ideal y mecánica –y entonces es el concepto de *sociedad*.[53]

Comenzamos por constatar que, a pesar de las diferencias que se establecen entre "comunidad" y "sociedad", ambas nociones expresan relaciones recíprocas que tienden a la unidad, o más precisamente a la

---

[51] Esta exclusión va a operar de manera constante en toda su obra posterior hasta convertirse en el criterio distintivo para identificar los fenómenos sociales que son "objeto" de la sociología –y más concretamente de lo que muchos años más tarde Tönnies llamará "sociología pura"– de aquellos que no lo son. Volveremos sobre ello.

[52] *Comunidad y sociedad, op. cit.*, p. 19.

[53] *Ibid.*

unión. Sin relación, y en consecuencia sin unión, no se concibe ninguna clase de vida en común. Esta sería, pues, una primera condición para hablar tanto de comunidad como de sociedad al mismo tiempo que un paso importante hacia la formalización científica del problema. Pocos párrafos más adelante, Tönnies procura explicarse: "la unidad (*Einheit*), represéntese como sujeto de un movimiento o como parte integrante de un conjunto (de una unidad superior), es producto de una ficción científicamente necesaria".[54] Ficción que consiste muy exactamente en pensar y tratar los fenómenos sociales como unidades delimitables. Su posición, si podemos decirlo así, es la de un "sociólogo" en una época en la que esta figura todavía está por inventarse. Por una parte, Tönnies da a entender que la filosofía no puede continuar tomando a su cargo el estudio de fenómenos cuya comprensión efectiva exige un discurso ya no "intuitivo" sino "racional". Por otra parte, afirma que tampoco se trata de realizar un estudio "sobre géneros y especies" que clasifique a los "hombres por raza, nación, tronco, a título de unidades *biológicas*". De lo que se trata, en definitiva, es de dar lugar a un examen en "sentido *sociológico*, a tenor del cual las relaciones y uniones humanas son consideradas como vivas o, por el contrario, como meros artefactos".[55] Este examen, como hemos tenido oportunidad de adelantar, "tiene su réplica y analogía en la teoría de la voluntad individual" de la que Tönnies se ocupará extensamente en el Libro Segundo, "Voluntad esencial y voluntad de arbitrio".

Las relaciones y las uniones, entonces, se pueden concebir "como vida real y orgánica" o bien "como forma ideal y mecánica". En el primer caso hablamos de *comunidad* y en el segundo de *sociedad*. Nótese que aún no estamos frente a una definición en sentido estricto. Se trata más bien de una presentación o de una caracterización general del problema. Un modo de introducir al lector en el tema y, en cierta forma, de familiarizarlo con lo que será un procedimiento invariable a lo largo de todo el texto: la estructuración jerárquica de los opuestos. Aquí, la diferencia entre comunidad y sociedad forma parte de la misma serie en la que se inscriben las diferencias entre lo real y lo ideal, lo orgánico y lo mecáni-

---

[54] *Ibid.*, p. 22.

[55] *Ibid.*, p. 24.

co, la esencia y el concepto. Antes de que el autor haya tenido siquiera tiempo de definir sus conceptos capitales, nos parece sin embargo estar en condiciones de comprender su significado. Como si Tönnies viniera a confirmar algo que ya se sabía y que en realidad siempre se supo. Algo que quizás no se sabe en el sentido estricto de saber, sino que se repite precisamente sin saber: que la vida real y verdadera, realmente verdadera y verdaderamente real, es susceptible de ser vivida exclusivamente en el seno de una comunidad replegada sobre sí misma, con los suyos y para los suyos. "Toda vida en conjunto (*Zusammenleben*), íntima, interior [*heimliche*, secreta] y exclusiva, deberá ser entendida, a nuestro parecer, como vida en comunidad. La sociedad es lo público, el mundo. Uno se encuentra en comunidad con los suyos desde el nacimiento, con todos los bienes y males a ello anejos. Se entra en sociedad como en lo extraño [*die Fremde*, lo desconocido]".[56]

En este primer parágrafo de *Comunidad y sociedad*, pues aún no hemos dado un paso fuera de él, Tönnies anticipa a los lectores la tesis central de su libro y, por qué no decirlo, de su obra toda. Tesis que *a priori* y en sus rasgos más generales no se distingue de otras tesis similares. Como es sabido, de Rousseau a Marx, pasando por los románticos y aunque de manera paradójica también por Hegel, una comunidad primigenia, necesaria y esencialmente armoniosa, casi siempre situada en un pasado remoto cuando no mítico, es contrapuesta a la moderna sociedad. Si hay algo nuevo y original en el pensamiento de Tönnies, esto no pasa por el "contenido" de su tesis. Como hemos intentado mostrar con anterioridad evocando algunos de los grandes nombres de nuestra tradición, el planteamiento dualista entre formas de vida en común fue una constante en muchos de los diagnósticos de la modernidad. Aunque tampoco se trata, como se piensa habitualmente, de un problema estrictamente moderno. Habría que remontarse hasta los antiguos para demostrar cómo también entre ellos un sólido sistema de oposiciones binarias organiza toda especulación sobre la vida colectiva. Si hay algo nuevo y original en Tönnies, ello consiste en que sus teorías de la comunidad y la sociedad aspiran al rigor científico. En efecto, el análisis en "sentido *sociológico*" debía demostrar racionalmente lo que hasta entonces solamente se había

[56] *Ibid.*, pp. 19-20.

intuido. A tales fines, un objeto y un método propios eran necesarios pero no suficientes. Aún hacía falta identificar y desplazar las explicaciones intuitivas de los fenómenos sociales. La historia de *Comunidad y sociedad*, la historia de sus múltiples reediciones y prólogos, de sus apéndices fechados y sus diferentes subtítulos, puede leerse como el intento por evitar la recaída metafísica a la que el texto, no obstante, está destinado desde un principio. Dicha recaída responde tanto a una necesidad de época como a las intenciones contradictorias de Tönnies. Por un lado, es preciso tener en cuenta que en el momento de su aparición aún faltaba mucho para que en Alemania la sociología fuera reconocida como una ciencia social legítima e independiente. Desde el punto de vista idealista y profundamente conservador de la Universidad alemana, la sociología fue considerada hasta bien entrado el siglo XX una rama incipiente y sin duda menor de la filosofía, y a veces ni siquiera eso. Recordemos, sin ir más lejos, la valiente denuncia de proscripción realizada en el prólogo a la segunda edición. Por otro lado, el propio Tönnies entendió la sociología durante la mayor parte de su vida como una "ciencia filosófica". Como él mismo dice, su obra capital había sido concebida y destinada para filósofos.[57] A partir de lo expuesto advertimos la siguiente paradoja: por un lado, el pensamiento de Tönnies depende en aspectos centrales de la tradición metafísica, pero, por otro lado, sus aspiraciones científicas, y más en concreto sus aspiraciones sociológicas, son *por definición* incompatibles con esta tradición. Esta paradoja se profundiza hasta abismarse desde el momento en que es Tönnies, precisamente, uno de los primeros en ofrecer una definición de lo que llamamos "sociología", uno de los primeros en conceptualizarla y en asignarle un objeto propio, contribuyendo así a su nacimiento y a su formación. De ahí también que sus teorías de la comunidad y la sociedad hayan dado lugar a interpretaciones enfrentadas y, hasta cierto punto, irreconciliables entre sí. Con Tönnies, "comunidad" y "sociedad" se convierten en los objetos problemáticos de una ciencia problemática desde sus orígenes.

A poco de continuar leyendo la introducción o Tema no tardamos en reconocer lo que puede considerarse una justificación histórica de aquella primera aproximación a la cuestión y primera división de aguas entre

[57] *Gemeinschaft und Gesellschaft, op. cit.*, p. XXV.

comunidad y sociedad: "Comunidad es lo antiguo y sociedad lo nuevo, como cosa y nombre […] comunidad es la vida en común duradera y auténtica; sociedad es sólo una vida en común pasajera y aparente. Con ello coincide el que la comunidad misma deba ser entendida a modo de organismo vivo, y la sociedad como agregado y artefacto mecánico".[58] Respecto de la caracterización general a la que aludimos anteriormente, esta nueva cita agrega algunos elementos importantes que nos permitirán exponer con mayor detenimiento el doble estatuto de los conceptos capitales (el científico y el filosófico-histórico) al que ya nos hemos referido y, en estrecha relación con esto, las dos interpretaciones dominantes que se reclaman el verdadero significado de dichos conceptos.

En el § 1, Tönnies intenta justificar la determinación de la comunidad como organismo vivo y de la sociedad como agregado y artefacto mecánico por la relación histórica entre una y otra. Esta determinación primera y general, como todas las que le siguen y con las que se encadena a lo largo de su libro, derivan del hecho, conforme al sentido común y al sentido de la lengua, de que comunidad es lo antiguo y sociedad lo nuevo, como cosa y nombre. Aun suponiendo que desde el segundo parágrafo el autor no hiciera otra cosa que fundamentar de manera irreprochablemente científica sus conceptos capitales –cosa que ciertamente no hace–, esta primera aproximación basta para comprender rápidamente que los conceptos de Tönnies refieren, al menos en un primer momento, a tipos históricos cronológicamente secuenciados. Este significado habilita una de las dos grandes interpretaciones de las que son objeto estos conceptos, aquella que ve en el teorema comunidad y sociedad una filosofía de la historia. La tendencia evolutiva de la comunidad a la sociedad describe el movimiento general de lo antiguo a lo nuevo, de lo simple a lo complejo, de lo interior y propio a lo exterior y extraño, de lo duradero y auténtico a lo pasajero y aparente, de lo orgánico-natural a lo mecánico-artificial. Para corroborar lo que acabamos de decir basta con leer algunos pasajes. Por ejemplo, este que citamos, extraído del § 3 del "Apéndice: Resultado y perspectiva":

---

[58] *Comunidad y sociedad, op. cit.*, p. 21.

> Así como una voluntad esencial individual emite de sí el pensar nudo
> y la voluntad de arbitrio que tienden a disolverla y a subyugarla –así
> observamos en los pueblos de la historia, cómo desde formas de vida
> y formas de voluntad comunitarias originarias comienza el proceso de
> desarrollo de la sociedad y de las formaciones de voluntad de arbitrio
> societaria, y desde la cultura de la nacionalidad (*Kultur des Volkstums*)
> se pasa a la civilización de la estatalidad (*Zivilisation des Staatstums*)–.[59]

O este otro, extraído del § *7 del mismo Apéndice, que encontramos
sólo unas pocas páginas más adelante y co*n el que prácticamente concluye el libro:

> Para cerrar todo este panorama, tenemos frente a frente, pues, dos edades
> en los grandes desarrollos culturales: una edad de la sociedad sigue a una
> edad de la comunidad. La última se caracteriza por la voluntad social
> en forma de concordia [*Eintracht*, armonía], consuetud [*Sitte*, moral] y
> religión; aquélla, por la voluntad social en forma de convención, política
> y opinión pública.[60]

Sin embargo, como se verá a continuación, esta no es la única ni la
última palabra de Tönnies. Ahora bien, no podemos ignorar ni dejar
de comentar que la interpretación en clave filosófico-histórica de estos
conceptos estaba corroborada desde un principio, incluso antes de
abrir el libro, por un hecho que todavía no mencionamos pero que en
lo sucesivo debemos tener en cuenta: el propio subtítulo con el que
aparece *Comunidad y sociedad* en 1887. Por razones un tanto oscuras
que sólo se aclaran parcialmente al final del texto, Tönnies subtitula su
obra "Tratado del comunismo y del socialismo como formas empíricas
de cultura" (*Abhandlung des Communismus und des Socialismus als em-
pirische Culturformen*). Por comunismo y socialismo debemos entender
aquí los sistemas económicos, políticos y espirituales de la comunidad
(antigua y medieval) y de la moderna sociedad capitalista respectivamente, como épocas sucesivas y enfrentadas de la humanidad. En cuanto
"formas empíricas de cultura", se trata de fases históricas existentes

---

[59] *Ibid.*, p. 304, traducción modificada.
[60] *Ibid.*, p. 313.

encadenadas por un "movimiento total" (*ganze Bewegung*) que Tönnies describe "como tendencia del comunismo originario (sencillo, familiar) y del individualismo que surge de él y en él basado (aldeano-urbano) hacia el individualismo independiente (de gran ciudad-universal) y al socialismo puesto por este (estatal e internacional)".[61]

He aquí, apenas delineado, uno de los sentidos más controversiales de *Comunidad y sociedad*. La crítica más frecuente y con mayores repercusiones que se le ha hecho a su autor está dirigida a la tentativa de presentar sus conceptos capitales como formas empíricas. No es casual, pues, que en 1912, en ocasión de la segunda edición, Tönnies haya decidido cambiar el subtítulo original por este otro: "Conceptos fundamentales de sociología pura" (*Grundbegriffe der reinen Soziologie*), donde "sociología pura" es sinónimo de sociología conceptual. Como se ha dicho a menudo, este cambio simboliza una mutación fenomenal de la perspectiva teórica que Tönnies imprime a su proyecto sociológico, ella misma inentendible por fuera de las propias mutaciones que entre 1887 y 1912 experimenta el campo cada vez más diferenciado, denso y polémico de las ciencias sociales en Alemania. "En 1912, los términos 'comunismo' y 'socialismo' habían adquirido diferentes significados, y las historias universales habían pasado de moda después de ser desacreditadas por Wilhelm Dilthey y Heinrich Rickert. Como mostró Carl Menger en el caso de la economía teórica, estos intelectuales de izquierda no tenían más opción que elaborar tipos o conceptos que pudieran ser usados para describir y captar las relaciones causales entre fenómenos individuales, ya sin la ambición de proponer abrumadoras predicciones basadas en el desarrollo histórico. Esta era la tendencia en sociología, tal como ejemplifican bastante explícitamente la sociología de Georg Simmel y el artículo de Max Weber sobre las categorías".[62] La nueva tendencia en sociología se afianzó durante las dos primeras décadas del siglo XX con los debates en torno a la objetividad de las ciencias sociales. Tönnies participó y tomó partido en dichos debates en tanto miembro fundador y presidente de la Sociedad alemana de sociología, institución

---

[61] *Ibid.*, pp. 317-318.

[62] N. Bond, "*Gemeinschaft und Gesellschaft*: The Reception of a Conceptual Dichotomy", *op. cit.*, p. 169.

que suscribió desde el comienzo y por lo menos durante algún tiempo la necesidad de afirmar la "neutralidad valorativa".

Entre 1887 y 1912 se habían dado los primeros pasos hacia la formalización de la sociología como ciencia autónoma en Alemania. Ya antes de 1912 Tönnies había empezado a dar muestras de un cambio profundo en su comprensión de los fenómenos sociales. Para empezar, su enfoque tendió a ser cada vez más específico y menos multidisciplinario. La primera señal inequívoca en este sentido es su conferencia de 1904, "The Present Problems of Social Structure" –presentada en el *Congress of Arts and Science* de St. Louis, en el marco de la Exposición Universal–, en donde hace una distinción entre las tres concepciones que tienen por objeto de estudio la "vida social": la concepción biológica, la psicológica y la sociológica.[63] Los problemas esbozados en 1904 serán reelaborados en la ya citada conferencia de 1907. Allí, además de profundizar la distinción entre la "mirada propiamente sociológica de los hechos de la vida en común humana" y las miradas biológica y psicológica,[64] Tönnies propone una primera sistematización de los diferentes "objetos de conocimiento" de la sociología –las relaciones sociales, las voluntades sociales y las uniones sociales–, sistema que va a ir perfeccionando con el tiempo hasta encontrar su expresión definitiva en su último gran libro, *Principios de sociología*.

No es sorprendente, pues, que en 1912 *Comunidad y sociedad* aparezca con este nuevo subtítulo: "Conceptos fundamentales de sociología pura". Lo que quizás deba sorprendernos o al menos generarnos algunas preguntas es que fuera del subtítulo nada cambia en la edición de 1912. Ni en esa ni en ninguna de las seis reediciones restantes que se realizan en vida de Tönnies y en las que este se limita a enmendar pasajes oscuros de la primera edición mediante los apéndices que encontramos al final de algunos de los Libros y sus respectivos Capítulos. En lo esencial el texto original de 1887 no sufre modificaciones. ¿Cómo explicar este hecho? ¿Es lícito pensar que el estatuto de los conceptos capitales, ahora llamados "fundamentales", puede alterarse tan radicalmente gracias a la simple sus-

---

[63] "The Present Problems of Social Structure", *The American Journal of Sociology*, Vol. 10, No. 5 (Mar., 1905), p. 570 y ss.

[64] "Das Wesen der Soziologie", en *TG* Bd.15, *op. cit.*, p. 479.

titución del subtítulo que los presenta? Una suposición semejante atenta contra el sentido común más elemental. Más lícito es suponer que *ya* en 1887 los conceptos de comunidad y sociedad significaban *asimismo* otra cosa que "formas empíricas de cultura". Efectivamente, intercalados entre los muchos pasajes que apuntalan el sentido filosófico-histórico de los mismos, encontramos fragmentos breves y por cierto escasos que nos los presentan, aunque siempre de manera indirecta, como conceptos operacionales, vale decir, como herramientas analíticas sin correlato empírico. Recordemos que cuando Tönnies introduce los conceptos de comunidad y sociedad los define como "relaciones" y "uniones" con características propias y los describe *como si* fuesen unidades (*Einheiten*). La "unidad", dice, "es producto de una ficción científicamente necesaria". "Las fuerzas humanas sólo pueden sacar cosas inorgánicas de las materias orgánicas, dividiéndolas y volviéndolas a unir. De este modo pueden ser convertidas también en unidad las cosas por medio de operaciones científicas, y lo son en conceptos".[65] Si la "comunidad" y la "sociedad" pueden ser representadas o figuradas ficcionalmente como unidades delimitables, mensurables y comparables entre sí, es justamente gracias a su conceptualización. En cuanto conceptos, su existencia es puramente abstracta o teórica. Existen en el pensamiento, como construcciones. Lo mismo sucede con la "voluntad esencial" y la "voluntad de arbitrio", si bien en este caso no es necesaria ninguna deducción pues Tönnies lo dice directamente: "Los conceptos de las formas y figuras de la voluntad no son, en sí y para sí, otra cosa que artefactos del pensamiento, instrumentos destinados a facilitar la comprensión de la realidad. Así, las cualidades sumamente diversas de la voluntad humana pueden reducirse a estos *conceptos normales* (Normalbegriffe), según el doble criterio de si es su voluntad real o imaginaria, como si se redujera a común denominador, con lo cual pueden compararse más fácilmente entre sí".[66]

Dicho esto, debe quedar claro nuestro punto de vista. Los significados que acabamos de exponer en modo alguno resultan excluyentes. Muy por el contrario. Respaldados en el hecho de que ambas lecturas son posibles es que podemos reafirmar el sentido oscilante de los conceptos de

[65] *Comunidad y sociedad, op. cit.*, p. 23.
[66] *Ibid.*, p. 175, traducción ligeramente modificada.

comunidad y sociedad.[67] Creemos, pues, que no es necesario ni deseable decidirse por ninguno de estos significados, que es precisamente lo que hicieron los comentaristas en su abrumadora mayoría. Ambos enfoques conviven en el texto sin mayores inconvenientes. Quizás solamente hoy empezamos a entender hasta qué punto lo que llamamos sociología emerge de estas oscilaciones. Ya en vida de Tönnies, *Comunidad y sociedad* había sido objeto de críticas apasionadas en uno y otro sentido. La retórica metafísica ligada a sus conceptos, el excesivo moralismo y la sobrecarga de juicios de valor fueron las principales objeciones de sus colegas. Estas objeciones no pasaron inadvertidas para el autor, quien tuvo a lo largo de su vida más de un gesto de autocrítica. Ahora bien, a pesar de las críticas, después de 1912 *Comunidad y sociedad* se convirtió en una referencia indiscutida en el terreno de las ciencias sociales en Alemania,[68] con buena acogida también en Francia e Inglaterra. "La tercera edición de esta obra", escribía Tönnies en el prefacio a las ediciones cuarta y quinta (1922), "se agotó antes de lo que esperaba el autor. Constituye para él una íntima satisfacción el advertir que una obra cuyas ideas fundamentales surgieron cuando su edad era de veinticinco a treinta años, haya adquirido ya en el campo de la ciencia un lugar seguro que él espera habrá de conservar".[69] Seguramente, el lugar que se hizo *Gemeinschaft*

---

[67] Así lo afirma P. de Marinis en un texto donde logra resumir, sin dejar de problematizar, la recepción de la polaridad conceptual *Gemeinschaft-Gesellschaft* en clásicos y contemporáneos: "Tönnies realiza en su trabajo interesantes oscilaciones entre la distinción analítica y la caracterización ontológica. A veces, parece que ambos polos de la polaridad se encuentran en fuerte tensión, y uno de ellos va claramente dominando y permeando todas las formas de agregación social. Pero también a veces pueden detectarse coexistencias más o menos aproblemáticas de formas comunitarias y asociativas" ("16 comentarios sobre la(s) sociología(s) y la(s) comunidad(es)", *Papeles del CEIC*, marzo 2005, pp. 4-5, disponible en http://papeles.identidadcolectiva.es/index.php/CEIC/article/view/15).

[68] Sobre el impacto del teorema de Tönnies en las ciencias sociales y particularmente en la sociología alemana durante las primeas décadas del siglo XX, véase T. Geiger, "Gemeinschaft", en A. Vierkandt (ed.), *Handwörterbuch der Soziologie, op. cit.*, pp. 173-180; H. Freyer, "Ferdinand Tönnies und seine Stellung in der deutschen Soziologie", *Weltwirtschaftliches Archiv* 44, 1936, pp. 1-9; J. Leif, *La sociologie de Tönnies, op. cit.*, p. 190 y ss.; D. Käsler, *Die frühe deutsche Soziologie 1909 bis 1934 und ihre Entstehungs-Milieus*, Opladen, Westdeutscher Verlag, 1984.

[69] *Comunidad y sociedad, op. cit.*, p. 9.

und Gesellschaft en el campo de la ciencia fue conservado por menos tiempo del que Tönnies había esperado, y esto por razones que exceden la lógica específica del campo. En el próximo apartado indagaremos más detenidamente los movimientos seguidos por el texto y la permanente puesta en juego de su significado según los distintos contextos políticos que le tocó atravesar a Tönnies entre 1912 y 1936.

De momento, nos limitaremos a delinear las dos grandes interpretaciones que emergieron con fuerza luego de la Segunda Guerra Mundial. Una vez finalizada esta y retomadas las actividades académicas que durante esos años habían sido violentamente interrumpidas, tal vez el primer comentario significativo que vuelve a poner a Tönnies y su teorema en el centro de la escena académica es un artículo de René König de 1955. El artículo apareció en una de las pocas revistas de sociología que se publicaban por entonces en Alemania y de la cual König era el editor. Según el afilado comentario de Harro Müller, se trata de un "homenaje" (ya que el número de la revista conmemora los cien años del nacimiento de Tönnies) y al mismo tiempo de "un entierro científico de primera clase".[70] König ensaya allí una evaluación erudita de los conceptos de *Gemeinschaft* y *Gesellschaft* para concluir con una crítica lapidaria, según la cual el teorema en cuestión pertenece de lleno al campo de la filosofía de la historia y, por tanto, carece de todo interés verdaderamente científico.[71] Para König, el "error decisivo" cometido en la mayoría de los estudios sobre comunidad consiste en situarla como "pre-condición esencial" para pensar el resto de los problemas. Un error, dice, que "se debe en parte a las ideas histórico-filosóficas generales como aquellas de Ferdinand Tönnies, quien sostuvo que el desarrollo total de la humanidad se realiza de la comunidad a la sociedad".[72]

Como explica L. Clausen, la crítica de König emerge en un contexto político extremadamente sensible donde la más mínima tendencia al romanticismo o a cualquier cosa que se le pareciese resultaba de inmediato

---

[70] H. Müller, "Sur quelques usages de la notion de communauté dans la modernité", en G. Raulet y J.-M. Vaysse (dir.), *Communauté et modernité*, Paris, L'Harmattan, 1995, p. 23.

[71] "Die Begriffe Gemeinschaft und Gesellschaft bei Ferdinand Tönnies", *op. cit.*

[72] R. König, *The Community*, London, Routledge & Kegan Paul LTD, 1968, p. 127.

sospechosa: "sus miedos a una repetición después de 1945 lo indujeron a volverse un abogado incondicional de la aproximación empírica en sociología que era popular en EEUU".[73] Los pocos tönnesianos que habían sobrevivido primero al escarnio y luego al olvido de la obra del maestro, y que lentamente comenzaron a expresarse desde fines de la década de 1960 y comienzos de 1970, siempre le reprocharon a König una lectura errónea y estigmatizante. Su gran adversario en este sentido fue E. G. Jacoby, quien escribiera la primera biografía y el primer intento de interpretación sistemática del pensamiento de Tönnies.[74] Para Jacoby, el enfoque de König está condenado desde el comienzo por un "empirismo obstinado" y "a-histórico".[75] Según esta otra interpretación, tan radical como la anterior pero en sentido contrario, *Gemeinschaft* y *Gesellschaft* son ante todo los conceptos fundamentales de una ciencia social teórica, tipos o constructos que sirven como herramientas para entender y comprender la realidad social. Este sería su "contenido específico, si no su carácter esencial". Ciertamente, Jacoby no desconoce la teoría de la evolución histórica de la comunidad a la sociedad, pero en su argumentación y en su interpretación general de la "sociología sistemática" de Tönnies aquella viene en segundo lugar.

Estas no son más que las posiciones extremas más representativas de las interpretaciones contemporáneas de *Comunidad y sociedad*. Junto a estas, existe desde luego una gran variedad de posiciones intermedias. Y entre ellas existe también lo más próximo a *la* posición intermedia, asumida ejemplarmente por W. J. Cahnman, quien escribe: "uno puede leer *Gemeinschaft und Gesellschaft* una vez como si fuera el análisis de un proceso histórico y otra vez como si fuera un sistema de conceptos atemporales".[76] A decir verdad no nos sentimos identificados con ninguna de estas posiciones. No nos satisfacen en la medida en que ninguna

---

[73] "The European Revival of Tönnies", *op. cit*, p. 5.

[74] *Die moderne Gesellschaft im sozialwissenschaftlichen Denken von Ferdinand Tönnies. Eine biographische Einführung, op. cit.*

[75] "Three Aspects of the Sociology of Tönnies", en W. J. Cahnman (ed.), *Ferdinand Tönnies. A New Evaluation, op. cit.*, p. 95.

[76] "Tönnies and Social Change", en W. J. Cahnman (ed.), *Ferdinand Tönnies. A New Evaluation, op. cit.*, p. 105.

de ellas interroga la densidad multivalente del texto. Más bien parecen negarla. Cada una de estas interpretaciones afirma a su manera una valencia específica y la hace prevalecer sobre la otra. Incluso la posición intermedia, la cual al no poder leer más de un significado a la vez se ve en la obligación de comenzar por uno de ellos. Nuestra apuesta interpretativa pasaría justamente por leer uno y otro significado *al mismo tiempo*. Lo que en modo alguno implica tomar distancia del problema, sino tal vez empezar a reconocerlo.

La mayoría de las lecturas que se hicieron y se continúan haciendo operan en función del lugar que según cada intérprete le está reservado a Tönnies en la historia de la sociología. Lo que equivale a pensar que la sociología misma, su estatuto y su historia, pasada, presente y por venir, están inevitablemente unidos a la historia y al lugar que ocupan (o dejan de ocupar) aquellos que son designados como sus fundadores. La posición de Tönnies, lo sabemos, es comprometida. Su tendencia a la idealización de la comunidad y de la voluntad esencial, con todas las implicaciones que ello tiene, lo convierten en un caso serio y por tanto sospechoso.

En general, quienes toman partido por una interpretación a lo König se sienten autorizados a justificar el destierro de Tönnies del olimpo sociológico, desconociendo de esta manera que quizás ninguno de los clásicos, o más sintomáticamente llamados "padres fundadores", son inmunes a cierta metafísica. Asimismo, hay quienes, en su afán por recuperar a Tönnies de una expatriación que consideran injusta, tienden a interpretar sus conceptos primeramente desde el punto de vista de la "sociología pura" ofreciendo de este modo una imagen parcial de su teorema. Nuestra toma de partido consiste en reafirmar el doble estatuto de los conceptos con todas sus contradicciones. Advertimos que el discurso de Tönnies mantiene una relación más estrecha y sobre todo más explícita que el de cualquiera de sus contemporáneos con la tradición metafísica —de la que sin embargo todos ellos, directa o indirectamente, también participan— sin dejar de notar que en ese discurso se expresa una y otra vez, insistentemente y de formas diferentes, la necesidad por desmarcarse de esa misma tradición que no obstante lo domina.

En todo caso, se trata menos de dar a leer la deuda de Tönnies con la metafísica, la cual resulta de por sí bastante legible, que de comenzar a leer de otra manera la deuda de la sociología posterior con la herencia de Tönnies y con muchos de los legados que lo anteceden, empezando por el de Marx. Lo que se anuncia bajo los nombres de *Gemeinschaft* y *Gesellschaft* –y sus respectivas y siempre dudosas traducciones– es ante todo un problema. A saber, el problema de una época que muy a menudo se cree superada, ignorando así hasta qué punto la lógica directriz de esta oposición continúa dominando muchos de los discursos actuales sobre lo que todavía hoy llamamos "comunidad y sociedad". La deuda de estos discursos con la metafísica no pasaría principal ni exclusivamente por las determinaciones filosóficas que suelen asociarse con razón a uno de los sentidos que en la obra de Tönnies asume la oposición entre comunidad y sociedad, sino que la oposición misma, la forma o la estructura oposicional, ya está en la cuenta de la metafísica. Pertenecen a su historia y a la de los proyectos filosóficos y científicos, técnicos, institucionales y políticos en los que ella se realiza. Esto no implica desconocer las diferencias existentes entre los abordajes de tipo filosófico y aquellos más estrictamente sociológicos sobre este problema. De lo que se trata, en suma, es de comenzar a dar cuenta de las relaciones de reciprocidad y continuidad entre discursos no siempre fácilmente delimitables. Pues sobre todo hay que evitar creer que las oposiciones entre comunidad y sociedad, lo natural y lo artificial, lo originario y lo derivado, lo propio y lo impropio, etc., simplemente desaparecen por efecto del viraje desde un discurso filosófico hacia uno sociológico, como si la ciencia, en virtud de quién sabe qué parapetos epistemológicos, estuviera más resguardada que la filosofía de los esquematismos metafísicos. Estas oposiciones continuarán intactas mientras no se someta a una crítica radical la relación presuntamente natural e inmediata entre los elementos privilegiados de la serie y aquello que se tiene por verdadero: entre la comunidad, la naturaleza, el origen, la propiedad, etc., y el pensamiento de la "verdad".

4. De la *Gemeinschaft* a la *Volksgemeinschaft*

El evolucionismo es uno de los pocos elementos del mundo intelectual de Tönnies que está fuera de discusión. Sea cual sea la posición que se asuma, nadie se permite dudar seriamente sobre este punto, ya que el propio autor no deja margen de duda. En mayor o menor medida toda su producción viene a confirmarlo, desde su tesis de habilitación hasta su última publicación, *Geist der Neuzeit* (1935), en la cual, justamente, describe los principales aspectos económicos, políticos y morales del "espíritu de la modernidad" como el resultado de un proceso evolutivo psicológico y social.[77]

El evolucionismo de Tönnies es un hecho y sin embargo las interpretaciones están divididas acerca del sentido que este adquiere. En Tönnies, como en Hegel y en Marx, y como en tantos otros pensadores del siglo XIX, evolución no equivale directamente a progreso ni a su contrario. También en este sentido la percepción de Tönnies es oscilante y por momentos contradictoria. Schmitt resume esta situación en pocas líneas: la distinción de comunidad y sociedad establecida por Tönnies "traza la línea de un desarrollo histórico que puede ser interpretado como la línea de un progreso hacia arriba (de lo primitivo a lo altamente desarrollado) o como la línea de un descenso hacia abajo (del origen puro a la caída)".[78]

La interpretación más habitual de las dos es la que ve en el pensamiento de Tönnies un evolucionismo decadentista. La línea de desarrollo de la comunidad a la sociedad es una línea que decae. La sociedad no sólo representa la bajeza en el sentido moral de la expresión, sino el punto más bajo de la vida, el punto más alejado del origen y el más próximo al fin. El proceso evolutivo lleva en sí mismo el germen de la muerte. Los conceptos de comunidad y sociedad forman un ciclo completo: del origen al fin, de la vida a la muerte. He aquí, una vez más, la ratificación de una filosofía de la historia que no pocos dudaron en calificar de pesimista. Cuando en 1890 Höffding se refirió críticamente al "pesimismo social" del libro de Tönnies, sin saberlo estaba inaugurando una tendencia hermenéutica que se acentuó con el correr de los años. El calificativo no es excesivo. Se

[77] "Geist der Neuzeit", en *TG* Bd. 22, *op. cit.*

[78] "La oposición entre comunidad y sociedad...", *op. cit.*, p. 173.

puede decir que es justo siempre y cuando no se lo generalice, es decir, siempre y cuando se lo utilice para describir la disposición anímica y la actitud filosófica que predominan en ciertas épocas y en ciertos escritos. Lo que constituye un error bastante frecuente es presentar a Tönnies como un pensador pesimista o apocalíptico sin más.

Efectivamente, al momento de preparar y redactar *Comunidad y sociedad* Tönnies es portador de un pesimismo social y político difícilmente discutible. Esto lo confirma tanto la teoría de la sociedad –o su crítica de la sociedad a partir de la comunidad– como la teoría del Estado que allí encontramos. Ahora bien, la dirección en la que se orienta progresivamente su pensamiento y su compromiso político pone al descubierto un optimismo, por momentos de sesgo utópico, tan poco discutible como su propensión general a juzgar el presente de manera desfavorable. Si bien su diagnóstico del presente nunca dejó de ser negativo, tanto en la teoría como en la práctica, a través de la una y de la otra, Tönnies buscó incansablemente y por distintas vías la reconstrucción de vínculos de tipo comunitario, actividad que no podía llevarse a cabo sin un mínimo de fe en el progreso y en el perfeccionamiento de la sociedad presente.

Un modo de comprender estas oscilaciones es indagar las variaciones de su concepción del Estado a la luz de sus experiencias y percepciones políticas. Como hemos adelantado, para el Tönnies de *Comunidad y sociedad* el Estado es una institución inseparable de la sociedad y, por lo tanto, una institución en decadencia. En las páginas del libro dedicadas al Estado podemos apreciar la enorme influencia de Marx en la teoría de Tönnies. Según este, el Estado tiene "doble carácter": "Es, en primer lugar, la unión societaria general que existe y, como si dijéramos, fue fundada, con el fin de amparar la libertad y propiedad de sus súbditos, y, por lo tanto, para expresar y hacer cumplir el derecho natural basado en la validez de los contratos. [...] Pero el Estado es, en segundo lugar, la sociedad misma o la razón de la sociedad, inherente al concepto de sujeto societario racional".[79] La definición del Estado como garante de los derechos individuales del hombre burgués pone de manifiesto la relación de mutua dependencia entre las nociones de lo societario y lo

[79] *Comunidad y sociedad*, *op. cit.*, pp. 291-292.

estatal. Desde este punto de vista, el Estado expresa y hace cumplir el derecho contractual que regula las relaciones de los individuos en un ordenamiento societario. Para Tönnies, el derecho mercantil o comercial es el que describe mejor al derecho general de la sociedad, y esto por la sencilla razón de que la sociedad es, fundamentalmente y en último término, "'sociedad burguesa' o 'sociedad de cambio' (*'Tauschgesellschaft'*)". Aquí se define a la *bürgerliche Gesellschaft* con la misma expresión que con idénticos fines había usado Marx en "Sobre la cuestión judía" y que dos siglos antes había usado Hobbes para describir el estado natural de la humanidad: "guerra de todos contra todos".[80] El "derecho racional, científico, libre" que vino a reemplazar al "derecho comunal" y sobre el cual se asienta el Estado moderno significó, en palabras de Tönnies, el "triunfo del egoísmo, de la insolencia, de la mentira y artimaña, de la sed de dinero, del afán de placeres, de la ambición, y, desde luego, también de la conciencia (intelectual) serena, clara, sobria, con que los cultos e instruidos se atrevieron a enfrentarse a las cosas humanas y divinas".[81]

Tönnies comparte con Marx algo más que un modo de expresar la indignación moral ante un estado de cosas injusto. En su crítica explícita del sistema de explotación capitalista va mucho más lejos que cualquiera de sus colegas de la academia, aunque sin llegar a convertirse en un revolucionario.[82] Lukács lo describe como "el primer sociólogo alemán que no rechaza *a limine* a Marx, sino que trata de reelaborarlo, poniéndolo a contribución para sus fines burgueses".[83] A decir verdad, al menos en *Comunidad y sociedad* los objetivos políticos de Tönnies no son del todo claros. Sin embargo, es indudable que en muchos puntos sus argumentos coinciden con los de Marx. Para empezar, abraza la teoría del valor-trabajo y en parte se basa en ella para la crítica de la sociedad capitalista y del Estado moderno. Asimismo, por lo expuesto

---

[80] *Ibid.*, p. 81.

[81] *Ibid.*, p. 269.

[82] La admiración y el reconocimiento de Tönnies hacia Marx es patente a lo largo de toda su obra, especialmente en *Comunidad y sociedad* y en un trabajo muy posterior enteramente dedicado a él, *Marx. Leben und Lehre*, Berlin, Verlag für Sozialwissenschaft, 1921.

[83] *El asalto a la razón, op. cit.*, p. 478.

hasta el momento, podemos afirmar que sus respectivas visiones de la evolución histórica se asemejan en varios sentidos. En ambos, el pasaje de la comunidad premoderna a la sociedad capitalista responde a una necesidad histórica y es concebido como un proceso unidireccional e irreversible. Por último, ambos depositan sus expectativas de cambio en la clase trabajadora.

Ya hemos visto, por ejemplo y muy claramente en *La ideología alemana*, cómo frente a la comunidad particular y puramente ilusoria que es el Estado se erige la comunidad universal y verdadera del proletariado revolucionario. Tönnies, en cambio, nunca fue un revolucionario. El conjunto de su obra y sus compromisos políticos lo muestran más bien como un reformista cauteloso. No obstante, es significativo que la única chispa de esperanza detectable a lo largo de ese sombrío diagnóstico social que es *Comunidad y sociedad* aparezca vinculada a la destrucción del sistema capitalista y del Estado por parte de la clase trabajadora. "El Estado es institución capitalista y sigue siéndolo al identificarse con la sociedad. Y cuando la clase trabajadora se hace sujeto de la voluntad del Estado para destruir la producción capitalista, este deja de existir. Y de esto se sigue que, por su objetivo, la aspiración política de esta clase se sale del marco de la sociedad que incluye el Estado y la política como necesarias expresiones y formas de la voluntad de la sociedad".[84] A diferencia de un cierto Marx, Tönnies no presume la ineluctabilidad del fin de la sociedad capitalista ni su reemplazo por una comunidad de hombres libres e iguales. Pero si existe un mensaje optimista de su parte, por germinal o secreto que sea, está asociado al proletariado, la única clase que por sus aspiraciones políticas, universales por definición, es capaz de desmarcarse de la configuración societaria que la lucha de clases amenaza con destruir. Así lo confirma uno de los pasajes finales de *Comunidad y sociedad*, uno de los pocos, si no el único, donde el autor se permite entrever la posibilidad de una comunidad futura:

> La lucha de clases destruye la sociedad y el Estado que pretende transformar. Y como toda la cultura se ha vertido en civilización societaria y estatal, en esta forma en que se ha transformado acaba por sucumbir

[84] *Comunidad y sociedad, op. cit.*, p. 294.

la cultura misma, salvo que sus gérmenes continúen con vida y que la esencia y las ideas de la comunidad sean de nuevo fomentadas y vuelvan a desarrollar en secreto una cultura nueva en el seno de la que se está hundiendo.[85]

Tönnies descree profundamente de los retrocesos de la historia. Su investigación está orientada por el presente. Sin duda, el modelo de socialidad que tuvo en mente durante toda su vida está representado por la comunidad pasada, pero su búsqueda apunta hacia la comunidad futura. Con todo, resulta evidente que entre la comunidad del pasado y la comunidad del futuro existe una profunda conexión: la posibilidad de reconstruir una nueva cultura comunitaria permanece vinculada a la crítica de la civilización societaria y estatal que a su paso arrasó con la comunidad originaria y sus respectivas instituciones. Al margen de la figura concreta que adopte la nueva comunidad, siempre se trata de reconstruir a partir de una "esencia" y de unas "ideas" inconmovibles. El concepto de comunidad funciona básicamente como guía. Es el modelo del ideal sociológico de convivencia.

En *Comunidad y sociedad* se asume la exigencia y se expresa tanto la necesidad como el deseo de una nueva comunidad, pero en ningún momento se llega a definirla. Los escasos pasajes donde asoma la posibilidad de una regeneración comunitaria quedan sepultados, en la lectura general, por un discurso que por momentos alcanza dimensiones apocalípticas. Esta indefinición, sin embargo, no duraría mucho tiempo. Cuanto más se involucra Tönnies en actividades sociales y políticas concretas, más nítidos se vuelven los contornos de la nueva comunidad.

A partir de 1892 participa de la *Gesellschaft für ethische Kultur* (Sociedad para la cultura ética), asociación de la cual fue uno de los cofundadores en Alemania y desde la cual se propuso difundir su pensamiento a familias de clase trabajadora. De esta época datan una serie de textos, redactados en el período 1893-95, que ponen en evidencia el hecho de que Tönnies "tenía planes definidos para contrarrestar las enfermedades de la *Gesellschaft* a través del desarrollo de una nueva

[85] *Ibid.*, p. 313.

comunidad sobre la base de nuevas asociaciones de familias".[86] Sus planes no prosperaron pero esto no impidió que desde la misma Sociedad para la cultura ética se convirtiera en un activo promotor de reformas sociales. Durante 1896 y 1897 fue partidario y defensor de la huelga de los trabajadores portuarios de Hamburgo, hecho que lo acercó aún más al movimiento obrero. En los años posteriores se mantuvo alineado con el movimiento sindical y promovió las cooperativas de consumidores. Su apoyo explícito a las propuestas conciliatorias del ala reformista del partido socialista alemán terminó por consolidar, a comienzos de siglo XX, su imagen pública de pensador comprometido.

Para esta época Tönnies seguía siendo, como en 1887, un ferviente crítico de la *Gesellschaft*. Sin embargo, sus posiciones políticas lo llevaron a reconciliarse con ciertos aspectos centrales de la constelación societaria. Su mirada respecto del Estado y su relación con la sociedad cambió notablemente. Para Tönnies, el Estado sigue siendo una institución societaria sólo que ahora admite la posibilidad de transformarlo, dotándolo de significaciones comunitarias. Desde esta nueva mirada, comunitarizar el Estado implica un movimiento en dos planos paralelos y complementarios: en el plano económico-político, transformar el "Estado moderno en una comunidad efectiva que abarque y controle la propiedad", y en el plano ético, "hacer del Estado un ser moral".[87] La simple posibilidad de que el Estado moderno devenga una comunidad no existía ni remotamente en 1887. Recordemos que la única forma en que Tönnies se imaginaba entonces el surgimiento de una nueva comunidad era justamente sobre los escombros de la sociedad y del Estado. Por importante que sea este cambio y sus repercusiones al interior de la teoría que lo enmarca, hay que tener en cuenta que Tönnies nunca modificó las oposiciones básicas que sostienen su teoría. El Estado seguirá siendo expresión y garantía del ordenamiento societario fundado en la

---

[86] A. Mitzman, *Sociology and Estrangement, op. cit.*, p. 117. Sobre los protocolos de estos planes y los altibajos de la relación de Tönnies con la Sociedad para la cultura ética, véase *op. cit.*, pp. 118-122. Para un breve repaso de las diversas actividades políticas y sociales a las que este estuvo vinculado, véase F. Tönnies, "Ferdinand Tönnies. Eutin (Holstein)", *op. cit.*

[87] Citado por S. Breuer, "De Tönnies à Weber: Sur l'existence d'un 'courant allemand' en sociologie", *op. cit.*, pp. 125-126.

unión de voluntades arbitrarias enfrentadas, es decir, una manifestación del proceso de racionalización en el cual tiende a disolverse el pueblo (*Volk*), el ordenamiento comunitario y la voluntad esencial. La diferencia introducida en los textos políticos escritos aproximadamente entre 1908 y 1914 radica en que el Estado puede ser políticamente orientado en una dirección comunitaria, tanto desde un punto de vista económico como desde uno ético.

El comienzo de la Primera Guerra Mundial dio lugar a una profundización tan radical de esta nueva concepción del Estado fomentada por el vínculo de Tönnies con el socialismo que llegó a trastocar algunas ideas fundamentales de su teoría general. A partir de 1914, el Estado deja de ser una comunidad en potencia y pasa a ser una comunidad concreta y en acto. En un abrir y cerrar de ojos, el Estado nacional, es decir, alemán, se transforma en la ansiada comunidad de la cual hasta hacía no tanto tiempo atrás sólo se hablaba como se habla de un pasado cada vez más lejano. El nacionalismo de Tönnies, como el de tantos colegas suyos, se vuelve especialmente urticante entre 1914 y 1918. De estos años datan las recurrentes apelaciones a la *Volksgemeinschaft* o comunidad del pueblo.

En uno de los textos más chauvinistas y agresivos de este período en el que Tönnies compara el Estado inglés –el cual aparecía ante sus ojos como la plena realización del modelo societario-capitalista– con el Estado alemán –cuyos rasgos comunitarios venían siendo celebrados cada vez con mayor apasionamiento en sus últimos escritos– se pone en evidencia la significación múltiple del pseudoconcepto de *Volksgemeinschaft,* tan caro a la retórica nazi de los años posteriores: "La comunidad del pueblo es un hecho. Se mantiene unida por la lengua, la costumbre, el derecho, el arte y la ciencia, la tradición y la historia, pero también por la vida del Estado".[88] Esta nueva comunidad encarnada en el Estado nacional y ahora llamada comunidad del pueblo ya no es un propósito que los alemanes pueden alcanzar mediante reformas y buena voluntad política. Esta comunidad es un hecho (*ist eine Tatsache*). Su existencia está garantizada por la unión de elementos histórico-culturales y, asimismo, por la vida del Estado (*Staatsleben*). "En sentido sociológico, al Estado

[88] F. Tönnies, *Der englische Staat und der deutsche Staat. Eine Studie*, Berlin, Curtius, 1917, p. 192.

se lo puede llamar pueblo organizado, sobre todo cuando este proviene, como en el caso del Imperio alemán, del deseo y de la voluntad de una comunidad viviente del pueblo (*aus Wunsch und Willen einer lebendigen Volksgemeinschaft*)".[89]

La realidad de la comunidad, que hasta entonces no pertenecía más que al tiempo pasado, y en el mejor de los casos a un porvenir con tantas posibilidades de realizarse como de no hacerlo jamás, es ahora una realidad del presente, una realidad presente. El Estado en el que piensa Tönnies en plena guerra mundial ya no es aquel ente *construido, fingido, artificial, mecánico*, sino un Estado *orgánico*. De hecho, habla de "la vida del Estado" como de uno de los factores que mantienen unida la comunidad. El Estado, que en *Comunidad y sociedad* era la asociación societaria por excelencia y por lo tanto aparecía oponiéndose al pueblo (*Volk*) y a la cultura de la nacionalidad (*Kultur des Volkstums*), en este nuevo contexto es la encarnación misma de la "comunidad del pueblo". Se habrá entendido, el *Estado* en el que piensa Tönnies, aquel que "en sentido sociológico" puede recibir el nombre de "pueblo organizado", no es otro que el Estado *alemán*. Sólo él es una comunidad en sentido estricto. El resto de los Estados —empezando por el inglés, que en este texto vale como ejemplo opuesto— son meras instituciones societarias.

El Estado cambia violentamente de signo. No así la oposición fundamental entre comunidad-voluntad esencial y sociedad-voluntad de arbitrio sobre la que se apoya toda la teoría de Tönnies. Lo que intentamos demostrar poniendo al descubierto este tipo de contradicciones no es tanto la debilidad interna del sistema de pensamiento en donde estas se engendran, sino más bien el enorme poder que poseen las oposiciones que sirven de soporte a los discursos que venimos analizando gracias a su capacidad para reagruparse y amalgamarse unas con otras.[90]

Una vez concluida la guerra y calmado el ánimo colectivo, Tönnies no volverá a reincidir en la efervescencia nacionalista que dio el tono predominante a los escritos de aquel tiempo. A grandes rasgos, su po-

---

[89] *Ibid.*

[90] Aunque en un sentido completamente distinto, vimos como en el discurso de Marx el concepto de Estado también cambia radicalmente de valor sin que por ello lo hagan los conceptos de *Gemeinschaft* y *bürgerliche Gesellschaft*.

sición política vuelve a ser la de los años previos a 1914. No obstante, para entonces, su figura había cobrado una centralidad insospechada y su gran libro, *Comunidad y sociedad*, iba camino a ser un éxito de ventas. Entre 1920 y 1926 se hicieron cinco reediciones. El texto de las ediciones cuarta y quinta (1922) está dedicado a "la juventud alemana (nueva y antigua) del Imperio, de Austria y del extranjero, animada de ansias creadoras". No hay azar en ello. Sin proponérselo, Tönnies había encontrado un aliado importante y cada vez más numeroso en el movimiento neo-romántico de la juventud, muchos de cuyos miembros leían *Comunidad y sociedad* como un breviario teórico-práctico.

Al final del prólogo a las ediciones de 1922 leemos: "El hecho de que hoy dedique este libro a la juventud alemana creadora, quiere decir que no desespero del porvenir de Alemania y que confío en la inteligente colaboración de trabajo e ideas de una nueva generación, para que llegue a entender la arquitectura social que tanto necesita la comunidad del pueblo".[91] La nueva generación de jóvenes a la que Tönnies se dirige en la recién constituida República de Weimar fue, en buena parte, la base electoral que dio la victoria al NSDAP en 1933. Claro que en 1922 era imposible imaginar cuán estrechamente relacionado iba a estar el porvenir de Alemania con la "comunidad del pueblo", esa expresión singular, profunda y a un mismo tiempo superficial que Tönnies tanto ayudó a difundir y que, retomada por los ideólogos nazis, se cargó de implicaciones que ciertamente no tenían en el uso sentimental, nacionalista, incluso místico, pero de ningún modo racista, que aquel le había dado durante y después de la Primera Guerra Mundial. Como recuerda Dumont, en la Alemania nacionalsocialista resonaba continuamente la expresión "comunidad del pueblo", pero también "comunidad de cultura" y sobre todo "comunidad de raza". De acuerdo al inventario realizado por Dumont, la palabra *Volksgemeinschaft* figura en el *Mein Kampf* con menos frecuencia de la que se podría esperar. Allí, "la colectividad a la cual el ario sabe sacrificarse se la llama tanto *Gesamtheit* (conjunto, totalidad) o *Allgemeinheit* (generalidad, universalidad) como *Gemeinschaft*".[92] En cualquier caso, nunca se sale del campo problemático de la comunidad.

[91] *Comunidad y sociedad*, pp. 11-12, traducción ligeramente modificada.

[92] L. Dumont, *Essais sur l'individualisme. Une perspective anthropologique sur l'idéologie*

Los últimos años de Tönnies coincidieron con los primeros de Hitler en el poder. Impulsado por los acontecimientos, en 1930 Tönnies decidió abandonar la idea, fuertemente arraigada en él, de que el compromiso con la ciencia era incompatible con la militancia partidaria y se afilió al Partido Socialdemócrata al que durante mucho tiempo había apoyado como independiente. Pocos días antes de las elecciones parlamentarias de 1932 escribió una carta abierta a los votantes de su pueblo natal, Schleswig-Holstein (donde también habían nacido sus dos grandes amigos: Friedrich Paulsen y el poeta romántico Theodor Storm), en la que advierte sobre las "emociones ciegas", "la confusión y la superstición" que prevalecen en el NSDAP y de las que "sólo pueden resultar consecuencias desastrosas".[93] A fines de ese mismo año tomó partido públicamente en defensa de los primeros profesores y estudiantes judíos que empezaban a ser perseguidos en las universidades alemanas, calificando el antisemitismo de barbarismo y movimiento vulgar. Por orden del régimen, en 1933 fue removido de su cargo de presidente de la Sociedad alemana de sociología y destituido de su puesto como profesor emérito en la Universidad de Kiel. Finalmente, en 1934 le fue retirado el derecho a la pensión.[94]

A diferencia de otros autores acusados de alimentar con su pensamiento la ideología del nazismo pero que no alcanzaron a vivir siquiera los prolegómenos de este movimiento, como por ejemplo Nietzsche, Tönnies vivió lo suficiente como para tomar posición al respecto. Sus acciones desde 1930 y hasta su muerte, en 1936, no dejan lugar a duda alguna. Como sugiere Schmitt, quien desde luego no es un actor neutro en esta historia, sería injusto pretender que la teoría de Tönnies es la causa de los fenómenos que desembocaron en el nazismo. Sin embargo, esto no puede ser motivo para pasar por alto el hecho de que la *Gemeinschaft*

---

moderne, Paris, Seuil, 1983, p. 147. Sobre la utilización que le dieron los nazis a la noción de *Volksgemeinschaft*, véase P. Fritzsche, *Life and Death in the Third Reich*, Cambridge, Harvard University Press, 2008, especialmente pp. 38-56.

[93] W. J. Cahnman y F. Tönnies Heberle, "Tönnies and National Socialism: Two Documents and a Commentary", en W. J. Cahnman (ed.), *Ferdinand Tönnies. A New Evaluation*, *op. cit.*, p. 286.

[94] J. Samples, "Ferdinand Toennies: Dark Times for a Liberal Intellectual", *Society*, Vol. 24, N° 6, September / October, 1987, pp. 67-68.

tönnesiana, con todas sus connotaciones de organicidad, esencialidad, intimidad, interioridad, autenticidad, originariedad, etc., comparte una misma trama con la *Gemeinschaft* nazi.

Si la participación de Tönnies en actividades políticas a partir de 1890 fue la ocasión de una modificación en su visión pesimista, y luego la guerra lo condujo a celebrar la realización de una nueva *Gemeinschaft* en el Estado alemán, se puede afirmar que el ascenso del nazismo basado en la exaltación de la "comunidad" ("del pueblo", "de cultura", "de raza", "de sangre", "de suelo", etc.) lo llevó a reafirmar como nunca antes su compromiso con el liberalismo socialdemócrata. Aunque por el tono exasperado de sus últimas intervenciones resulta evidente que la actitud optimista de otras épocas había desaparecido por completo. Su último sentimiento tampoco fue el pesimismo por el que se lo criticaba en sus comienzos, sino más bien la desesperada impotencia de quien se sabe protagonista de una historia desastrosa y ya entonces por cierto previsible.

5. El privilegio de la comunidad (II)

En las "Consideraciones preliminares" a su último gran libro, *Principios de sociología* (1931), Tönnies reafirma su fidelidad a dos de los ideales con mayor peso en su concepción teórica y en su actividad política. Evolucionismo y reformismo social aparecen finalmente anudados: "el conocimiento histórico y el sociológico enseñan que, si bien un nuevo principio se abre paso a menudo mediante la revolución, la evolución es más saludable en cualquier circunstancia. Y que hoy es más necesaria que nunca para salvar el porvenir de los más nobles valores de nuestra civilización (*Gesittung*), amenazada ya tan gravemente. En este sentido ha sido compuesto el presente libro".[95]

Son los ideales de toda una vida los que orientan este texto, en muchos sentidos definitivo. Este se puede leer como una síntesis del sistema sociológico de Tönnies, o al menos de la parte más desarrollada del mismo, esto es, de lo que él mismo denominó la parte "pura" o "conceptual" de su sistema. En una conferencia de 1924, "Einteilung der Soziologie",

---

[95] *Einführung in die Soziologie*, Stuttgart, Ferdinand Enke Verlag, 1965 (*Principios de sociología*, *op. cit.*, p. 15).

había ensayado una primera división de la sociología en dos grandes grupos: la *sociología general* y la *sociología especial*, las cuales a su vez se subdividían en distintos subgrupos según áreas de estudio.[96] Pocos años después aparece *Principios de sociología*, donde desarrolla parcialmente la clasificación de 1924. Decimos parcialmente pues sólo expone la *sociología especial*, y de ella sólo toma en consideración una de sus tres partes, la "sociología pura", relegando a la última y breve sección del libro las partes relativas a la "sociología aplicada" y a la "sociología empírica". La *sociología general*, "que comprende asimismo a la antropología física en su significación sociológica y a la psicología social", se queda sin lugar. Por toda justificación Tönnies atina a decir que él entiende la sociología "en su sentido peculiar concretamente como Sociología pura o teórica, del mismo modo que cuando se habla de matemáticas, entendemos en primer término la matemática pura y cuando nos referimos a la psicología, la psicología humana únicamente".[97]

Como se recordará, desde 1912 Tönnies se refiere a sus nociones de comunidad y sociedad como *conceptos fundamentales de sociología pura*. La sociología pura, explica en 1931, es la teoría de las "entidades sociales" (*soziale Wesenheiten*). La expresión *entidad social* aparece recién en los escritos tardíos. Es el término más general y comprehensivo para designar el vínculo que mantiene unidos a los hombres mediante un querer común, positivo y recíproco. Todos los tipos de vínculos donde predomina la voluntad esencial reciben el nombre de comunidad, y todos aquellos donde lo hace la voluntad de arbitrio reciben el nombre de sociedad. Estas entidades, clasificadas en una gran variedad de tipos y subtipos,[98] sólo existen –según la teoría que Tönnies sostiene desde su

---

[96] "Einteilung der Soziologie", en *Soziologische Studien und Kritiken*, Zweite Sammlung, *op. cit.*, pp. 430-443.

[97] *Principios de sociología*, *op. cit.*, p. 9.

[98] En *Principios de sociología*, Tönnies clasifica las entidades sociales o "formas", como también las llama, en tres grandes tipos, ordenando los mismos desde el más general al más particular: 1) *relaciones sociales*, 2) *unidades sociales*, y 3) *cuerpos o agrupaciones sociales*. Un resumen de esta clasificación puede consultarse en F. Tönnies, "Gemeinschaft und Gesellschaft", en A. Vierkandt (ed.), *Handwörterbuch der Soziologie*, *op. cit.*, pp. 180-191.

más temprana juventud– en la conciencia de los hombres. Justamente, reciben el nombre de *entidad* para enfatizar el origen subjetivo de lo social.

En la década del '30 se había consolidado definitivamente la tendencia a elaborar conceptos operacionales sobre la que tanto influyeron los estudios sociológicos de Weber y Simmel en las décadas anteriores. A su manera y con las limitaciones que en parte ya conocemos y en parte podemos imaginar, Tönnies acompañó esta tendencia. El texto de 1931 es sintomático de la dirección en la que el autor, al término de su vida, quiso encaminar su sistema de pensamiento y su complejo aparato conceptual. En *Principios de sociología* reconstruye su teoría sociológica a la luz de las principales críticas que su obra había cosechado entre quienes comenzaban a perfilarse como los genuinos representantes de una nueva y hegemónica hermenéutica en ciencias sociales. De ahí que resulten perfectamente comprensibles las numerosas y elogiosas referencias a Weber que podemos leer allí. Empezando por esta que citamos a continuación y con la que prácticamente se abre el libro:

> [...] en toda ciencia considero necesario un sistema de conceptos, y hasta creo que para una fundamentación más sólida de la teoría sociológica se precisan conceptos matemático-sintéticos, a los que en mi juventud di el nombre de conceptos normales (*Normalbegriffe*), sin abrigar el propósito de que semejante denominación tuviese acogida. Con mayor fuerza y con mejor resultado, Max Weber introdujo muchos años después en el mismo sentido el concepto del tipo ideal y el concepto típico ideal (*im gleichen Sinne den Begriff des Idealtypus und des idealtypischen Begriffs*); no he de poner otro reparo sino que lo "ideal" (*das 'Ideal'*) implica algo perfecto y valioso que no entraba en las intenciones de Weber. [...]. Por mi parte, prefiero hablar de tipos ideales y de modos de observación ideal-típicos (*von ideellen Typen und ideelltypischer Betrachtungsweise*) [...].[99]

Para la época de la que estamos hablando, el legado de Weber había alcanzado en el mundo académico una legitimidad que se adivinaba duradera. Tönnies cree conveniente entonces adoptar su terminología, con la diferencia, en sí misma mínima, de que este emplea el adjetivo *ideell* (ideal en el sentido de "imaginario") para evitar la confusión que

[99] *Principios de sociología, op. cit.*, p. 10.

puede crear el término utilizado por Weber, *ideal*, que guarda entre otros significados el de excelencia o perfección. Al menos en apariencia, en esta última versión de su teoría los conceptos fundamentales aparecen completamente transformados. No sólo *comunidad* y *sociedad* se definen como "tipos ideales", sino que las dos formas de la voluntad humana, la *voluntad esencial* y la *voluntad de arbitrio*, son directamente emparentadas con los tipos ideales de acción social propuestos por Weber. Así, en lo que podemos considerar un último intento por adaptar su teoría a las nuevas tendencias en sociología, Tönnies asimila el concepto weberiano de "acción" (*Handeln*) al "querer" (*Wollen*) humano: "sin el querer no es posible acción alguna". De este modo, la acción racional con arreglo a fines es asimilada a la voluntad de arbitrio, mientras que la acción racional con arreglo a valores, la acción afectiva y la tradicional, "se incluyen en el concepto de voluntad esencial".[100] Por cierto, no es nuestra intención discutir la legitimidad de esta filiación auto-legitimante aunque sin duda habría mucho para decir. Aquí sólo queremos dejar indicada la dirección final que toma la obra tönnesiana. No obstante, sobre algunas de las cuestiones que conciernen a las relaciones filiales entre Tönnies y Weber volveremos en el próximo capítulo.

En 1931, a casi medio siglo de la primera edición de *Gemeinschaft und Gesellschaft*, Tönnies había hecho un largo y sinuoso recorrido. Desde que su ópera prima se convirtió en objeto de culto entre legos y entendidos, y sus conceptos básicos devinieron palabras de uso frecuente y cotidiano, su nombre adquirió un estatus mítico. Por entonces se lo conocía como "el Néstor de la sociología". A los 76 años, Tönnies era uno de los hombres vivos que más había hecho por el desarrollo de la sociología en Alemania. Más allá del reconocimiento, asegurado hacía tiempo, finalmente su trabajo había encontrado un cierto grado de especialización y de sistematización. Ahora, sus conceptos fundamentales son presentados, *en primer lugar*, como conceptos sociológicos puros, o bien, de acuerdo con la nueva terminología, como "tipos ideales". La "sociología pura" se dedica "a pensar y describir las entidades sociales estáticamente, o sea en estado de reposo". Lo que no quiere decir que Tönnies haya dejado de pensar y describir las entidades sociales *también*

---

[100] *Ibid.*, p. 24.

con relación a la historia. La "sociología aplicada", que viene *en segundo lugar* y presupone a la primera, se ocupa de la "dinámica o movimiento" de las entidades sociales, o, dicho más concretamente, intenta comprender su evolución histórica. "La sociología aplicada habrá de estar siempre en contacto con ese ensayo de historia universal que ha logrado cierta aceptación bajo el nombre de filosofía de la historia".[101] Por último y *en tercer lugar* viene la "sociología empírica o sociografía", definida como la "investigación de los propios hechos sociales", como "el método de la observación y de la comparación basada en las observaciones: el método empírico, inductivo".[102]

Evidentemente, la gran cuestión subyacente a este tratado sociológico de Tönnies, atravesado de punta a punta por el tono testamentario del que no puede sustraerse ninguna obra que se sabe definitiva, es la disputa interpretativa en torno a sus famosos conceptos. Tönnies había pasado a la historia gracias a un libro publicado a los 32 años, donde se afirman tesis que casi medio siglo más tarde siguen resultando tan poderosas como atractivas –al punto que están en boca de todo el mundo, especialmente de los jóvenes–, pero que desde el estricto punto de vista de los nuevos criterios metodológicos en ciencias sociales son más bien inaceptables. *Principios de sociología* es un intento de contrarrestar los efectos de las críticas a su propio teorema mediante una nueva y concluyente reorganización jerárquica de los dos grandes significados que tienen sus conceptos fundamentales en *Comunidad y sociedad*. Es importante destacar que en ningún momento Tönnies pretende cancelar la significación más problemática de su teoría, esto es, la filosófico-histórica. Tampoco procede a sustituirla, como podría esperarse, por la significación científica. Lo que hace, sencillamente, es situarla en un lugar secundario. En primera instancia, comunidad y sociedad deben ser entendidos como conceptos puros de sociología pura, que es a fin de cuentas a lo que Tönnies llama propiamente "sociología". En cuanto tales, son entidades sociales estáticas o en estado de reposo. En segunda instancia, deben ser entendidos como conceptos de sociología aplicada, vale decir, como entidades sociales dinámicas o en movimiento de las

[101] *Ibid.*, p. 351.
[102] *Ibid.*, p. 355.

que se sirve la ciencia para comprender la evolución histórica. Del modo más natural, Tönnies deriva la existencia de estas últimas de la existencia de las primeras, convirtiendo la sociología teórica o especulativa en condición de posibilidad tanto de la sociología aplicada como de la sociología empírica.

Es fácil corroborar que a través de esta nueva clasificación Tönnies restituye el viejo privilegio metafísico de la teoría sobre la *praxis*, del saber teórico sobre el saber práctico, en suma, de la "especulación" sobre la "aplicación". Entrar en un análisis detallado de esta cuestión nos llevaría demasiado lejos y sobre todo nos alejaría del problema que quisiéramos abordar para empezar a concluir. Notemos que de las muchas y variadas objeciones que el teorema comunidad y sociedad ha suscitado a lo largo de los años, hay una –quizás la más delicada– de la que Tönnies toma nota en varias ocasiones pero nunca llega a responder. En *Principios de sociología* declara conocer la supuesta razón que ha dado lugar a esta objeción pero no argumenta en su contra. Todo lo que hace es reconocer su existencia e intentar desacreditarla citando opiniones elogiosas de terceros que contradicen el sentido de la crítica en cuestión:

> Mi teoría ha encontrado mucha aceptación; pero ha sido también mal entendida, considerando, por ejemplo, que se trataba únicamente de algo así como de una diferenciación sinonímica; todo por no haber comprendido bien la esencia del "concepto normal" precisamente. Por parte de algunas personas significadas, he visto, además, expuesto el parecer de que se trata de una diferenciación partidista por naturaleza: como si la comunidad debiera representar lo bueno, y la sociedad lo malo. Conozco el motivo aparente que ha dado ocasión a ese equivocado parecer. Otros, en cambio, han elogiado precisamente la objetividad de aquella obra mía juvenil, que Harald Hoeffding, por ejemplo, calificó con un expresivo vocablo danés que quiere decir "imperturbabilidad".[103]

Entre las "personas significadas" que objetan a Tönnies el haber hecho una "diferenciación partidista por naturaleza" de sus conceptos de comunidad y sociedad se encuentra Leopold von Wiese, a quien contesta en un apartado de *Principios de sociología*. Allí sólo atina

---

[103] *Ibid.*, p. 11.

a afirmar lo siguiente: "una apreciación y valoración de esta especie ["sociedad igual a malo, comunidad igual a bueno"] afecta tan poco al pensar objetivo y científico, como le afectaría al biólogo, por ejemplo, cuando su descripción de un organismo joven y floreciente y de otro que está envejeciendo y marchitándose, se sacase la conclusión de que es preferible con mucho el organismo joven".[104] La afirmación de Tönnies no solamente no responde a la cuestión de fondo sino que introduce problemas suplementarios —relativos a la analogía entre los seres vivos y las entidades sociales— por los que también era vivamente criticado. En rigor de verdad, sobre el privilegio normativo inherente a la comunidad no hay nada que pueda afirmar en su defensa. Puede reelaborar por completo su sistema sociológico y hasta reorganizar jerárquicamente sus principales partes y subpartes. Puede dejar de usar cierta terminología y emplear otra nueva en su reemplazo. Incluso puede rehacer la genealogía de sus conceptos fundamentales (como efectivamente hace en un gran número de conferencias, artículos y contribuciones, como hace en su ensayo autobiográfico de 1922 y en los prólogos a las sucesivas ediciones de *Gemeinschaft und Gesellschaft* que se publicaron hasta un año antes de su muerte) enfatizando, cada vez, el carácter "normal" o "puro" de los mismos. Lo que en ningún caso puede hacer —he aquí toda la cuestión— es refutar los argumentos que lo acusan de privilegiar la comunidad en detrimento de la sociedad.

El comunocentrismo inscrito en el texto de Tönnies es indeleble y, por decirlo así, irreductible a una de las dos interpretaciones que él mismo y otros han hecho sobre el teorema comunidad/sociedad. Tanto si se afirma la interpretación que ve allí dos tipos ideales sin correlato empírico, como si se afirma la que ve dos tipos históricos, secuenciados y continuos, se trata de un *par* conceptual, de una *pareja* de opuestos. Ante todo, "comunidad y sociedad" es el nombre de una oposición binaria inseparable en su estructura del régimen de oposiciones metafísicas de las cuales se rodea y con las cuales se combina. Como indicábamos más arriba, hay que evitar pensar que la pertenencia metafísica de los discursos sobre la comunidad está determinada por el sesgo "filosófico" de los mismos.

---

[104] *Ibid.*, p. 97. Otra respuesta a esta misma objeción la encontramos en "Mein Verhältnis zur Soziologie", *op. cit.*, p. 333 y ss.

Si estos discursos, como intentamos demostrar, pertenecen a la historia de la metafísica comunocéntrica, no es precisamente por falta de rigor científico ni por una deficiencia metodológica inicial que, al alcanzar cierto "grado de desarrollo", podría superarse. Es el propio esquema oposicional el que es metafísico, independientemente del saber específico que lo ponga en funcionamiento y más allá de la "etapa" determinada en que este se encuentre. Es la oposición misma –lógica, cronológica o ambas cosas a la vez– entre comunidad y sociedad la que explica la dependencia metafísica de las teorías sociológicas de la comunidad.

En Tönnies, lo mismo que en Marx, la comunidad es concebida como algo esencialmente distinto y opuesto a la sociedad. El concepto de *Gemeinschaft*, anunciado y sostenido desde el comienzo como uno de los conceptos capitales de la sociología, se define por oposición a otro concepto capital pero subalterno, el de *Gesellschaft*. Como ya hemos podido corroborar, en este discurso la sociedad siempre aparece precedida por la comunidad. Sin excepción, esta detenta la precedencia lógica y cronológica. Por lo demás, Tönnies no hace nada por disimular el evidente privilegio del que goza la comunidad al interior de su sistema sociológico. El privilegio de la comunidad o comunocentrismo consiste en hacer de esta, implícita o explícitamente, el modelo supuestamente auténtico o verdadero de la socialidad en general.

Recordemos una vez más la diferencia que establece al comienzo de *Comunidad y sociedad*: "comunidad es la vida en común duradera y auténtica [*echte*, verdadera]; sociedad es sólo una vida en común pasajera y aparente". Desde el comienzo, la sociedad aparece subordinada a la comunidad o, más precisamente, a la verdad que ella encarna. La autenticidad o la verdad de la una determina de manera concluyente la inautenticidad o la no-verdad de la otra. Ahora bien, ¿por qué la comunidad y solamente ella sería auténtica o verdadera? ¿Por qué acordarle este privilegio? En principio, porque la comunidad, a diferencia de la sociedad, es vida en común natural. Para Tönnies, la "vida comunitaria" coincide con "la naturaleza de las cosas": "Comunidad en general la hay entre todos los seres orgánicos; comunidad racional humana, entre los hombres. [...] se olvida que el permanecer juntos está en la naturaleza de las cosas; a la separación le corresponde, por decirlo así, la carga de la prueba".[105]

Al igual que Platón, con cuya obra estaba familiarizado desde su juventud y a quien rindió numerosos tributos a lo largo de su vida, Tönnies ve en la persistencia del ser de las cosas una clara demostración de lo que es bueno. "Todo lo que arruina y destruye es malo, mientras que lo que conserva y es provechoso es bueno", afirma Sócrates en el Libro X de la *República* (608e). Ser juntos o ser en comunidad significa ser conforme a la naturaleza, a lo que por naturaleza es bueno. De lo cual se deduce fácilmente que lo malo no puede más que ser *extraño* a la naturaleza. Lo malo se agrega a la naturaleza, adviene desde el *exterior*, y una vez instalado en ella procede a separarla de sí misma, a corromperla en su esencia y en su plenitud originaria.

La separación de los seres orgánicos, humanos y no-humanos, representa un distanciamiento respecto de la unidad esencial, es decir, un distanciamiento respecto de la comunidad natural. No tardamos en descubrir que, según el plan trazado en *Comunidad y sociedad*, esta separación y este distanciamiento se traducen directamente en la teoría de la sociedad:

> La teoría de la sociedad construye un círculo de hombres que, como en la comunidad, conviven pacíficamente, pero no están esencialmente unidos sino esencialmente separados, y mientras en la comunidad permanecen unidos a pesar de todas las separaciones, en la sociedad permanecen separados a pesar de todas las uniones. Por consiguiente, no tienen lugar en ella actividades que puedan deducirse a priori y de modo necesario de una unidad existente [...]. Todo lo contrario: en ella cada cual está para sí solo, y en estado de tensión contra todos los demás. Las esferas de su actividad y de su poder están rigurosamente delimitadas, de suerte que cada cual rechaza contactos e intromisiones de los demás, considerándolos como actos de hostilidad. Esta actitud negativa es la relación normal y siempre fundamental entre estos sujetos de poder, y caracteriza a la sociedad en estado de equilibrio.[106]

[105] *Comunidad y sociedad, op. cit.*, p. 45.
[106] *Ibid.*, p. 65.

De acuerdo con el plan general del texto, la "esencia de la *comunidad*" es el origen, comienzo y fundamento de la vida en común. La sociedad, en cambio, es el "concepto" que designa la vida en común entendida como "formación ideal y mecánica", o bien, como "agregado y artefacto mecánico". Vista desde esta perspectiva, la sociedad no es "natural", sino, por el contrario, "una cosa siempre en formación [...]. Y al propio tiempo (como sabemos) una cosa ficticia y nominal".[107] La *Gesellschaft* es, pues, una forma derivada de vida en común, una forma segunda y secundaria. Por un lado, como ya hemos visto, la sociedad viene después de la comunidad. Históricamente, la "edad de la sociedad", definida como está por la "voluntad social en forma de convención, política y opinión pública", por la vida en la gran ciudad, el comercio, la industria y la ciencia, es *segunda* en relación con la "edad de la comunidad", caracterizada por la "voluntad social en forma de concordia, consuetud y religión", por la vida de familia, la economía doméstica, la agricultura y el arte. Por otro lado, y en estrecha relación con lo anterior, la sociedad es *secundaria*. Es decir que, en el orden establecido según este sistema de jerarquías, la sociedad tiene un lugar accesorio. Dicho de otra forma, Tönnies considera la vida societaria en su conjunto un agregado artificial de la naturaleza originaria de la vida comunitaria, un añadido o un suplemento.[108]

---

[107] *Ibid.*, p. 79.

[108] Seguimos aquí la "lógica del suplemento" tal como Derrida la expuso en su inolvidable lectura de la teoría rousseauniana de la escritura. Su tesis, dicho del modo más económico posible, es que, conforme a una tradición que se remonta por lo menos hasta Platón, Rousseau reproduce el viejo privilegio del "habla" (natural, presente, interior, etc.) sobre la "escritura" (artificial, ausente, exterior, etc.), convirtiendo a esta en "apéndice suplementario" de aquella. Derrida escribe: "el concepto de suplemento –que aquí determina el de imagen representativa– abriga en sí dos significaciones cuya cohabitación es tan extraña como necesaria. El suplemento se añade, es un excedente, una plenitud que enriquece otra plenitud, el *colmo* de la presencia. Colma y acumula la presencia. Así es como el arte, la *techne*, la imagen, la representación, la convención, etc., se producen a modo de suplemento de la naturaleza y se enriquecen con toda esa función de acumulación. [...] Pero el suplemento suple. No se añade más que para reemplazar. Interviene o se insinúa *en-lugar-de*; si colma, es como se colma un vacío. Si representa y da una imagen, es por la falta anterior de una presencia. Suplente y vicario, el suplemento es un adjunto, una instancia subalterna que *tiene-lugar*. En tanto sustituto, no se añade simplemente a la positividad de presencia, no produce ningún relieve, su sitio está asegurado en la estructura por la marca de un vacío. [...] Pero su función común

Disuelta la comunidad y las formas de vida en común que le son propias, la sociedad viene a añadirse y a ocupar su lugar. Sucede que la sociedad releva a la comunidad pero alejándose de ella, desviándose de la "base comunal", de "las formas originarias y naturales, 'históricas', de la vida y querer en común", con las cuales, no obstante, mantiene una "honda conexión".[109] Este acaecimiento, este monstruoso accidente que es la sociedad moderna y más específicamente la *bürgerliche Gesellschaft* – según Tönnies, la forma más característica de los muchos fenómenos vinculados al concepto sociológico de *Gesellschaft*–, habría venido a colmar el vacío dejado por la comunidad perdida. Mas este vacío, empezamos a sospecharlo seriamente, no se colma con facilidad. La comunidad es por naturaleza, y como la naturaleza, insustituible. Por eso mismo, al interior de este sistema de oposiciones jerárquicas, la sociedad está condenada a ser un sustituto de lo insustituible y, en consecuencia, un mal sustituto. Como si dijéramos su doble o su copia. La sociedad es una copia cuyo modelo inalcanzable lo constituye la comunidad: la comunidad-modelo. La presumida simetría axiológica entre los conceptos de comunidad y sociedad no es más que apariencia, una ficción *científicamente* necesaria. Estos no son de igual valor. No son simétricos ni complementarios. Son desiguales desde el momento en que la sociedad es requerida y requisada en calidad de suplemento –añadido o sustituto– de la comunidad perdida. Es precisamente sobre la base de esta desigualdad esencial o de este antiguo y reiterado privilegio acordado a la comunidad que Tönnies construye su teorema.

Sin embargo, insistimos en ello, esta prerrogativa de la comunidad no es una invención de Tönnies. Simplemente, él habría sido el primero en plantear el problema de *la comunidad y la sociedad* desde una perspectiva con aspiraciones científicas y, por lo tanto, el primero en abrir el campo de esta problemática en una dirección hasta entonces inexplorada y quizás hoy no lo suficientemente pensada, sobre todo si

se reconoce en esto: se añada o se sustituya, el suplemento es *exterior*, está fuera de la posibilidad a que se sobreañade, es extraño a lo que, para ser reemplazado por él, debe ser distinto a él. A diferencia del *complemento*, dicen los diccionarios, el suplemento es una 'adición *exterior*' (Robert)" (*De la gramatología* (1967), trad. O. del Barco y C. Ceretti, revisión R. Potschart, México, Siglo XXI, 2000, pp. 185-186).
[109] *Comunidad y sociedad*, *op. cit.*, p. 299.

tenemos en cuenta que muchos de los científicos sociales contemporáneos que apelan a la comunidad no siempre calibran con precisión la lógica de la categoría que ponen en juego. No decimos que no sean lo suficientemente conscientes de la polisemia y la polivalencia que afectan al concepto de comunidad o que desconozcan la pesada herencia metafísica y, en un sentido ideológico-político, totalitaria con la que carga esta palabra, sino que muchas veces, haciendo un uso pretendidamente novedoso de la misma, restablecen por otros medios la misma matriz de pensamiento que Tönnies, con un gesto doble y contradictorio, habilita y deshabilita a un mismo tiempo. En un sentido fuerte de la expresión, Tönnies instituye un cierto pensamiento de la comunidad del que indudablemente somos los herederos. Esto quiere decir que, hasta cierto punto, continuamos pensando la comunidad pensada por él. Pero al mismo tiempo, no se puede dejar de percibir en la trayectoria de su obra una inquietud permanente en torno a los problemas inherentes a su propio sistema, problemas relacionados con los cimientos teóricos de sus conceptos y con las derivas políticas de los mismos. Las inmensas contradicciones que hemos podido detectar a lo largo del recorrido que siguen sus escritos son, entre otras cosas, un elocuente testimonio de la necesidad de sustraer el pensamiento de la comunidad del discurso metafísico del cual depende. Tarea exigente y necesaria pero poco menos que imposible para quien a pesar de todas las reservas indicadas en sus textos, a pesar de todas las auto-enmiendas y auto-reinterpretaciones, se mantuvo intransigente hasta el final en su defensa sistemática de la *Gemeinschaft* como expresión natural de la convivencia humana en general. Una versión interesada y hoy por hoy dominante de la historia de la teoría sociológica afirma que dicha tarea habría sido consumada por Weber. Según esta interpretación, gracias al trabajo llevado a cabo por Weber las nociones sociológicas fundamentales se habrían liberado finalmente de la dependencia metafísica a la que se encontraban sometidas en los discursos de sus predecesores y en los de muchos de sus contemporáneos, incluido naturalmente el de Tönnies. En el siguiente capítulo, dedicado íntegramente a reflexionar sobre el problema de la comunidad en la teoría sociológica weberiana, intentaremos argumentar contra dicha interpretación.

Capítulo cuarto
Comunización y socialización: Max Weber

¿Qué lugar viene a ocupar Weber en esta historia? ¿Qué hace aquí compartiendo cartel con Marx y Tönnies, *con* ellos y *después* de ellos? ¿Cómo justificar, si fuera posible, este entronque o esta filiación? ¿Acaso Weber reafirma el privilegio cedido a la comunidad por los discursos fundacionales de la teoría sociológica alemana? ¿También su discurso pertenece al círculo comunocéntrico? Tenemos buenos motivos para creerlo. En cualquier caso, la demostración no será simple. Entre otras razones porque un trabajo que se encamine en esa dirección debe comenzar necesariamente por replantear una serie de preguntas que sabemos espinosas, y que en mayor o menor medida las lecturas canónicas de la obra weberiana parecen haber clausurado desde hace tiempo: ¿dónde ubicar a Weber?, ¿vinculado a qué ciencias y a qué políticas?, ¿junto a quién o quiénes?, ¿en la descendencia y en la proveniencia de qué valores y qué filosofías?, ¿cuál sería su situación en ese período de la historia del pensamiento al que más arriba hemos aludido bajo el nombre de "época de las oposiciones"?

Nuestra hipótesis de lectura trabaja con estas preguntas y, en general, contra las respuestas interesadas en resguardar a Weber y su herencia teórico-metodológica de toda contaminación metafísica, lo que para muchos quiere decir precientificista. Erigida en autoridad indiscutida de las ciencias sociales, la figura de Weber aparece investida de una inmunidad soberana y duradera. La misma de la que gozan, en incontables casos, los prohombres de las historias establecidas de cualquier disciplina. Historias que, como es sabido, tienden a eclipsar a través de sus relatos los aspectos más controvertidos de los legados que conforman los acervos disciplinares paradigmáticos. El tratamiento que se hace habitualmente del problema

de la comunidad en Weber –problema que, dicho sea al pasar, raramente
es tenido en cuenta como un motivo central de su trabajo– es más que
sintomático de esta situación. Para buena parte de los comentaristas
existe poco menos que un abismo insondable entre la posición de Weber,
por un lado, y la de Tönnies (entre otros contemporáneos suyos), por el
otro. En este, como en otros temas dados a la polémica, se intentó y en
parte se logró crear un abismo a nuestro juicio totalmente injustificado
entre ambos. Ahora bien, al decir esto no adoptamos automáticamente
el punto de vista contrario. Sobre todo si lo contrario de la hipótesis
del abismo es la hipótesis, igualmente insostenible, de la pura y simple
continuidad. Nuestra toma de partido es que, en relación con el tema
de la comunidad, las diferencias introducidas por Weber respecto de la
teoría de Tönnies –diferencias irrecusables y en muchos casos significativas– permanecen retenidas en el esquema oposicional y jerárquico que,
allende Tönnies y su famoso teorema, se impone en la teoría sociológica
al menos desde Marx.

El término alemán habitualmente traducido por "comunidad", *Gemeinschaft*, así como algunos de sus derivados y variaciones, tiene una
fuerte presencia a lo largo de la obra de Weber. Desde su tesis de doctorado sobre la historia de las sociedades comerciales en el medioevo,
publicada en 1889, hasta los últimos escritos entregados al editor entre
1919 y 1920, hablan de comunidad. De modo que a primera vista puede
parecer un tanto arbitrario que comencemos leyendo el ensayo titulado
"Sobre algunas categorías de la sociología comprensiva", publicado en
1913. Conviene, pues, hacer algunas precisiones importantes antes de
comenzar.

En primer lugar, aquí no emprendemos una lectura sistemática de la
cuestión de la comunidad en Weber.[1] Una tarea semejante debería tener
en cuenta, mínimamente, cuatro grandes grupos de textos en los que
Weber se refiere de forma explícita a la "comunidad": a) aquellos que
describen el tránsito de la comunidad antigua a la comunidad medieval,
escritos y reelaborados entre 1889 y 1909; b) los manuscritos sobre los

---

[1] Lo más próximo a una lectura de esas características es el reciente trabajo de F.
Ferraresi, *Il fantasma della comunità. Concetti politici e scienza sociale in Max Weber*,
Milano, FrancoAngeli, 2003.

diversos tipos de comunidad (comunidad económica, de gestión, de regulación, doméstica, vecinal, política, étnica, de lenguaje, cultural, de mercado, etc.), escritos en su mayor parte entre 1909 y 1914 e incluidos en la Segunda Parte de *Economía y sociedad*; c) los textos más "teóricos" de sus *Ensayos sobre sociología de la religión*, redactados aproximadamente entre 1915 y 1920; d) el ensayo de las categorías de 1913 y el primer capítulo de *Economía y sociedad*, "Conceptos sociológicos fundamentales", escrito entre 1919 y 1920.

Como es de esperar, en relación con este programa de lecturas nuestro análisis no puede ser más que limitado. Nos concentraremos, fundamentalmente pero no de manera exclusiva, en la interpretación y comparación de los trabajos incluidos en d), vale decir, en los dos trabajos señalados por la inmensa mayoría de los comentaristas como aquellos donde Weber sienta las bases de su sociología comprensiva. Entre otras razones decidimos privilegiar estos textos por un hecho notable pero por lo general poco notado, a saber, que existe una relación manifiesta entre los conceptos allí empleados y los introducidos por Tönnies en *Comunidad y sociedad*. A la comparación entre estos textos de Weber y la relación de uno y otro con el teorema de Tönnies están dedicados los apartados primero y cuarto. El resto del capítulo está consagrado en buena medida a analizar algunas de las comunidades más distintivas que aparecen en *Economía y sociedad* y en el famoso "Excurso" de 1916, "Teoría de los estadios y direcciones del rechazo religioso del mundo", incluido en los *Ensayos sobre sociología de la religión*. A modo de conclusión, pondremos en perspectiva los puntos más relevantes de la lectura del problema de la comunidad en Weber en paralelo a una interpretación de su conferencia de 1917 sobre la vocación y la profesión científicas.

1. El ensayo de las categorías de 1913

El lugar de Weber en esta historia, esto es, en la historia del problema de la comunidad, no es fácil de determinar. Para empezar, una serie de razones arraigadas en el credo de la comunidad académica ligada a las ciencias sociales conspiran contra la posibilidad de imaginarlo como un protagonista de esta historia. En todo caso, si alguna participación se le reconoce es justamente la de haber sido el creador de una teoría y un método científicos que dejaban atrás, de una vez y para siempre, el punto de vista ingenuo, compartido por casi la totalidad de los pensadores y científicos sociales alemanes del siglo XIX, que prioriza el examen de entidades metafísicas (llámense *Gemeinschaft*, *Gesellschaft*, *Volk*, etc.) por sobre el estudio de los procesos sociales particulares. Según esta opinión, Weber no pertenece a esta historia sino como aquel que le pone punto final. Pertenece sin pertenecer. Pertenece, pues, en la medida en que decide no pertenecer, en la medida en que decide diferenciarse y tomar distancia de la tradición romántica e historicista que tanto contribuyó a la formación de la sociología alemana.

Dicho de otro modo, Weber es visto como el superador de ese momento de la historia de la disciplina en donde los investigadores buscaban abrirse camino mediante estrategias que, a falta de un fundamento lógico y metodológico adecuado y conforme a las ciencias histórico-sociales, no podía más que sucumbir a especulaciones de orden metafísico, impidiendo así una aproximación "objetiva" a los fenómenos de los que pretendían dar cuenta. De acuerdo con este relato, por un lado, Weber sería uno de los principales responsables de dejar definitivamente en el pasado esta suerte de prehistoria de la sociología donde el discurso científico no acertaba a despegarse del pensamiento especulativo en el cual invariablemente terminaba recayendo a pesar de sus mejores esfuerzos. Por otro lado, y en convergencia con lo anterior, Weber sería finalmente quien habilita una nueva etapa en la historia de la sociología. La historia propiamente dicha de esta disciplina en Alemania, la historia de la sociología como ciencia autónoma, con un objeto y un método propios, y formalmente independiente de la filosofía social y de cualquier otro campo de estudio asociado, no comenzaría sino con Weber.

Asimismo, esta línea de interpretación suele ver en la obra de Georg Simmel un antecedente directo del papel transformador que tendrían los trabajos weberianos en el ámbito de las ciencias sociales. En cierta forma, Simmel se habría adelantado a Weber en la crítica fundamental de las teorías sociales aferradas a una concepción sustancialista o realista, vale decir, de las teorías que tratan a sus objetos de estudio como si fueran realidades en sí mismas. Desde sus primeros textos sociológicos,

Simmel pone el acento en el carácter procesual y dinámico de la vida social. Tanto en sus textos tempranos como en los más tardíos se puede apreciar un fuerte y fundamentado rechazo de toda reificación de los conceptos colectivos. Consecuente hasta el final con este principio general, Simmel afirma en uno de sus últimos escritos sociológicos, conocido como su "pequeña sociología" (1917), una premisa teórico-metodológica que ya encontramos ampliamente desarrollada en su "gran sociología" (1908): "no habría que hablar de sociedad (*Gesellschaft*), sino de socialización (*Vergesellschaftung*). Sociedad sería entonces sólo el nombre de un entorno de individuos que están ligados entre ellos por los efectos de estas relaciones recíprocas y que por esto se definen como una unidad, lo mismo que se define como unidad un sistema de masas corporales que se determinan totalmente en su comportamiento por su influencia recíproca".[2] Al igual que Simmel, Weber utiliza el concepto de *Vergesellschaftung* y sólo en contadas ocasiones el de *Gesellschaft*.

En este sentido, se considera que Simmel ha hecho un enorme avance en la conformación de la sociología tal como la conocemos. Su concepción de la socialidad poco tendría que ver con las tendencias metafísicas asociadas al nombre de Tönnies, entre otros importantes sociólogos de la época. Con todo, es Weber y no Simmel quien habría dado el salto definitivo con el que supuestamente la sociología alemana dejaba atrás el punto de vista ingenuo y colmado de supuestos que hasta entonces había dominado la teoría y la práctica de esta disciplina. Simmel sería, pues, un precursor del cambio completo que la sociología tomaría definitivamente con Weber.

Las perdurables controversias y disputas desatadas en torno a la obra weberiana a partir de 1930 –fecha en la que Talcott Parsons publica su propia traducción de "La ética protestante y el espíritu del capitalismo" al inglés, contribuyendo así a fomentar el interés internacional por el trabajo de Weber– no hicieron más que confirmar la centralidad indiscutida de este clásico y padre (re)fundador de la sociología y, más ampliamente, de las ciencias sociales. En el transcurso del siglo XX, especialmente a

---

[2] *Grundfragen der Soziologie (Individuum und Gesellschaft)*, Berlin / Leipzig, G. J. Göschen, 1917 (trad. Á. Ackermann Pilári, *Cuestiones fundamentales de sociología*, Barcelona, Gedisa, 2002, pp. 33-34).

partir del singular período de auge que comienza para la sociología una vez concluida la Segunda Guerra Mundial, Weber pasó a representar la figura del sociólogo moderno por antonomasia. Desde ese momento, en palabras de Wilhelm Hennis, se transformó en la más alta autoridad de las ciencias sociales modernas, autoridad "que provoca respeto e impone silencio". Su figura "adorna el templo de la victoria de la ciencia social moderna, en calidad de antepasado venerado y de dios familiar".[3]

La punzante ironía de Hennis, uno de los weberólogos contemporáneos más respetados, no constituye una crítica a Weber, a su teoría o a su método. Más bien, apunta a problematizar el lugar que ocupa su figura en la actualidad. Evidentemente, este lugar es de la mayor importancia para cualquier interpretación de su obra. Sobre todo cuando, como aquí sucede, se pretende indagar y hasta cierto punto poner en cuestión las principales razones por las que Weber –en las versiones de divulgación pero también en ciertas versiones eruditas– se diferenciaría tan netamente de otros pensadores, tal vez no venerados como ancestros o como dioses familiares, pero también hoy considerados "clásicos", como es el caso de Tönnies.[4] Puntualmente respecto del problema de la comunidad, llama poderosamente la atención el modo en que ciertos intérpretes prestigiosos, entre los que destaca W. J. Mommsen, se afanan en desvincular el pensamiento weberiano del pensamiento tönnesiano. Cuando a pesar de tantas evidencias documentadas que apuntan en sentido contrario, se afirma una completa desvinculación entre Weber y Tönnies alegando una "conceptualización irracionalista" con "implicaciones anti-modernistas" por parte de este último,[5] se están desconociendo varias cuestiones a la vez. En primer lugar, esta afirmación desconoce que fue Tönnies quien realizó uno de los primeros y más osados intentos por deslindar a la teoría sociológica naciente del irracionalismo reinante en la Alemania de fines del siglo XIX. En segundo lugar, desconoce un hecho aún más

---

[3] *Max Webers Fragestellung: Studien zur Biographie des Werks*, Tübingen, J. C. B. Mohr (Paul Siebeck), 1987, pp. 3-4.

[4] Sobre el lugar actual de Tönnies entre los "clásicos", véase K. Lichtblau, "Wie viele Klassiker verträgt die Soziologie? Ferdinand Tönnies ante portas", *Soziologische Revue* 24 (2001), pp. 401-407.

[5] W. J. Mommsen, *The Political and Social Theory of Max Weber* (1989), Chicago, The University of Chicago Press, 1992, pp. 174-175.

importante para la comprensión de Weber, y es que las bases de su teoría sociológica, su estructura conceptual y la terminología allí comprometida están influenciadas por los aportes de quienes, como Tönnies y Simmel, habían comenzado antes que Weber a explorar los alcances lógicos y metodológicos de esta ciencia en formación que con el tiempo se dio en llamar sociología. Y en tercer lugar, que en aspectos esenciales de su pensamiento Weber fue tan "anti-modernista" como pudo serlo Tönnies, por limitarnos al ejemplo con el cual se lo contrasta en este caso.

Probablemente, hay quienes creen que separando a estos autores tan radicalmente como sea posible se está contribuyendo a la consolidación de la imagen en la que al propio Weber le hubiera gustado verse reflejado, pero también aquella que la sociología y las ciencias sociales en cierto modo necesitan para legitimar la autoridad de su discurso en el espacio de luchas interpretativas del campo de las ciencias. Quienes creen esto no se equivocan. Sin embargo, uno de los efectos más visibles de una interpretación semejante es la prescindencia de elementos fundamentales para la comprensión del legado weberiano. Al decir esto, no desconocemos que existen razones debidamente justificadas para trazar discontinuidades entre sus respectivas teorías y conceptos. A lo largo de este capítulo examinaremos algunas de ellas y en la medida de nuestras posibilidades intentaremos añadir nuevas. En ningún caso es nuestra pretensión elaborar una tesis donde se borren diferencias muchas veces evidentes. Simplemente, creemos que para tener una idea precisa del lugar que ocupa Weber en la historia del problema que abordamos aquí es imprescindible comenzar a desterrar viejos y consagrados prejuicios de las interpretaciones historiográficas dominantes. Empezando por aquel que, con mayor o menor sutileza, conduce a una lectura evolutiva de las ideas sociológicas. Como si de Tönnies a Weber, pasando por Simmel, el pensamiento social hubiera evolucionado en el sentido recto de la ciencia y del conocimiento objetivo guiado por el método, dejando cada vez un poco más desdibujada por el tiempo la impronta filosófica o especulativa que tuviera la disciplina en sus orígenes.

Con todo, este prejuicio se sostiene sobre ciertos elementos procedentes. No cabe duda de que una visión de las cosas tan consolidada debe fundarse en razones que la respaldan y que, desde nuestro punto de vista, será necesario someter a discusión. Acaso la razón más poderosa para respaldar esta mirada, y por eso mismo la razón sobre la que se vuelve con mayor insistencia al momento de reafirmar la autoridad y el ascendiente de Weber sobre los sociólogos alemanes de su época, es aquella que invoca el papel determinante que este habría tenido en la construcción de una metodología y de un aparato conceptual que, por primera vez en la historia de la sociología, luego de reiterados y fallidos intentos, garantizaba la plena autonomía de la misma así como la posibilidad de llevar a cabo investigaciones objetivas a partir de instrumentos elaborados directamente con ese fin. De acuerdo con este razonamiento, es principalmente en el plano de la metodología y de la creación conceptual que Weber hace la verdadera diferencia. Por paradójico que pueda parecer, es en dos de los escritos que los especialistas suelen identificar como aquellos donde Weber establece los fundamentos metodológicos y los conceptos básicos de su sociología "comprensiva" donde hay que comenzar a buscar las afinidades y correspondencias entre Weber y Tönnies a propósito del problema de la comunidad.

Como ya hemos adelantado, los escritos en cuestión son "Sobre algunas categorías de la sociología comprensiva", publicado en la revista *Logos* en 1913 y luego incluido en la compilación de ensayos metodológicos, *Gesammelte Aufsätze zur Wissenschaftslehre*, editada originalmente por Marianne Weber en 1922, y el recordado primer capítulo de la Primera Parte de *Economía y sociedad*, "Conceptos sociológicos fundamentales". Sobre este último hablaremos en el cuarto apartado del capítulo. Al primero conviene comenzar a desgranarlo, no sin antes hacer algunas consideraciones de orden general y contextual. Cuando Weber publicó el ensayo de las categorías, hacía por lo menos una década que trabajaba en la fundamentación de su futura metodología. Su primera intervención en este terreno es el ensayo "Roscher y Knies y los problemas lógicos de la escuela histórica de economía", publicado en tres partes entre 1903 y 1906. En este ensayo hace explícita por primera vez su postura respecto de una cuestión que dominaba los debates metodológicos de la época: la función de las ciencias histórico-sociales y la validez lógica de los métodos que estas ponían en práctica. La intervención de Weber tiene lugar en el contexto de la célebre "disputa del método" (*Methodenstreit*), originada en Alemania a comienzos de 1880 en el ámbito de la economía y rápidamente extendida a otras disciplinas sociales atravesadas por problemas metodológicos análogos.[6] A lo largo de esta disputa, que duró aproximadamente medio siglo, se cimentaron los principales posicionamientos que pugnaban por saldar un debate donde finalmente se terminó jugando mucho más que una querella metodológica entre escuelas económicas enfrentadas. Lo que estaba en juego era bastante más que eso. El interrogante de fondo era cómo garantizar la autonomía de las disciplinas sociales respecto de la investigación histórica y filosófica, sin que ello significase sucumbir a la metodología positivista emprendida por los sociólogos franceses e ingleses. Esta cuestión excedía largamente la polémica metodológica. Con los años, la disputa del método devino, asimismo, una disputa gnoseológica. En este terreno emergieron dos grandes posiciones encontradas. Por un lado la defendida por W. Dilthey, y por otro la que sostenían W. Windelband y H. Rickert. Ambas posiciones —sobre cuyo contenido no nos extenderemos aquí— representaban dos soluciones diferentes a la pregunta sobre la diferencia específica entre las ciencias naturales y las ciencias sociales, en primer lugar, y a la pregunta sobre las condiciones de validez de estas últimas, en segundo lugar. En el ensayo de 1903/6 Weber pone en conexión ambas posiciones, pero desplazando sensiblemente el interés que aquellos autores habían puesto en la dimensión lógico-filosófica del problema. Desde el comienzo, su interés está orientado a resolver teóricamente, es decir, a través de conceptos, los problemas concretos que surgen en la investigación empírica cotidiana. Es con ese fin, indisociablemente teórico y práctico, que se propone fundamentar una crítica de las "debilidades del método histórico" de la escuela de economía encabezada por W. Roscher y K. Knies: "Mostrar semejantes debilidades puede llevarnos siempre a reflexionar sobre los presupuestos generales de nuestro trabajo científico, y esto debe ser la única meta de investigaciones de tal género, que

[6] Sobre el contexto intelectual en el que aparece el ensayo sobre Roscher y Knies, véase el "Estudio preliminar" de J. M. García Blanco, en M. Weber, *El problema de la irracionalidad en las ciencias sociales*, trad. L. Simón y J. M. García Blanco, Madrid, Tecnos, 1985, pp. IX-XXIV. Véase asimismo la "Introducción" de Pietro Rossi, en M. Weber, *Ensayos sobre metodología sociológica*, trad. J. L. Etcheverry, Buenos Aires, Amorrortu, 1997, pp. 9-37.

deben, por tanto, evitar deliberadamente toda imagen global 'artística', en favor de un amplio análisis de todas las cuestiones que son, o parecen ser, evidentes de por sí".[7]

La actitud crítica o más bien hipercrítica de Weber no puede ser puesta en duda. Su ensayo se proponía ni más ni menos que repensar los presupuestos de la investigación científica, con todo reciente, a través de un análisis de todo aquello que en esta es o parece ser evidente. No haremos una recensión de las *debilidades* del método histórico detectadas por Weber en los trabajos de los "viejos maestros", pero sí indicaremos lo que suele considerarse en este ensayo el blanco principal de su crítica. Los presupuestos criticados tanto en el método de la escuela histórica económica como en el método de la escuela histórica alemana del derecho –fundada por Savigny–, vale decir, en la tradicional metodología romántica aún sobreviviente en Alemania, son, principalmente, el sustancialismo, el emanantismo y el organicismo. Weber condensa su crítica en un breve y denso pasaje a propósito del uso que ambos historicismos, el económico y el jurídico, hacen del concepto romántico –originalmente utilizado por Hegel, Fichte y Herder– de *Volksgeist* o "espíritu del pueblo":

> El propio concepto de "Volksgeist", en efecto, no es empleado por ellos como recipiente provisional, como un concepto auxiliar útil para describir provisionalmente una pluralidad de fenómenos particulares y concretos, cuyo estatus lógico no está todavía claro, sino que, al contrario, es considerado como una entidad real y unitaria de carácter metafísico (*als ein einheitliches reales Wesen metaphysischen Charakters*). Igualmente, no es visto como la *resultante* de innumerables variables culturales, sino como el *fundamento real* de todos los fenómenos culturales peculiares de un pueblo, como la fuente de la que ellos *emanan*.

Y algunos párrafos más adelante:

[7] "Roscher und Knies und die logischen Probleme der historischen Nationalökonomie", en *Gesammelte Aufsätze zur Wissenschaftslehre*, Tübingen, J. C. B. Mohr (Paul Siebeck), 1985 (trad. cast. "Roscher y Knies y los problemas lógicos de la escuela histórica de economía", en *El problema de la irracionalidad en las ciencias sociales*, *op. cit.*, pp. 3-4).

> En este punto entra en escena [...] la teoría "orgánica" de la sociedad, con sus inevitables analogías biológicas, que lleva a Roscher –al igual que a muchos "sociólogos" modernos– a creer que las características de género y los caracteres esenciales son necesariamente idénticos, y que, por tanto, sólo los acontecimientos históricamente recurrentes pueden tener significado.[8]

La crítica a los presupuestos metafísicos que operan en los sistemas de Roscher y Knies es también, indirectamente, una demostración de su plena vigencia en la moderna investigación "sociológica". Los vestigios románticos en las ciencias sociales atentan contra la voluntad de sus representantes más serios, aquellos resueltos a cortar cualquier vínculo de dependencia con el historicismo y con el filosofismo a fin de garantizar su autonomía y, a través de ella, la irrenunciable "objetividad" cognoscitiva. Precisamente, sobre la posibilidad de alcanzar "verdades objetivamente válidas" (tres palabras que ya aparezcan juntas o separadas muy a menudo Weber tiene la precaución de poner entre comillas) en el ámbito de las ciencias sociales y sobre la cuestión de saber qué tipo de conceptualización y de explicación es la más acorde a esta posibilidad tratan los sucesivos artículos metodológicos de Weber, en particular, "La 'objetividad' cognoscitiva de la ciencia social y de la política social" (1904) y "Estudios críticos sobre la lógica de las ciencias de la cultura" (1906).

Hacia 1913, Weber no sólo había dado una sólida fundamentación lógica a su aparato explicativo y conceptual, estrechamente ligado, como es sabido, al concepto de *tipo ideal*, sino que lo había puesto en práctica en varios de los artículos que integrarían sus *Ensayos sobre sociología de la religión* (entre los cuales sobresale "La ética protestante y el espíritu del capitalismo", publicado en 1904 y 1905) y en algunos de los manuscritos, en general incompletos, que conforman la Segunda Parte de *Economía y sociedad*.

El ensayo de las categorías implicaba una continuidad pero también una ruptura respecto de la concepción metodológica desarrollada hasta ese momento por Weber. Una continuidad ya que refleja intacta su temprana toma de partido contra la tendencia romántica a hipostasiar los

---

[8] *Ibid.*, pp. 13-15. Subrayados de Weber.

conceptos colectivos y convertirlos en objeto de disquisiciones organicistas o biologicistas, al mismo tiempo que reivindica la validez objetiva del conocimiento de las ciencias sociales. Y una ruptura, pues por primera vez va a admitir la posibilidad y la necesidad de un sistema coherente de conceptos sociológicos, como tiempo antes habían postulado, entre otros pensadores de su entorno, Tönnies en *Comunidad y sociedad* y Simmel en *Sociología. Estudios sobre las formas de socialización*. Hasta entonces Weber se había pronunciado muy claramente en favor de una orientación histórica del trabajo científico-social. Conviene tener en cuenta que por ejemplo para el Weber de "La 'objetividad' cognoscitiva…", "la labor de formación y crítica de conceptos" era un medio entre otros para alcanzar la "meta única y exclusiva" de la ciencia social: "servir al conocimiento de la *significación cultural de conexiones históricas concretas*". Pues bien, la perspectiva inaugurada con el ensayo de 1913 es muy diferente.

El ensayo se divide en dos partes bien diferenciadas sobre las que Weber es el primero en llamar la atención.[9] La primera parte, que es también la última que escribe, comprende los tres primeros apartados. Allí encontramos desarrollados por primera vez de manera articulada los rudimentos metodológicos de su "sociología comprensiva", luego ampliados y corregidos al comienzo de *Economía y sociedad*. La segunda parte, compuesta por cuatro apartados, es "un fragmento de una exposición escrita hace ya tiempo" –explica Weber en nota al pie– de lo que estaba destinado a ser su contribución teórica a un libro colectivo al cuidado del propio Weber pero finalmente nunca aparecido: los *Grundriss der Sozialökonomik*, cuya historia está entrelazada con la de la edición póstuma de *Economía y sociedad*.[10] Esta segunda parte, sobre la que aquí nos detendremos, constituye, entonces, el primer intento del autor por sistematizar los conceptos pertenecientes al campo de investigación distintivo de la sociología.

[9] "Über einige Kategorien der verstehenden Soziologie", en *Gesammelte Aufsätze zur Wissenschaftslehre, op. cit.* (trad. cast. "Sobre algunas categorías de la sociología comprensiva", en *Ensayos sobre metodología sociológica, op. cit.*, p. 175, nota 1).

[10] Para una "precisa reconstrucción de la complicada historia" de *Economía y sociedad*, véase W. J. Mommsen, "Max Weber's 'Grand Sociology': The Origins and Composition of *Wirtschaft und Gesellschaft. Soziologie*", *History and Theory* 39 (October 2000), pp. 364-383.

"Sobre algunas categorías de la sociología comprensiva" es una suerte de anteproyecto, el primer y único antecedente de la "introductoria definición de conceptos" de la gran sociología de Weber: *Wirtschaft und Gesellschaft*. Recientemente, Hiroshi Orihara ha formulado la tesis según la cual el ensayo de 1913 es asimismo la matriz teórica de la mayoría de los textos que componen la Segunda Parte de *Economía y sociedad*.[11] Las casi mil páginas de esta Segunda Parte –páginas que encierran valiosísimas y bien conocidas contribuciones a la teoría económica y su relación con las distintas formas de comunidad, así como aportes a la sociología de la religión, del derecho, de la dominación, del Estado, etc.– corresponden a una serie de manuscritos redactados por Weber antes de la Primera Guerra (se calcula que aproximadamente entre 1909 y 1914) para los *Grundriss der Sozialökonomik*, una publicación largamente proyectada pero inconclusa. Los mismos fueron hallados por Marianne Weber entre los papeles de su esposo poco después de su muerte ocurrida en junio de 1920. Por la correspondencia entre Weber y su editor, Paul Siebeck, entre otras fuentes que dan cuenta de ello, es sabido que Weber no estaba dispuesto a publicar los manuscritos redactados antes de 1914 sin antes reescribirlos y adaptarlos –en la medida en que ello fuera posible– al nuevo marco teórico concebido después de la guerra. En suma, ahora sabemos que este conjunto de escritos fundamentales para una interpretación integral de la obra weberiana deben ser leídos, al menos en su mayoría, a la luz de los conceptos sociológicos desarrollados en el ensayo de 1913, y no, justamente, a la luz de la conceptualización tardía, escrita entre 1919 y 1920, tal como aparece expuesta en la Primera Parte de *Economía y sociedad* bajo el título "Teoría de las categorías sociológicas".[12]

[11] Véase especialmente H. Orihara, "Max Webers Beitrag zum *Grundriss der Sozialökonomik*: Das Vorkriegsmanuskript als ein integriertes Ganzes", *Kölner Zeitschrift für Soziologie und Sozialpsychologie*, 50, 1998, pp. 327-343, y "From 'A Torso with a Wrong Head' to 'Five Disjointed Body-Parts without a Head': A Critique of the Editorial Policy for *Max Weber Gesamtausgabe* I/22", *Max Weber Studies*, 3.2, 2003, pp. 133-168.

[12] Hoy está prácticamente fuera de discusión que la principal razón para editar *Economía y sociedad* del modo en que se lo hizo radica, como afirma Mommsen a partir de investigaciones propias y ajenas, en "los intentos por parte de los editores originales, primero por Marianne Weber y Melchior Palyi, y luego por las elaboradas nuevas ediciones publicadas por Johannes F. Winckelmann, de presentar la *magnum*

Después de este largo pero necesario rodeo nos preguntamos, entonces, cuáles son las principales categorías de la sociología comprensiva que se desprenden de la segunda parte del ensayo. La primera de todas, tanto en orden de aparición como de importancia, es el "actuar en comunidad" o *Gemeinschaftshandeln*.

> Hablamos de "actuar en comunidad" allí donde la acción humana se refiere de manera subjetivamente *provista de sentido* a la conducta de otros hombres. Una colisión involuntaria entre dos ciclistas, por ejemplo, no ha de ser considerada un actuar en comunidad. Sí, en cambio, los eventuales intentos de ambos por evitar el choque o, producido este, el que "riñan" o "discutan" un "arreglo" amigable. Para la imputación causal sociológica, el actuar en comunidad no es por cierto lo único importante. Empero, constituye el objeto primario de una sociología "comprensiva".[13]

Según aclara Weber, una vez definido el "actuar en comunidad", esta y todas las categorías a dilucidar en el ensayo significan: "1) un comportamiento *históricamente* observado, o bien 2) un comportamiento construido *teóricamente*, como objetivamente 'posible' o 'probable'".

En lo fundamental, esta definición del "objeto primario" de la sociología comprensiva no difiere de la definición general del concepto de "acción social" o *soziales Handeln* que Weber ofrece en *Economía y sociedad* como punto de partida de su teoría de la acción. En 1919/20, este último concepto va a sustituir al anterior en el marco de lo que más adelante, en este mismo capítulo, interpretaremos como un plan estratégico de sustituciones. Pero ya nos estamos adelantando. Antes de considerar las implicancias de este reemplazo terminológico generalizado que tiene lugar en la Primera Parte de *Economía y sociedad*, intentaremos avanzar en la construcción de una breve tipología en donde queden reflejadas las principales categorías de 1913.

La segunda categoría mencionada es "actuar en sociedad" (*Gesellschaftshandeln*), término sinónimo de "actuar asociado" (*Vergesellschaftetes Handeln*). El "actuar en sociedad" es un tipo de "actuar en comunidad"

---

opus de Max Weber como una única obra" ("Max Weber's 'Grand Sociology': The Origins and Composition of *Wirtschaft und Gesellschaft. Soziologie*", *op. cit.*, p. 365).

[13] "Sobre algunas categorías de la sociología comprensiva", *op. cit.*, p. 189.

orientado significativamente hacia expectativas basadas en ordenamientos cuyo estatuto o reglamento (*Satzung*) fue realizado de manera puramente racional con arreglo a fines y cuya orientación subjetiva también se produce de manera racional con arreglo a fines. Weber diferencia a su vez el "actuar en sociedad" del "actuar asociativo" (*Vergesellschaftungshandeln*), en la medida en que este último concepto designa una acción que implica un "pacto" (*Vereinbarung*), es decir que se produce mediante un pacto, mientras el primero está orientado según un pacto ya existente. En este contexto, si bien Weber no define el concepto, por *Vergesellschaftung* o "socialización"[14] hay que entender una relación social donde la orientación del accionar de las personas en ella implicadas se basa en la existencia de un ordenamiento estatuido o reglamentado. Su "tipo ideal racional", explica, es la "unión de fines" (*Zweckverein*), esto es, un actuar en sociedad donde el contenido y los medios del actuar están ordenados y convenidos por sus participantes de modo racional con arreglo a fines. Socializaciones las hay de muchos tipos, en un gradiente que va desde las "ocasionales" hasta las "duraderas". Esta variación se corresponde asimismo con una tendencia histórica. Si bien puede ocurrir que una socialización duradera se convierta en un tipo de relación social efímera u ocasional, "históricamente encontramos con mucha frecuencia la escala de desarrollo (*Stufenleiter der Entwicklung*) que parte de la socialización ocasional para llegar de manera progresiva a una 'formación' duradera".[15] La conformación de los "Estados" es un caso típico de esta tendencia.[16]

[14] A fin de mantener cierta coherencia terminológica al interior del presente capítulo, en este y en otros casos puntuales proponemos una traducción alternativa de las categorías de la sociología comprensiva a la que propone J. L. Etcheverry en su versión castellana del ensayo.

[15] "Sobre algunas categorías de la sociología comprensiva", *op. cit.*, pp. 199-200, traducción ligeramente modificada.

[16] Según Breuer, a pesar de las notables diferencias entre Weber y Tönnies, la concepción del Estado de Weber anterior a 1914 tiene una fuerte relación con los postulados elementales de *Comunidad y sociedad*, al punto de afirmar que "la definición weberiana del Estado como la forma institutiva de la comunidad política significa en principio lo mismo que la de Tönnies, para quien el Estado es el sujeto de la política que 'el ser humano (pone) con todo su cálculo' [...]. Es tentador suponer que Weber compartía también el punto de vista histórico de Tönnies, de acuerdo con el cual el Estado es un fenómeno relativamente tardío que tiene como condición una liberación máxima de la voluntad arbitraria. Esto sería en todo caso una explicación

Siguiendo siempre el orden de exposición del ensayo, Weber llama la atención sobre otra categoría, el "actuar por consenso" o *Einverständnishandeln*. Como el "actuar en sociedad", el "actuar por consenso" es también un tipo de "actuar en comunidad". A diferencia de aquel, este actuar ocurre "*sin*" un ordenamiento estatuido o reglamentado de manera racional con arreglo a fines, aunque funciona a sus efectos "como si" (*als ob*) tal ordenamiento hubiese existido. Dos de los ejemplos que ilustran este tipo de actuar son el "mercado" y la "comunidad lingüística". En ambos casos, el actuar de los individuos está orientado según la expectativa de que los otros participantes también tomarán parte, dando o tomando dinero en un caso, y comprendiendo el sentido mentado en el otro. "El 'consenso' (*Einverständnis*)" —escribe Weber hacia el final del ensayo— "es ante todo la simple 'conformidad' a lo habitual *porque* es habitual".[17] La categoría de *Vergemeinschaftung* o, según la traducción que proponemos aquí, "comunización", apenas es utilizada en el ensayo y designa un accionar entre varios provisto de sentido. Asimismo, es preciso notar que Weber habla de una "comunización por consenso" (*Einverständnisvergemeinschaftung*) y de una "comunidad por consenso" (*Einverständnisgemeinschaft*). La primera designa una relación basada en el consenso, carente de un ordenamiento racional deliberado. El ejemplo típico de este tipo de relación es la que se da entre los competidores en el mercado. La "comunidad por consenso", en cambio, refiere a relaciones sociales más organizadas como las que se dan en el marco de una comunidad política capaz de monopolizar el uso del aparato coactivo. La "lucha" (*Kampf*), es definida "como la aspiración a imponer la propia voluntad en contra de la voluntad de los otros", y se encuentra potencialmente presente en todos los tipos de "actuar en comunidad".

Al final del ensayo, Weber presenta aún una serie de categorías que en cierto modo vienen a aclarar un panorama bastante abstracto y por momentos áspero. Estas categorías son las de "institución" (*Anstalt*),

---

de por qué el proyecto del *Grundriss* de 1914 carece de una sociología del Estado autónoma y solo presenta una sección sobre el Estado moderno" (*Burocracia y carisma. La sociología política de Max Weber*, trad. J. Navarro Pérez, Valencia, Edicions Alfons el Magnànim, 1996, pp. 16-17).

[17] "Sobre algunas categorías de la sociología comprensiva", *op. cit.*, p. 219.

"asociación" (*Verband*), y sus respectivos tipos de acción. La "institución" es una comunidad estructurada por estatutos racionales y dotada de un aparato coactivo capaz de condicionar el actuar de sus miembros, como por ejemplo la comunidad política llamada "Estado" o la comunidad religiosa llamada "Iglesia". Contrariamente, la "asociación" no se apoya en estatutos, sino en el consenso por el cual se orienta el actuar de sus miembros. Asociaciones "de tipo bastante puro" son "la 'comunidad doméstica' primitiva, en que el 'jefe de familia' es el dueño del poder; la formación política 'patrimonial' carente de un estatuto racional, en que lo es el 'príncipe'; la comunidad de un 'profeta' con sus 'discípulos', en que el dueño del poder es el primero, o una 'comunión' religiosa que subsista solo por consenso y en la que el dueño del poder sea un 'jerarca' hereditario".[18]

Esta primera versión de los conceptos sociológicos de Weber se encuentra influenciada por Tönnies en dos sentidos estrechamente relacionados entre sí. En primer lugar, y de manera muy directa, en un sentido terminológico. La distinción entre el "actuar en comunidad" y el "actuar en sociedad", lo mismo que el uso de los conceptos *Vergemeinschaftung* y *Vergesellschaftung,* dan cuenta de ello, aunque como se puede corroborar a simple vista el aparato conceptual weberiano es más diferenciado y complejo que el de Tönnies.[19] La influencia de este sobre aquel en este punto es tanto más difícil de desconocer, cuanto que en la nota introductoria al ensayo Weber hace mención a una serie de libros de referencia entre los cuales figura la "obra siempre importante" de Tönnies, *Comunidad y sociedad.* Acaso menos directa pero igualmente significativa es la vinculación existente entre el supuesto filosófico-histórico que subyace a la oposición entre comunidad y sociedad en Tönnies, y la concepción

---

[18] "Sobre algunas categorías de la sociología comprensiva", *op. cit.*, pp. 214-215.

[19] K. Lichtblau, "'Vergemeinschaftung' und 'Vergesellschaftung' bei Max Weber. Eine Rekonstruktion seines Sprachgebrauchs", *Zeitschrift für Soziologie*, Jg. 29, Heft 6, Dezember 2000, p. 429. Según Lichtblau, aunque el concepto simmeliano de *Vergesellschaftung* también influenció la terminología de Weber, comparado con la oposición de Tönnies aquél habría jugado un rol marginal (*ibid.*). Para una contextualización y profundización del concepto, véase del mismo autor, "Vergesellschaftung", en J. Ritter, K. Gründer, G. Gabriel (eds.), *Historisches Wörterbuch der Philosophie* Bd. 11: U-V, Basel / Stuttgart, Schwabe & Co, 2001, pp. 666-671.

histórica en la que Weber enmarca la comprensión de sus categorías sociológicas. También en este sentido se puede decir que el planteo de Weber es menos esquemático que el de Tönnies. Así como las dualidades conceptuales planteadas por Weber son menos abigarradas –según este, entre unas y otras media una serie de "transiciones"–, su idea del desarrollo histórico es menos axiomática que la de su colega. Lo que se mantiene más o menos idéntico en ambos es la dirección del desenvolvimiento histórico en relación con el comportamiento de los hombres y su causa principal o, como dice en otro lugar, la "fuerza impulsora esencial del desarrollo", a saber, la "racionalización".

> […] en el conjunto, en el transcurso del desarrollo histórico que podemos abarcar panorámicamente, hemos de comprobar, no por cierto la existencia de una "sustitución" del actuar por consenso por la socialización, sino más bien, un ordenamiento racional con arreglo a fines, cada vez más extendido, del actuar por consenso obtenido mediante estatutos, y en particular una creciente transformación de las asociaciones en instituciones ordenadas de manera racional con arreglo a fines. Ahora bien, ¿qué significa prácticamente la racionalización de los ordenamientos de una comunidad?[20]

Antes de ser la pregunta de Weber, esta fue la pregunta de Marx y la de Tönnies, entre algunos otros. Cada uno de ellos la formuló y la contestó de un modo diferente y ciertamente único. No obstante, empieza a ser evidente que en la respuesta dada por cada uno de ellos, en la de Marx, en la de Tönnies y, como veremos, *también* en la de Weber, gravita un apreciable desencanto: el que experimentaron frente al avance irrefrenable del proceso de racionalización y objetivación de las relaciones sociales comunitarias. La respuesta de Weber en el ensayo no deja lugar a dudas: la progresiva racionalización y diferenciación social de los ordenamientos de una comunidad significa, prácticamente, que cada vez los hombres saben menos sobre sus condiciones de existencia. Paradójicamente, cuanto más se racionalizan los ordenamientos de la vida social en su conjunto, el grupo de personas que constituye la "masa"

---

[20] "Sobre algunas categorías de la sociología comprensiva", *op. cit.*, p. 218, traducción ligeramente modificada. Subrayado nuestro.

tiende a actuar "con total desconocimiento del fin, del sentido y hasta de la existencia de aquellos ordenamientos". La distancia entre quienes viven cotidianamente atravesados por los ordenamientos racionales (sociales, políticos, religiosos, etc.) y el fundamento *racional* de estos últimos es cada vez mayor. La conducta predominante en la civilización moderna es un "actuar en masa (*Massenhandeln*), más o menos uniforme, carente de toda referencia de sentido". Al menos desde este punto de vista, la crítica de la *Zivilisation* está ligada al *Kulturpessimismus* de Weber. Comparada con épocas pretéritas, plenas de sentido, la época moderna no sólo resta, sino que atrasa: "El 'salvaje' conoce acerca de las condiciones económicas y sociales de su propia existencia infinitamente más que el llamado 'civilizado'".[21] A decir verdad, el hombre "civilizado" encuentra en la *rutinización* del actuar racional con arreglo a fines tanto una limitación como una posibilidad: una limitación respecto al sentido de los ordenamientos y una posibilidad de calcular y prever racionalmente las condiciones de su vida cotidiana. En esto último "reside el interés específico de la 'empresa' capitalista racional por los ordenamientos 'racionales', cuyo funcionamiento práctico puede calcular, en cuanto a sus chances, lo mismo que el de una máquina. Sobre esto trataremos en otro lugar". Con estas palabras finaliza el ensayo.

A pesar de tantas denegaciones por parte de algunos de sus intérpretes más conspicuos, el pensamiento de Weber no se encuentra tan alejado del de sus predecesores y contemporáneos. No hay abismo insondable ni más allá. Muchos de sus escritos dan cuenta de cuán atravesada estaba su propia visión del mundo de la *Weltanschauung* de su época y, más precisamente, de la "época de las oposiciones". Como en parte creemos haber empezado a mostrar, el discurso de Weber no está exento de aquel presupuesto sociológico básico que consiste en describir el presente con características arquetípicas de la forma de vida societaria por oposición a un pasado descripto con características también arquetípicas de la forma de vida comunitaria. Una opinión semejante la encontramos ya en Karl Löwith, uno de sus primeros y más lúcidos comentaristas, en un ensayo de 1932 titulado "Max Weber y Karl Marx". Allí se lee: "La sociología de Weber comparte, con el planteamiento y el origen de la sociología

[21] *Ibid.*, p. 221.

moderna (desde Hegel a Marx, pasando por Stein), la presuposición, así expresada, de la 'sociedad' –burguesa-capitalista–, a diferencia de todos los órdenes anteriores de *vida comunitaria*".[22]

2. La comunidad entre Weber y Tönnies

Al igual que los "conceptos capitales" de Tönnies, las categorías desplegadas en el ensayo de 1913 combinan uno filosófico-histórico con uno tipológico. La vinculación entre las mismas es, tal como sucede entre los conceptos tönnesianos, lógica y cronológica. Weber presenta las categorías sucesivamente a lo largo del desarrollo histórico por transición o transformación de unas en otras, desde las más simples y menos dependientes de la orientación racional de la acción a las más complejas y racionalmente condicionadas; si bien previene que "en casos particulares" puede suceder que la transición o la transformación se de en sentido inverso. De hecho, afirma: "El hombre individual participa de continuo, en su actuar, en múltiples y siempre diversas acciones en comunidad, acciones por consenso y acciones en sociedad".[23]

En efecto, el "actuar real de los individuos" puede estar referido simultáneamente a múltiples y diversos tipos de acción, pero desde un punto de vista *histórico*, *panorámico*, *de conjunto*, debe ser interpretado siguiendo la secuencia lógico-cronológica indicada más arriba por el mismo autor: "actuar en comunidad", "actuar por consenso" y "actuar en sociedad". Por frases como la anterior, en las que Weber hace una distinción explícita entre el "actuar en comunidad" y otros tipos de acción, tendemos a creer que el *Gemeinschaftshandeln* no es, como el propio Weber da a entender en un principio, la categoría genérica para los distintos tipos de acción, sino más bien un tipo de acción determinado con una posición definida en el encadenamiento categorial. Como Klaus Lichtblau, nos inclinamos a pensar que la relación entre las categorías de la sociología comprensiva, *desde* el "actuar en comunidad" *hacia* el "actuar en sociedad", *pasando* por el "actuar por consenso", corresponde a una sucesión histórica de

---

[22] K. Löwith, *Max Weber y Karl Marx*, trad. C. Abdo Ferez, Barcelona, Gedisa, 2007, p. 118, nota 20.

[23] "Sobre algunas categorías de la sociología comprensiva", *op. cit.*, p. 209.

ordenamientos sociales cada vez más racionalizados. Según Lichtblau, las distinciones conceptuales efectuadas por Weber en el ensayo "no sólo se relacionan con una *teoría de la racionalización*, como ya tenía en vista Tönnies, sino también con una *teoría de la diferenciación* que hace referencia implícitamente a las correspondientes explicaciones de Dilthey y Simmel sobre el 'cruce de los círculos sociales'".[24]

El "actuar en comunidad", introducido por Weber, recordémoslo, como el "objeto primario de una sociología 'comprensiva'", sería algo así como el grado cero de la racionalización. Aunque en rigor sabemos que para Weber nunca existió tal cosa. Ya que la *ratio*, como nos lo hace saber implícita y explícitamente en muchos de sus textos, desde siempre y en todo lugar habría tenido un papel más o menos preponderante entre los poderes históricos que influyen en las personas. De acuerdo con la definición proporcionada en el ensayo, el "actuar en comunidad" indica una acción subjetivamente dotada de sentido orientada a la conducta de otros hombres. Ni más ni menos.[25] El "actuar por consenso" transcurre en ausencia de un ordenamiento pactado racionalmente con arreglo a fines, pero su efecto tiene lugar *como si* tal ordenamiento hubiera existido efectivamente. El "actuar en sociedad", a diferencia de los otros dos, supone la existencia de un ordenamiento estatuido racionalmente de manera efectiva en vista del actuar de los asociados. Según insiste Weber una y otra vez a lo largo del ensayo, entre todos los tipos de acción –y no sólo entre los mencionados aquí– existe una "escala de transiciones" que se caracteriza por su "falta de nitidez" o, como también dice, por ser "socio-lógicamente imprecisa". Ahora bien, lo que se deduce con toda claridad es que las transiciones de un tipo de acción a otro se caracterizan, tanto objetiva como subjetivamente, por un creciente grado de racionalidad.

---

[24] "'Vergemeinschaftung' und 'Vergesellschaftung' bei Max Weber. Eine Rekonstruktion seines Sprachgebrauchs", *op. cit.*, p. 433.

[25] Sólo después de esta primera definición formal Weber agrega que un "elemento normal importante" "aunque no indispensable" del "actuar en comunidad" "lo constituye, en particular, su orientación, provista de sentido, hacia las *expectativas* de una determinada conducta por parte de los otros y hacia las chances, calculadas (*subjetivamente*) sobre esa base, que ofrece la consecuencia del propio actuar". ("Sobre algunas categorías de la sociología comprensiva", *op. cit.*, p. 189).

Así se entiende que la pregunta formulada por Weber al final del ensayo, la cual directa o indirectamente le da un sentido unitario al texto y le asigna un orden específico a cada una de las categorías presentadas, sea la pregunta por el significado de "la racionalización de los ordenamientos de una comunidad". Racionalización y diferenciación social racional hay, en principio, de los ordenamientos comunitarios. Esto no quiere decir que los procesos mencionados se apliquen de manera exclusiva a lo que en el contexto del ensayo Weber llama "comunidad". Esto quiere decir que la racionalización y la diferenciación social en tanto procesos históricos universales que asumen características particulares en cada civilización, y cuya expresión más acabada es la moderna civilización occidental, encuentran en los ordenamientos de una comunidad su origen o punto de partida. Como ha notado Breuer, la cercanía entre Weber y Tönnies no puede más que llamar la atención. Aun cuando "Weber disuelve en su teoría de la acción los conceptos de comunidad y sociedad", marcando así una distancia crítica entre su propia perspectiva, en extremo reticente a hipostasiar conceptos histórico-sociales, y la perspectiva sustancialista tan cara a Tönnies, hay que reconocer que era "Tönnies quien había distinguido por primera vez dos formas completamente distintas de convivencia humana, de las cuales una se basa en el acuerdo y la armonía y adquiere forma y nobleza mediante la moral y la religión, mientras que la otra está determinada por la convención, la reglamentación y la legislación. Era Tönnies quien había hablado de una intervención creciente de ordenaciones estatuidas y garantizadas por el Estado, las cuales sustituirían a la tradición, la fe y la costumbre y convertirían a la comunidad crecida históricamente en un artefacto, un agregado humano proyectado de una manera consciente: la sociedad. Y era Tönnies quien, por último, había encontrado para este desarrollo en *Comunidad y sociedad* el concepto todavía no formulado explícitamente, pero contenido implícitamente, que había de convertirse en idea directriz de las concepciones de Weber sobre el desarrollo histórico: el concepto de racionalización".[26]

Es preciso reconocerlo e insistir en ello, no sólo porque suele ser un hecho ignorado por muchos intérpretes y comentaristas, consecuencia del prolongado destierro al que se vio sometida la obra de Tönnies después

---

[26] S. Breuer, *Burocracia y carisma. La sociología política de Max Weber*, *op. cit.*, pp. 13-14.

de la Segunda Guerra Mundial en un contexto en el que prácticamente nadie, durante décadas, quiso siquiera escuchar hablar de la *Gemeinschaft*, sino también y sobre todo porque entre quienes es un hecho conocido, salvo algunas excepciones, ha sido denegado de manera rotunda y por lo general con argumentos infundados. No cabe duda de que Weber, a diferencia de Tönnies, tenía una posición clara de firme rechazo respecto de las teorías especulativas que en el campo de las ciencias sociales habían sobrevivido al siglo XIX. Esta posición era coherente con la exigencia weberiana de "neutralidad valorativa" para toda ciencia histórico-social con pretensiones empíricas; exigencia con la que Tönnies, como hemos visto, siempre estuvo de acuerdo pero rara vez pudo llevar a la práctica.[27] Del mismo modo, no cabe duda de que Weber, a pesar de haber compartido con numerosos colegas de su generación una interpretación filosófica de la historia, fue mucho más prudente y reflexivo que Tönnies al momento de caracterizar la racionalidad como la fuerza motriz del devenir histórico universal.

Nada de esto, sin embargo, cambia el hecho de que Tönnies y su teorema fueron una fuente de inspiración y un aporte teórico de la mayor importancia en la construcción de la mirada sociológica de Weber. No decimos el único ni tampoco el primero. Decimos uno que en todo caso debe ser examinado con cuidado si se pretende reflexionar con un mínimo de seriedad sobre el problema de la comunidad en Weber.

Toda la cuestión reside en saber, justamente, qué entiende Weber por comunidad.

Sobre este asunto lo primero que llama la atención es que, siendo el de comunidad un concepto tan importante y recurrente a lo largo de su obra, Weber nunca haya proporcionado una definición formal del mismo. Lo que hay son aproximaciones muy diferentes unas de otras, cuyo contenido varía dependiendo cada vez del contexto temático en el que aparece enmarcado y sobre todo de la época en que lo utiliza.

---

[27] A propósito, H. Liebersohn recuerda que en una carta de Weber a Tönnies, fechada en agosto de 1910, aquel le señala el carácter problemático del concepto de "voluntad esencial" por el hecho de encerrar ilegítimos juicios de valor y una descripción puramente heurística (*Fate and Utopia in German Sociology, 1870-1923*, Massachusetts, Massachusetts Institute of Technology, 1988, p. 222, nota 2).

Así pues, los primeros textos de Weber –pensamos aquí, fundamentalmente, en su tesis doctoral, *Historia de las sociedades comerciales en la Edad Media* (1889), en los escritos *Historia agraria romana* (1891) y *Las relaciones agrarias en la Antigüedad* (1897, 1898, 1909), como así también en el trabajo sobre *La situación de los trabajadores agrícolas en la Alemania del este del Elba* (1892) y en la breve investigación sobre *La bolsa* (1894)– son, en términos generales, más dependientes que cualquiera de sus textos posteriores de la perspectiva metahistórica, regida por un principio evolucionista y eurocéntrico, como la que sirvió a Marx y a Tönnies entre otros pensadores de la época para explicar el pasaje de la *Gemeinschaft* a la *bürgerliche Gesellschaft*. No obstante, vale la pena hacer notar que la explicación del proceso histórico que implica la transición de la "comunidad natural" a la moderna sociedad capitalista (de la antigüedad al medioevo y del medioevo a la modernidad) tiene en estos textos tempranos dimensiones y matices que por cierto no encontramos ni en los trabajos de Marx ni en los de Tönnies.[28]

El concepto de comunidad vuelve a aparecer en algunos de los ensayos que terminaron por formar parte de los tres volúmenes de su sociología de la religión. Precisamente en alusión a Tönnies aparece en un artículo de 1906 titulado "'Iglesias' y 'sectas' en Norteamérica",[29] luego reelaborado y ampliado al menos dos veces. No deja de ser curioso y sobre todo un dato a tener en cuenta que en la tercera y definitiva versión de 1920, bajo el nuevo título de "Las sectas protestantes y el espíritu del capitalismo", desaparezca toda mención a Tönnies y a sus conceptos capitales, los cuales habían jugado un papel importante en las versiones

---

[28] Para un análisis de los variados usos del término "comunidad" en la producción temprana de Weber, véase F. Ferraresi, *Il fantasma della comunità. Concetti politici e scienza sociale in Max Weber*, op. cit., especialmente el capítulo titulado "Terra, comunità, impresa: l'individuo tra antichità e medioevo", p. 19 y ss.

[29] El artículo aparece con ese título en dos versiones diferentes en el mismo año de 1906. Cuatro años más tarde, Weber vuelve a tratar la distinción entre "iglesia" y "secta" haciendo referencia a los conceptos de "comunidad" y "sociedad" en un intercambio oral con el propio Tönnies durante el Primer Congreso Alemán de Sociología celebrado en Frankfurt. La transcripción de este intercambio puede leerse en M. Weber, *Gesammelte Aufsätze zur Soziologie und Sozialpolitik*, Tübingen, J. C. B. Mohr (Paul Siebeck), 1988, p. 463 y ss.

previas.[30] Asimismo, sin aludir directamente a Tönnies o a su teorema pero en un sentido que incorpora muchos de los supuestos ideológico-políticos subyacentes a su teoría de la comunidad, volvemos a encontrar el concepto en el *Zwischenbetrachtung* o "Excurso" de 1916. Sobre este texto en particular volveremos en el siguiente apartado.

Pero es en los manuscritos incluidos en la parte más vieja de *Economía y sociedad* donde Weber utiliza mayormente el concepto de comunidad, aunque allí también se refiere a la comunidad de maneras muy diferentes. Recordemos que los textos pertenecientes a la Segunda Parte de *Economía y sociedad* fueron elaborados en distintos períodos entre 1909 y 1914 aproximadamente. Los especialistas suelen afirmar que allí el concepto de comunidad aparece empleado de un modo general para designar una gran variedad de formas del "vínculo social". Johannes Winckelmann, quien fue uno de los editores de *Economía y sociedad* y luego integró el grupo de editores responsables de las obras completas de Weber,[31] le pone nombre a esas formas: "El concepto de 'comunidad' en Max Weber en el tiempo de gestación del manuscrito más antiguo de *Economía y sociedad* es el término general para la 'unidad de relación social' y abarca las expresiones: acción social conjunta, unión societaria, agrupación social, asociación social, comunización, socialización, y dado el caso también las simples relaciones sociales y solidarizaciones".[32] Aun siendo difícil arriesgar un sentido y sólo uno para el concepto de comunidad en estos textos, la tendencia general de su argumentación lo conduce a concebirlo de manera similar a Tönnies. Como veremos, esta tendencia, sostenida y comprobable, sin

[30] "Las sectas protestantes y el espíritu del capitalismo", en *Ensayos sobre sociología de la religión*, vol. I, trad. J. Almaráz y J. Carabaña, Madrid, Taurus, 1998, pp. 203-231. Para una interpretación original de este artículo en sus múltiples versiones, véase V. Haidar, "Sociabilidades extraordinarias: sobre la comunidad, el sentido y el destino en la obra de Max Weber", *Revista Latinoamericana de Estudios Avanzados*, Vol. 15, N° 30, julio-diciembre de 2009, pp.133-165.

[31] Además de Winckelmann, ya fallecido, el grupo de editores al cuidado de la monumental *Max Weber-Gesamtsaugabe* (*MWG*), en curso de publicación desde 1984, estaba integrado en un comienzo por Horst Baier, Gangolf Hübinger, M. Rainer Lepsius, Wolfgang Schluchter y Wolfgang J. Mommsen, este último también fallecido.

[32] *Max Webers hinterlassenes Hauptwerk: Die Wirtschaft und die gesellschaftlichen Ordnungen und Mächte*, Tübingen, J. C. B. Mohr (Paul Siebeck), 1986, p. 52.

embargo no es lineal ni mucho menos garantía de continuidad entre ambas concepciones.

Para citar algunos de los manuscritos de la Segunda Parte de *Economía y sociedad* que a nuestro juicio representan la tendencia sugerida, mencionaremos: el capítulo I, "La economía y los diversos órdenes" ("Die Wirtschaft und die gesellschaftlichen Ordnungen"), el capítulo III, "Tipos de comunidad y sociedad" ("Typen der Vergemeinschaftung und Vergesellschaftung in ihrer Beziehung zur Wirtschaft"), el capítulo IV, "Comunidades étnicas" ("Ethnische Gemeinschaftsbeziehungen"), y el capítulo VIII, "Las comunidades políticas" ("Politische Gemeinschaften").[33] En estos textos, aún más claramente que en aquellos sobre "sociología de la religión", "sociología del derecho" y "sociología de la dominación" (textos que también pertenecen a la Segunda Parte del libro pero fueron redactados con posterioridad a los primeros), Weber asume una posición respecto de la comunidad que en muchos aspectos es semejante a la de Tönnies.

En el capítulo I sostiene la transición lógica y cronológica entre los distintos tipos de acción ("en comunidad", "por consenso", "en sociedad", etc.), como sucedía en el ensayo de 1913, sólo que en este caso las categorías de la sociología comprensiva aparecen en correspondencia con el tránsito "evidentemente continuo" "de la simple 'costumbre' (*Sitte*) a la 'convención' (*Konvention*) y de esta al 'derecho' (*Recht*)",[34] en cuanto rasgo característico del siempre creciente proceso de racionalización. En el capítulo III, las semejanzas con la teoría tönnesiana de la comunidad son todavía más marcadas. Allí, Weber se propone "fijar brevemente la naturaleza de los tipos de comunidad más importantes". En primer lugar, examina la "comunidad doméstica" (*Hausgemeinschaft*), "fundamento de

---

[33] Dado que las traducciones de los títulos de la versión castellana del libro muchas veces son adaptaciones libres, hemos decidido poner entre paréntesis los títulos de la edición alemana que consultamos, M. Weber, *Wirtschaft und Gesellschaft. Grundriß der verstehenden Soziologie*, edición al cuidado de J. Winckelmann, Tübingen, J. C. B. Mohr (Paul Siebeck), 1980 (trad. J. Medina Echeverría, J. Roura Parella, E. Ímaz, E. García Máynez y J. Ferrater Mora, *Economía y sociedad. Esbozo de sociología comprensiva*, México, FCE, 1998).

[34] *Economía y sociedad*, *op. cit.*, p. 263. Compárese la terminología empleada por Weber en este capítulo con la terminología empleada por Tönnies en *Gemeinschaft und Gesellschaft*, especialmente en las páginas finales, *op. cit.*, p. 215 y ss., *Comunidad y sociedad*, *op. cit.*, p. 313 y ss.

numerosas comunidades humanas fuera de ella", la cual "significa económica y personalmente solidaridad frente al exterior y comunismo en el uso y consumo de los bienes cotidianos (comunismo doméstico) en el interior, formando una unidad indivisa sobre la base de una rigurosa relación de piedad personal".[35] En segundo lugar, examina la "comunidad vecinal" (*Nachbarschaftsgemeinschaft*), formada por las "comunidades domésticas asentadas en inmediata proximidad", y fundamento primario de la comuna. Por último, la "comuna" (*Gemeinde*) es definida como una formación de carácter político que comprende una "pluralidad de vecindades" cuyo actuar en comunidad distintivo es la "prosaica 'hermandad' económica con sus consecuencias específicas en caso de emergencia".[36] La "comunidad doméstica" es la comunidad más antigua así como la más intensa, continua y estable de todos los tipos indicados. Es el fundamento sobre el cual se asientan comunidades más recientes en el tiempo, más amplias y diferenciadas. Y, por esa misma razón, es presentada como el zócalo histórico desde el cual pensar el desenvolvimiento del proceso de racionalización que desembocó en nuevas formas de vida social. Weber no se limita entonces a presentar una tipología de comunidades con sus correspondientes formas de desarrollo histórico, sino que además pretende desentrañar los motivos que operaron en la "disolución de la comunidad doméstica" "en el curso del desarrollo de la cultura".[37] La explicación provisoria de Weber a esta cuestión es la "creciente 'calculabilidad'", y, más concretamente, "la *calculabilidad* objetiva del rendimiento lucrativo del individuo y de su gasto" como resultado directo del desarrollo de una "*economía puramente monetaria*". Respuesta que, vale la pena subrayarlo, lo aproxima tanto a Tönnies (cuyo estudio sobre los distintos tipos de comunidad y la relación que mantienen entre sí anticipa mucho de lo que Weber dice en este capítulo)[38] como a Marx (quien ya afirmaba, en consonancia con Aristóteles, que la disolución de la comunidad primitiva es históricamente indisociable del desarrollo de la economía basada en el dinero).

[35] *Economía y sociedad*, *op. cit.*, p. 291.

[36] *Ibid.*, p. 296.

[37] *Ibid.*, p. 306 y ss.

[38] Véase *Comunidad y sociedad*, *op. cit.*, p. 32 y ss.

El análisis sobre las "comunidades étnicas" y las "comunidades políticas", desarrollado en los capítulos IV y VIII respectivamente, comparte los presupuestos inherentes a la concepción histórica que acabamos de ver en el capítulo III sobre las "*formas* estructurales generales de las comunidades humanas". Weber desconfía de los principios que permitirían identificar y describir una comunidad "étnica" o basada en caracteres raciales debido a "la poca univocidad de aquellos conceptos que parecen aludir a una actividad comunitaria (*Gemeinschaftshandeln*) de tipo étnico, es decir, condicionada por la creencia en la comunidad de sangre".[39] Su punto de vista sobre conceptos tales como los de "estirpe", "tribu" o "pueblo", a los que considera inservibles para una investigación sociológica rigurosa dadas la indeterminación y generalidad que les son propias, representa una posición sociológica absolutamente singular y, en el contexto de la época, sin duda alguna original. La "comunidad política" aparece diferenciada del resto de las comunidades por el hecho de que no se trata de una comunidad meramente económica, como sí lo eran las tratadas en el capítulo III. Por comunidad *política* Weber entiende "aquella cuya acción consiste en que los partícipes se reservan la dominación ordenada de un 'ámbito' […] y de la acción de los hombres situados en él de un modo permanente o sólo provisional, teniendo preparada para el caso la fuerza física, normalmente armada".[40] La dominación de un ámbito (terrestre o marítimo) y de los hombres que lo ocupan presupone un cierto grado de desarrollo de las comunidades anteriores. Por esta razón, dice Weber, cuanto más se remonta uno en el tiempo tanto más difícil se vuelve encontrar la situación social específica que caracteriza a una comunidad política. A través de un largo proceso histórico, la comunidad política pasa de ser una "asociación" ocasional, por definición carente de ordenamientos racionales y de un aparato coactivo, a ser una "institución" duradera y, más propiamente, un "Estado". El Estado, pues, es una comunidad política plenamente desarrollada como sólo es dado encontrar en la época moderna. Weber afirma que el uso de la violencia para salvaguardar los intereses de una comunidad es un hecho corroborable en todas las épocas, incluso en las

---

[39] *Economía y sociedad*, *op. cit.*, p. 322.
[40] *Ibid.*, p. 661.

comunidades económicas más primitivas, pero que el monopolio de la violencia legítima por parte de una comunidad política es el resultado de un proceso histórico que atraviesa distintas fases de desarrollo hasta culminar en la conformación del Estado racional moderno y su orden jurídico legítimo. En este sentido, el proceso de racionalización de los ordenamientos de una comunidad puede ser comparado al "proceso de 'estatificación' (*Verstaatlichung*) de todas las 'normas jurídicas'".[41] Este modo de concebir el Estado, aun con juicios propios y originales, debe a la concepción de Tönnies mucho más de lo que habitualmente se está dispuesto a admitir. El hecho de que en textos apenas posteriores Weber se sirva de un concepto de Estado muy diferente del que acabamos de delinear aquí no quita que hasta entonces su mirada sobre esta decisiva cuestión estuviera influenciada por el pensamiento de su colega.[42]

Ahora bien, hay por lo menos un texto de la parte más vieja de *Economía y sociedad* en donde Weber toma distancia tanto de los conceptos y de la terminología tönnesianos como de su concepción teórica más general. Se trata del capítulo VI, "Mercado" ("Die Marktvergesellschaftung"). Son apenas cinco páginas –el capítulo está incompleto– en las que se pone patas arriba todo lo que hasta ahora creíamos saber sobre la comunidad, sobre sus alcances y limitaciones. La sola expresión "comunidad de mercado" (*Marktgemeinschaft*) –tal es el tema del capítulo– es contraria al sentido común de la teoría sociológica. Weber lo sabe y hasta cierto punto parece complacerse en ello. De entrada, llama la atención sobre el carácter diferencial de la "comunidad de mercado" frente a todas las formaciones comunitarias de las que se ha ocupado hasta ese momento.

[41] *Ibid.*, p. 663.

[42] Según la tesis de Breuer que en parte ya habíamos adelantado, Weber dispone de dos conceptos de Estado. Un primer concepto que "toma al Estado esencialmente como ordenación institutiva y conduce a considerarlo como un fenómeno genuinamente moderno que surge con la racionalización de las comunidades", y del que dan testimonio entre otros textos el ensayo de 1913, el capítulo sobre las "comunidades políticas" y algunos fragmentos de la "sociología del derecho"; y un segundo concepto que ya aparece claramente en la "sociología de la dominación", para el cual no hay "limitación temporal o cultural" y que por ende es compatible con "configuraciones de dominación premodernas". Mientras el primero está basado en la concepción de Tönnies, el segundo implica el abandono de esta (*Burocracia y carisma. La sociología política de Max Weber*, *op. cit.*, p. 21 y ss.).

Mientras estas últimas "regularmente sólo encierran una racionalización parcial de su actividad comunitaria [...], aparece ahora como [arque] tipo de toda actividad societaria racional la socialización (*die Vergesellschaftung*) que, en virtud del cambio, tiene su escenario en el *mercado*".[43] El mercado, entonces, es el escenario de socializaciones racionales y por lo general efímeras, ya que duran lo que dura el intercambio. Sin embargo, he aquí que los dos fenómenos característicos del mercado, a saber, el "regateo" y el "cambio que utiliza dinero (compraventa)", son definidos como actividades comunitarias: el regateo, "en cuanto que ambos interesados en el cambio orientan sus ofrecimientos en el actuar potencial de un número indeterminado de interesados en el cambio, reales o imaginarios"; y el cambio que utiliza dinero "en virtud del empleo del mismo, el cual desempeña su función gracias únicamente a la referencia al actuar potencial de otros".[44]

La comunidad de mercado es una contradicción en los términos. Semejante contradicción es sencillamente inimaginable en el esquema de Tönnies. Ninguna de las metamorfosis que experimentó su teoría desde la publicación de *Comunidad y sociedad* en adelante incluyó la posibilidad siquiera remota de una comunidad relacionada con los fenómenos de mercado y muchísimo menos una comunidad *de* mercado. Para este, el mercado –o bien el "tráfico", como gusta llamarlo–, en cuanto institución paradigmática de la "sociedad", siempre representó la negación de cualquier "comunidad" imaginable. Marx, en cambio, en cierta forma se adelantó a Weber al postular en los *Grundrisse* la comunidad del dinero. Como se verá enseguida, Weber se refiere a la comunidad de mercado en términos prácticamente idénticos a los que Marx había usado medio siglo antes para referirse a la comunidad del dinero. Con la diferencia

---

[43] *Economía y sociedad*, *op. cit.*, p. 493.

[44] *Ibid.* Se recordará que en el ensayo de 1913 la comunidad de mercado y la comunidad lingüística son ejemplos del "actuar por consenso". El capítulo sobre la comunidad de mercado fue redactado con anterioridad al ensayo; allí Weber todavía no utiliza la categoría de "actuar por consenso" más que de forma implícita (K. Lichtblau, "'Vergemeinschaftung' und 'Vergesellschaftung' bei Max Weber. Eine Rekonstruktion seines Sprachgebrauchs", *op. cit.*, p. 435). En el capítulo sobre la comunidad de mercado se mencionan únicamente dos tipos de acción bien diferenciados y en clara oposición: el actuar en comunidad (o actividad comunitaria) y el actuar en sociedad (o actividad societaria).

nada despreciable de que el argumento de Marx se enmarca en un discurso crítico sobre la naturaleza del vínculo que promueve el capitalismo, mientras que Weber, antes bien, utiliza el concepto de comunidad de mercado en el contexto de un discurso que tiende a legitimar el modo de funcionamiento legal-racional de la economía capitalista.

> La comunidad de mercado, en cuanto tal, es la relación práctica de vida más impersonal en la que los hombres pueden entrar unos con otros. No porque el mercado suponga una lucha entre los partícipes. Toda relación humana, incluso la más íntima […] puede significar una lucha […]. Sino porque es específicamente objetivo, orientado exclusivamente por el interés en los bienes de cambio. Cuando el mercado se abandona a su propia legalidad, no repara más que en la cosa, no en la persona, no conoce ninguna obligación de fraternidad ni de piedad, ninguna de las relaciones humanas originarias portadas por las comunidades de carácter personal. Todas ellas constituyen impedimentos para el libre despliegue de la mera comunización de mercado, y los intereses específicos de esta, a su vez, constituyen tentaciones específicas para todas ellas. Intereses racionales de fin determinan los fenómenos del mercado en gran medida, y la legalidad racional, en particular la inviolabilidad formal de lo prometido una vez, es la cualidad que se espera del copartícipe en el cambio, y que constituye el contenido de la ética del mercado que, en este respecto, inculca una concepción muy rigurosa: en los anales de la bolsa es casi inaudito que se rompa el convenio más incontrolado e improbable cerrado con la firma. Semejante objetivación –despersonalización– repugna, como Sombart lo ha acentuado a menudo en forma brillante, a todas las originarias formas estructurales de las relaciones humanas. […] El mercado, en plena oposición a todas las otras comunizaciones, que siempre suponen confraternización personal y, casi siempre, parentesco de sangre, es, en sus raíces, extraño a toda confraternización.[45]

Allende las semejanzas y diferencias entre los discursos de Weber y Marx a propósito de la comunidad fundada en la economía monetaria –tema que, dada su amplitud, habría que tratar en un lugar aparte y en paralelo a un examen sobre sus respectivas nociones de "crédito", en el

[45] *Economía y sociedad*, *op. cit.*, p. 494, traducción modificada.

amplio sentido de la palabra en que ambos lo consideraron–, nos interesa aquí especialmente el visible contraste entre la comunidad de mercado y las características generales del concepto de comunidad de Tönnies. Tan notorio es el contraste que todos aquellos que instan a ver un abismo infranqueable entre ambos –un abismo en general, y en particular en lo que hace al tratamiento de la comunidad– toman este ejemplo como prueba irrefutable. El argumento se repite invariablemente más o menos de la siguiente manera: para Weber la comunidad de mercado, basada en el cambio racional de bienes y servicios sin interferencias de tipo personal, es tan "Gemeinschaft" como la comunidad doméstica, la forma más arcaica y estable de relación social entre los hombres;[46] en la medida en que el concepto weberiano de comunidad abarca las más variadas relaciones sociales y se aplica a todos los tiempos y lugares, se puede afirmar que el modo en que Weber lo usó difiere completamente del modo en que lo hizo Tönnies.[47] Incluso un autor como W. J. Cahnman, en absoluto partidario de separar categóricamente a estos dos pensadores, considera que "Weber usa el término *Gemeinschaft* en el sentido general pre-tönnesiano de 'grupo social'".[48] Esta interpretación también fue corroborada por otro prestigioso especialista, W. Schluchter, quien consultado al respecto recientemente respondió que en los textos de preguerra Weber "usó el concepto *Gemeinschaft* de una manera *totalmente neutral*, para referirse simplemente a una configuración social", de un modo que nada tiene que ver con Tönnies.[49]

Desde nuestro punto de vista, estas interpretaciones descansan en un prejuicio ampliamente difundido acerca de la teoría de Tönnies y de todo lo que ella representa en cierta historia de la tradición sociológica

[46] W. J. Mommsen, "Max Weber's 'Grand Sociology': The Origins and Composition of *Wirtschaft und Gesellschaft. Soziologie*", *op. cit.*, p. 375.

[47] W. J. Mommsen, "Einleitung", en *MWG* I-22/1, *Wirtschaft und Gesellschaft: Die Wirtschaft und die gesellschaftlichen Ordnungen und Mächte. Nachlaß. Gemeinschaften*, Tübingen, J. C. B. Mohr (Paul Siebeck), 2001, pp. 39-41, 50.

[48] "Tönnies and Weber. Comparison and Excerpts", en W. J. Cahnman (ed.), *Ferdinand Tönnies. A New Evaluation*, *op. cit.*, p. 259.

[49] Véase P. de Marinis, "Max Weber: la disputada herencia de un clásico de la sociología" (Entrevistas a Wolfgang Schluchter y Dirk Käsler), *Revista Española de Investigaciones Sociológicas*, Nº 121, enero-marzo de 2008, pp. 186-187. Subrayado nuestro.

alemana antes que en una comparación seria entre ambos autores. Lo que constituye una evidencia, sin embargo, aquí tiene que ser explicitado: no existen conceptos neutros, ni parcial ni totalmente. El concepto de *Gemeinschaft*, como intentamos mostrar desde el principio, tiene una larga historia que excede por completo a Tönnies. No obstante, sabemos cuán decisiva fue su contribución en la determinación de la valencia específicamente moderna y sociológica del concepto. Resulta difícil de creer que Weber –aunque lo mismo vale para cualquier intelectual alemán de la misma época– haya usado el término *Gemeinschaft* sin pensar en Tönnies, sobre todo si se tiene en cuenta que después de 1887, muy especialmente en el reducido ámbito de las ciencias sociales alemanas, salvo indicación contraria el uso del término comunidad estaba directamente asociado al libro capital de Tönnies.

En todo caso, no basta con criticar estas interpretaciones, sino que tenemos que argumentar en favor de nuestra hipótesis. Lo haremos a partir del contraejemplo predilecto de los teóricos del abismo: la "comunidad de mercado". Tanto énfasis se ha puesto en el carácter disruptivo de este concepto que se olvida con frecuencia su naturaleza excepcional, subrayada por Weber ya desde el comienzo del capítulo. La comunidad de mercado es la excepción que viene a confirmar la tendencia general apuntada más arriba. Weber comienza diciendo: "Frente a (*gegenüber*) todas las otras estructuras de tipo 'comunidad', de que nos hemos ocupado, que regularmente sólo encierran una racionalización parcial de su actividad comunitaria [...] aparece ahora como [arque]tipo de toda actividad societaria la socialización que, en virtud del cambio, tiene su escenario en el *mercado*".[50] En esta primera aparición de la comunidad de mercado Weber aporta un dato importante, a saber, que la mayoría de las comunidades se encuentran parcialmente racionalizadas y que, por lo tanto, desde el punto de vista de su relación con el decurso histórico uno tendería a situarlas en los albores del proceso de racionalización. Pero más importante aún es el dato que aporta cuando describe el carácter totalmente impersonal que asume el mercado abandonado a su propia legalidad. Nada contrasta más con esta situación que las obligaciones de fraternidad y piedad que cimentan "las relaciones humanas originarias

[50] *Economía y sociedad*, *op. cit.*, p. 493.

portadas por las comunidades de carácter personal". La tensión entre el mercado y sus intereses, por un lado, y las relaciones humanas originarias de las comunidades personales, por otro, es insuperable. Puestas en perspectiva, estas últimas se convierten en impedimentos para el despliegue de los primeros, al tiempo que estos se vuelven una tentación para aquellas. Sin embargo, la tentación alterna con la repugnancia. El eclipse de la persona por la cosa repugna a todas las formas originarias de las relaciones humanas. La extrañeza de la comunidad de mercado sólo se explica y se comprende a partir de la oposición con todas las otras comunidades y comunizaciones. En el momento de exponer las diferencias específicas entre la paradójica comunidad de mercado y el resto de las comunidades, Weber revela lo nunca dicho de su noción de comunidad, la cual en sus rasgos más generales no hace más que seguir la corriente de la época. Ni siquiera es necesario interpretar a partir de lo no-dicho puesto que Weber, por una vez, lo dice abiertamente, sin rodeos ni evasivas: la *Gemeinschaft* de carácter personal es portadora de relaciones humanas originarias, obligaciones vinculantes de fraternidad y piedad, y, dado que siempre supone confraternidad, no puede más que oponerse a las relaciones impersonales propias del mercado capitalista.

La respuesta teórica y práctica de Weber a esta tensión entre formas de vida en común con fundamentos e intereses disociados es sumamente original y, en la misma medida, disonante con las respuestas de la época. Pero la tensión en sí misma, la oposición que organiza todo su discurso, pertenece a la misma lógica inconmovible con la que, al menos desde Hegel y los neohegelianos –incluido Marx, naturalmente– se tiende a pensar el problemático pasaje de las formas de vida tradicionales a la forma de vida capitalista que tiene su epicentro en Occidente. Neutralizar el problema de la comunidad en Weber, vaciando el término de todas sus connotaciones normativas para convertirlo en un concepto aséptico, es por lejos la mejor forma, la más simple y al mismo tiempo la más eficaz de desembarazarse de un problema que amenaza desde dentro la estructura misma del sistema consagrado de lectura. Asumirlo, por el contrario, nos obliga a releer lo tantas veces leído para arriesgar nuevas respuestas a viejas preguntas de la historia de la sociología. En este caso, creemos que la más importante de todas sigue siendo la pregunta por el sitio que ocupa Weber en esta historia. Resituar a Weber, aunque más no sea momentáneamente, durante el lapso justo para hacer pasar otra lectura, sigue siendo aquí la prioridad.

3. La racionalización del mundo y el destino de la(s) comunidad(es)

Weber, lo sabemos, ocupa un sitial en la historia de la sociología. Entre otras razones creemos que esta situación de privilegio depende de una lectura en clave evolutiva de las ideas sociológicas y, asimismo, de una interpretación aséptica de su obra. La canonización de Weber parte de la convicción de que es posible leer sus textos como si estos compusieran un todo sistemático que el lector puede recorrer de atrás para adelante y de adelante para atrás sin necesidad de interrogar problemas exteriores al campo de lo estrictamente científico que los mismos textos vendrían a delimitar. Dos hechos bien conocidos conspiraron desde el principio contra esta pretensión canónica que a pesar de todo terminó por imponerse. El primero tiene que ver con el carácter fundamentalmente inacabado de su producción. No solamente porque su muerte prematura dejó inconclusos varios trabajos de gran envergadura, sino también por la gran dificultad que Weber experimentó a lo largo de su vida para terminar los proyectos en los que se involucraba. Dificultad comúnmente atribuida a sus frecuentes estados de depresión y melancolía.[51] El hecho de que algunos de sus textos más conocidos hayan sido publicados póstumamente, incluidas las controvertidas ediciones de lo que se conoce como *Economía y sociedad*, no favorece la comprensión de su obra como un todo coherente. El segundo hecho, tan conocido como el primero, tiene que ver con que Weber nunca limitó su horizonte al campo de problemas vinculados a las ciencias sociales. Basta leer cualquiera de sus publicaciones para descubrir casi de inmediato preocupaciones que exceden largamente este campo. Así lo entendieron muchos de sus allegados, discípulos y comentaristas, para quienes la sociología de Weber, disciplina a la que se suele confinar

[51] Sobre la depresión y la melancolía de Weber, en una línea de indagación más culturalista que propiamente psicoanalítica, véase el bello ensayo de R. Bartra, "El *spleen* del capitalismo: Weber y la ética pagana", en *El duelo de los ángeles. Locura sublime, tedio y melancolía en el pensamiento moderno*, Valencia, Pre-Textos, 2004, pp. 69-117.

su trabajo, convivía sin mayores interferencias con sus aproximaciones históricas, económicas y filosóficas.[52] No obstante, poco tiempo después de su muerte la herencia de Weber comenzó a ser resignificada a la luz de una distinción que por entonces empezaba a hacerse sentir cada vez con mayor fuerza y necesidad, a saber, la distinción entre la sociología y el resto de las ciencias particulares, y en especial entre aquella y la filosofía. En los años que siguieron a la Segunda Guerra Mundial, en un contexto donde la interpretación de su pensamiento estaba muy condicionada por la mirada estructural-funcionalista de Parsons, primer responsable de difundir su obra fuera de Alemania, la diferenciación entre el Weber "sociólogo" y el Weber "filósofo" se vio notablemente favorecida.

La exaltación vacua de la figura del Weber "sociólogo", tal como se practicó y como hoy se continúa practicando en una inmensa variedad de foros académicos, no sólo prescribe una lectura que deja de lado cuestiones decisivas, sino que en muchos casos contribuye a crear una distancia innecesaria y por demás ilusoria entre Weber y aquellos contemporáneos suyos sospechados de mantener relaciones estrechas con dudosas filosofías. En las interpretaciones habituales el Weber "filósofo" juega un papel secundario, cuando efectivamente juega un papel y no se lo ignora completamente. Más allá de lo que se piense de la "filosofía" de Weber, de su visión del hombre y su destino en el mundo, de su visión sobre la vida y sobre el sentido de la muerte –por sólo nombrar algunos tópicos que nadie podría desconocer–, lo que es seguro es que una lectura que pretenda disociar lo que de suyo no es disociable no puede más que empobrecer la comprensión de una obra que ostenta como una de sus grandes virtudes, justamente, la combinatoria de perspectivas. Lo que decíamos sobre Marx y Tönnies vale también en este caso: el Weber "sociólogo" y el Weber "filósofo" son uno y el mismo. El innecesario desdoblamiento, incluso cuando responde a una supuesta necesidad pedagógica, es el primer paso en la construcción de una falsa oposición que conduce inevitablemente a una depreciación del análisis.

---

[52] Las palabras de despedida que Jaspers dedica a Weber tras su muerte son altamente representativas de este modo –quizás hoy disonante– de entender su legado. Véase K. Jaspers, "Max Weber" (1920), en *Balance y perspectiva: discursos y ensayos*, Madrid, Revista de Occidente, 1953, pp. 1-14.

La segunda implicancia de la distinción que lleva a trazar una férrea demarcación entre Weber y sus contemporáneos sospechados de irracionalistas, románticos o idealistas tiene consecuencias tan nefastas como la primera. Es cierto que su crítica en clave metodológica a determinados prejuicios muy comunes en la época así como su inclinación a diferenciar su propio trabajo sociológico del de sus colegas fomentaron en gran medida esta interpretación, luego sobredimensionada estratégicamente por todos aquellos que a los efectos de legitimar su propia profesión científica entendieron rápidamente que necesitaban un "padre fundador" cuya legitimidad como científico fuera en sí misma incuestionable. Por su posicionamiento Weber estaba mucho más cerca de cumplir ese requisito inalcanzable que cualquiera de sus predecesores. Ahora bien, de no tomar en cuenta las sobredeterminaciones político-científicas de esta interpretación, resulta difícil comprender la voluntad manifiesta y persistente de tantos y tan encumbrados weberólogos por divorciar la sociología de Weber de la de tantos colegas y muy especialmente de la de Tönnies. Sobre todo cuando constatamos que las críticas que estos pudieron dirigirse (críticas que por lo demás tuvieron lugar casi siempre en privado, vía correspondencia, y no públicamente) cuentan menos, en perspectiva, que el abierto reconocimiento que ambos se profesaron y del que son testimonio sus respectivas publicaciones. No olvidemos que Weber y Tönnies hicieron juntos un largo recorrido. Siendo aún muy jóvenes participaron de la Asociación de política social y más tarde, junto a muchos otros, fundaron la Sociedad alemana de sociología.[53] Además de los dos primeros congresos organizados por la Sociedad en 1910 y 1912 respectivamente, compartieron al menos otros tres encuentros significativos en la trayectoria intelectual de ambos: el congreso de St. Louis en 1904, el congreso internacional de filosofía de Heidelberg en 1908 –durante el cual Tönnies se hospedó en casa de los Weber–, y el debate organizado en el castillo de Lauenstein en 1917.[54]

[53] W. J. Cahnman, "Tönnies and Weber. Comparison and Excerpts", en W. J. Cahnman (ed.), *Ferdinand Tönnies. A New Evaluation*, *op. cit.*, p. 257. Véanse asimismo los dos textos de Tönnies sobre Weber reimpresos en el mismo artículo, *ibid.*, p. 262 y ss.

[54] M. Weber, *Max Weber. Ein Lebensbild*, Heidelberg, Lambert Schneider, 1950 (trad. J. Benet y J. Navarro, *Max Weber. Una biografía*, Valencia, Edicions Alfons el Magnànim, 1995, pp. 561, 810, y *passim*).

En el panorama de las últimas décadas, en donde los weberólogos más autorizados ven con frecuencia diferencias irreconciliables entre la posición teórica de Weber y la de Tönnies, llama la atención la lectura de Hennis, un weberólogo calificado que ve precisamente lo contrario. Sin ser el único que piensa de esta manera, probablemente sea el más radical en sus afirmaciones. En el marco de su tesis, según la cual la "problemática" de Weber, el problema fundamental que constituye su sociología, es el "desarrollo de la humanidad", y su "tema" específico, "la personalidad y los órdenes de vida", Hennis considera a Tönnies un precursor directo de Weber. La problemática y el tema de la sociología weberiana adquieren toda su relevancia desde el momento mismo en que se advierte en el "contraste entre mundo antiguo y mundo nuevo" el "principio formador de sus conceptos polares": "secta"/"iglesia", "unión"/"institución", "comunización"/"socialización", "dominación mediante autoridad personal"/"dominación mediante constelación de intereses", etc.[55] Pero Hennis no se detiene ahí. Puntualmente, respecto a la relación entre Tönnies y Weber, afirma lo siguiente: "Como Tönnies no estaba *in* […], la sociología alemana reciente se esforzó en poner la mayor distancia posible entre la célebre pareja conceptual de Tönnies y el léxico de Weber. No hay ningún motivo para ello, y así uno no hace más que privarse de una de las claves interpretativas más importantes para la comprensión de Weber. […] Contrariamente a algún distanciamiento, veo en la obra de Weber más bien una radicalización y una universalización de la perspectiva tönnesiana".[56]

Lamentablemente, Hennis no profundiza esta lectura ni nos proporciona mayores indicios sobre el sentido concreto de esta "radicalización" y esta "universalización". Dicho así, no pasa de ser una generalidad a la que podemos concederle mayor o menor crédito pero en todo caso no constituye un argumento. Es Breuer —otro intérprete que, como ya hemos visto, también encuentra importantes afinidades entre Weber y Tönnies—

[55] *Max Webers Fragestellung, op. cit.*, pp. 62, 108 y *passim*. Hennis llega a mostrar que "también la más célebre de sus series de conceptos, la tríada de los tipos de legitimidad, está construida de forma estrictamente polar", y esto vale tanto para la última versión de dicha tríada —tal como la encontramos en la Primera Parte de *Economía y sociedad*—, como para "*todas* las otras versiones" (*ibid.*, p. 108, nota 127).

[56] *Ibid.*, p. 108, nota 126.

quien retoma esta lectura y le da una orientación concreta al afirmar que si la sociología weberiana es una radicalización y una universalización de la perspectiva tönnesiana, como afirma Hennis, esto es verdad en especial respecto de la racionalización. "Como Tönnies", escribe Breuer, "es en efecto en la racionalización de las acciones comunes que Weber ve un signo flagrante de evolución histórica. Como Tönnies, aún, Weber atribuye la singularidad de la civilización moderna a las proporciones en las cuales ella se determina siguiendo reglas racionales. Y como para Tönnies, el índice más significativo de esta racionalidad reside para Weber en el hecho de que ella combina una toma de posición arbitraria (es decir, una creación nueva) con un esfuerzo de sistematización".[57]

En el capítulo anterior ya habíamos llamado la atención sobre este hecho, al que se pasa por alto con suma facilidad. Fue Tönnies quien habló por primera vez de la "tendencia al racionalismo" de la modernidad occidental. Fue él quien por primera vez hizo referencia a la "racionalización" como un hecho histórico inexorable e irreversible que afecta de manera directa las esferas más diversas de la vida en común. Que luego la cuestión de la racionalidad y de la racionalización se haya convertido en uno de los problemas centrales –si no en el problema central–[58] de la obra de Weber es revelador de la correlación que aquí intentamos establecer y cuya histórica negación, creemos, no es más que el síntoma que viene a confirmarla.

Incluso si la visión de Weber sobre el proceso de racionalización es mucho más compleja y, tanto en términos históricos como geográficos, indudablemente más abarcadora que la de Tönnies, los supuestos que dieron lugar a la consideración general de este proceso son básicamente los mismos en ambos casos. Como muchos pensadores de su tiempo, Weber consagró una parte importante de su vida a intentar comprender y explicar el surgimiento del capitalismo moderno en Occidente. Su

---

[57] "De Tönnies à Weber: Sur l'existence d'un 'courant allemand' en sociologie", *op. cit.*, pp. 137-138.

[58] Esta es la famosa tesis que postula Friedrich Tenbruck en su artículo "Das Werk Max Webers" (*Kölner Zeitschrift für Soziologie und Sozialpsychologie*, 27, 1975, pp. 663-702), y una de las que más adeptos ha cosechado entre los intérpretes contemporáneos de Weber.

célebre texto, "La ética protestante y el espíritu del capitalismo",[59] es considerado una primera respuesta a esta importante cuestión de la cual dependían tantas otras. Por un lado, como se ha dicho una y otra vez, tanto la hipótesis que allí se plantea como la metodología que se pone en juego para confirmarla sobresalen por su originalidad y por su prodigiosa fecundidad. Como escribe Gil Villegas en la introducción a una nueva edición del texto en castellano: "Pocas tesis en la historia de las ciencias sociales han sido tan discutidas, fructíferas, actuales y longevas como la de Max Weber sobre la relación entre la ética protestante y el 'espíritu' del capitalismo".[60] Por otro lado, y sin que esto suponga una contradicción con lo anterior, la lectura de Weber sobre la relación entre protestantismo y capitalismo no está exenta de los habituales prejuicios que dominaron la sociología alemana de su época. El diagnóstico weberiano sobre la racionalización sistemática de la conducta de vida da cuenta de una visión trágica, incluso fatalista, con resabios de romanticismo resignado.[61] Sin poder detenernos aquí demasiado, recordemos al menos los párrafos finales en los que Weber evoca el "adiós resignado" de Goethe "a una época de humanidad bella y plena, tan irrepetible en el curso futuro de nuestra cultura como lo fue la edad de oro ateniense en la Antigüedad".[62] La resignación y el tan mentado pesimismo de Weber se encuentran estrechamente conectados pero no siempre aparecen juntos. Aquí, no obstante, aparecen articulados imprimiendo su sello a la concepción

[59] Originalmente publicado en 1904 y 1905 en el *Archiv für Sozialwissenschaft und Sozialpolitik* (revista de la que Weber era el editor junto a E. Jaffé y W. Sombart), y luego incluido, con modificaciones significativas que datan de 1920, en el volumen I de los *Ensayos sobre sociología de la religión*.

[60] "Introducción del editor", en M. Weber, *La ética protestante y el espíritu del capitalismo*, trad. L. Legaz Lacambra, revisada y corregida por F. Gil Villegas, México, FCE, 2003, p. 9.

[61] Para un examen pormenorizado y ampliamente documentado sobre esta cuestión, véase E. Weisz, *Racionalidad y tragedia. La filosofía histórica de Max Weber*, Buenos Aires, Prometeo, 2011. Más específicamente, para una caracterización de Weber como representante del "romanticismo resignado", véase M. Löwy y R. Sayre, *Rebelión y melancolía*, *op. cit.*, pp. 84-85.

[62] "Die protestantische Ethik und der Geist des Kapitalismus", en *Gesammelte Aufsätze zur Religionssoziologie* Bd. 1, Tübingen, J. C. B. Mohr (Paul Siebeck), 1986 (trad. cast. "La ética protestante y el espíritu del capitalismo", en *Ensayos sobre sociología de la religión*, vol. I, *op. cit.*, p. 199).

weberiana del devenir histórico como racionalización y desmagificación o desencantamiento del mundo (*Entzauberung der Welt*). Por una parte, parece decir Weber, ya no se puede esperar otra "época de humanidad bella y plena" como la que tuvo lugar en el pasado, y por otra parte y en el mismo sentido no hay más alternativa que afrontar la trágica realidad del presente, la fatalidad (*Verhängnis*) de la jaula de hierro (*stahlhartes Gehäuse*, literalmente "caja" o "carcasa dura como el acero") a la que se encuentra condenado el individuo del capitalismos moderno. Salvo el poco probable surgimiento de "nuevos profetas" y el renacimiento de "antiguos ideales y creencias", Weber se imagina el futuro de la vida social plenamente desarrollada como "petrificación mecanizada, orlada de una especie de agarrotada petulancia". Esto es, planteado en otros términos, la escena nietzscheana de los "últimos hombres": "especialistas sin espíritu, hedonistas sin corazón".[63] En el fondo, lo que Weber lamenta, penetrando con plena conciencia en "la esfera de los juicios de valor y de fe", es la pérdida de lo verdaderamente humano, del espíritu, del corazón del hombre, de aquellos valores, ideales y creencias desplazados por el estilo de vida moderno, determinado como está por las condiciones técnicas y económicas propias del capitalismo.

La inevitabilidad del proceso histórico aquí descrito podría ser ilustrada aún con otros pasajes de esta última parte del texto en la que abundan imágenes apocalípticas. En todo caso, lo más importante en este punto es no perder de vista que la racionalidad, evidentemente ligada al modo de producción capitalista, es el verdadero *motor* del desarrollo histórico. La metáfora no es gratuita. En una de las aproximaciones directas que hace Weber a la cuestión de la racionalización, y más específicamente del "proceso de racionalización", lo presenta como "fuerza impulsora esencial del desarrollo".[64] La humanidad no sólo se desarrolla impulsada por la racionalidad, sino que lo hace en la dirección de la razón (lo cual, como hemos visto y volveremos a ver más adelante, no equivale a decir en la dirección de un mayor conocimiento de las condiciones de vida y del sentido de la existencia). El proceso de racionalización es tendencialmente creciente, nunca decreciente. Concretamente, esto significa una

---

[63] *Ibid.*, p. 200.

[64] *Economía y sociedad*, *op. cit.*, p. 269.

extensión de la conducta racional en detrimento de la conducta tradicional. La concepción que se desprende de aquí llevó a Nisbet a afirmar que con su "principio de racionalización" Weber "eleva sus conceptos de lo tradicional y de lo racional, extrayéndolos de un nivel meramente clasificatorio, para darles el carácter de elementos de una filosofía de la historia tan imponentes como los de Tocqueville, Marx o Tönnies".[65]

Si bien el análisis weberiano del proceso histórico de racionalización no se limita a sus textos sobre sociología de la religión, es en ellos donde Weber dedica sus mayores a esfuerzos a elucidarlo.[66] Es a partir de estos textos que se puede hablar, según la importante tesis de Eduardo Weisz, de "una filosofía de la historia particular, típico-ideal, que, sin embargo, es muy diferente de los grandes relatos metahistóricos que constituyen los hitos típicos de esta rama de la filosofía práctica".[67] De acuerdo con esta tesis, los trabajos que por su orientación metodológica –centrados en procesos generales y no en casos concretos– resultan más significativos para analizar la concepción filosófica-histórica de Weber son el capítulo V de la Segunda Parte de *Economía y sociedad* sobre sociología de la religión, y tres textos incluidos en el volumen I de los *Ensayos sobre sociología de la religión*: la "Introducción" (o *Vorbemerkung*, advertencia preliminar escrita en 1920 para la compilación de los ensayos), la "Introducción" a "La ética económica de las religiones universales" (o *Einleitung*, de 1915), y el "Excurso" (o *Zwischenbetrachtung*, de 1916). En todos ellos se sostiene abiertamente el carácter *universal*, y ya no solamente *occidental*, del proceso de racionalización. Al hacer extensivo su estudio de la ética religiosa protestante a las grandes éticas religiosas universales (confuciana, hindú, budista, cristiana, islámica y judía antigua), y al intentar demostrar que todas estas cosmovisiones religiosas tuvieron un rol preponderante en la conformación de conductas de vida racionales, Weber resignifica notoriamente el alcance espacio-temporal de su concepto de racionalización. Desde entonces, este debe ser entendido como un proceso histórico de alcance universal, vale decir, como un proceso que se puede seguir en

---

[65] *La formación del pensamiento sociológico, op. cit.*, p. 193.

[66] Véase P. Aronson y E. Weisz (comp.), *Sociedad y religión. Un siglo de controversias en torno a la noción weberiana de racionalización*, Buenos Aires, Prometeo, 2005.

[67] *Racionalidad y tragedia. La filosofía histórica de Max Weber, op. cit.*, p. 180.

todas las civilizaciones y en todas las esferas de la vida, aun si existe un racionalismo que es propio de la civilización occidental y en el cual deben buscarse las respuestas a las preguntas sobre el origen de los diversos ordenamientos sociales (científico, artístico, político, económico, etc.) que tienden a ser dominantes en la vida moderna. La racionalización deviene entonces racionalización del mundo, y el mundo, en consecuencia, se convierte en un lugar cada vez más despojado de los elementos tradicionales que a lo largo del desarrollo histórico de las culturas pudieron representar obstáculos al despliegue y realización de la *ratio*.

¿Qué destino, pues, para una comunidad en un mundo donde lo racional ha tenido y tiene un papel tan preponderante? Si bien Weber nunca planteó esta pregunta explícitamente, no puede decirse que no la haya considerado en más de una ocasión. El "Excurso", subtitulado "Teoría de los estadios y direcciones del rechazo religioso del mundo", es sin duda una de esas ocasiones, y quizás la más significativa de todas. Motivado y amparado por un contexto muy particular, la Primera Guerra Mundial, Weber se entrega acaso como nunca antes a una retórica comunitaria poco usual en él, y nada menos que en un texto clave de su sociología de la religión, "que quiere ser al mismo tiempo una contribución a la tipología y sociología del racionalismo en sí".[68] El título, *Zwischenbetrachtung*, responde a que el ensayo se propone como una "consideración intermedia" entre el ensayo sobre confucianismo y taoísmo y aquel sobre hinduismo y budismo. Al igual que la *Vorbemerkung* y la *Einleitung*, se trata de un texto teórico con una fuerte impronta filosófico-histórica sugerida ya desde el subtítulo. Dicho muy rápidamente, lo que Weber hace allí es presentar un esquema típico-ideal de las "esferas de valor" (económica, política, estética, erótica, intelectual) características de la modernidad occidental, con el objetivo de mostrar "las *específicas legalidades internas* de cada esfera en particular", y a su vez poner en evidencia el conflicto "irreconciliable" entre estas esferas de valor altamente racionalizadas y la "ética religiosa de la fraternidad" tal como se desarrolló, inicialmente,

---

[68] "Zwischenbetrachtung: Theorie der Stufen und Richtungen religiöser Weltablehnung", en *Gesammelte Aufsätze zur Religionssoziologie* Bd. 1, *op. cit.* (trad. cast. "Excurso. Teoría de los estadios y direcciones del rechazo religioso del mundo", en *Ensayos sobre sociología de la religión*, vol. I, *op. cit.*, p. 528).

en la "comunidad de compañeros de aldea, de linaje, de gremio, o de navegación, de caza o de guerra". Como se dice allí, estas comunidades estaban regidas por una moral dual: una "moral hacia adentro", basada en el principio de "la simple reciprocidad", "no *sopesado* de un modo racional, por supuesto, pero vinculante por vía del *sentimiento*", y una "moralidad hacia afuera" aplicada a los "extraños", basada en el "regateo" y la "esclavización permanente".[69]

Puesto que cada esfera se diferencia de la otra, cada una mantiene un grado de tensión diferente respecto de la ética religiosa de la fraternidad propia de las antiguas comunidades. En la esfera *económica* esta tensión es "apenas superable". La economía racional capitalista, asociada al "mercado", al "cálculo" y al "dinero" ("lo más abstracto e 'impersonal' que existe en la vida humana") es evidentemente incompatible con la "ética religiosa de los virtuosos". Sin embargo, Weber no se cansa de subrayar la paradoja: la ascética racional de los virtuosos termina por crear la riqueza originalmente rechazada. De todas las esferas restantes, sólo en la *intelectual* se alcanza un grado de tensión tan profundo con la religiosidad como el alcanzado en la esfera *económica*. El conocimiento intelectual es el responsable del "desencantamiento del mundo" y, por tanto, es la negación del "*sentido* ético" del mundo que pregonan las religiones universales de salvación. No obstante, la tendencia de la religión a lo largo de la historia siempre fue la de hacer alianzas con el conocimiento racional. Una vez establecida como "doctrina", la religión se transformó en una de las fuerzas que más favoreció el surgimiento del "pensamiento laico racional".

Las esferas *estética* y *erótica* también mantienen una férrea tensión con la ética religiosa de la fraternidad, pero no justamente por su carácter racional, sino más bien por todo lo contrario, a saber, por ser cada una a su manera "poderes intramundanos de la vida cuya naturaleza tiene desde su raíz un carácter no racional o antirracional".[70] Cuanto más se racionalizaba y se sublimaba la ética religiosa, tanto más irreconciliable se volvía esta con las esferas estética y erótica. Así es como el arte y el erotismo, originalmente no racionales, también tienden a racionalizarse. Y

---

[69] *Ibid.*, pp. 532-533. Subrayados de Weber.
[70] *Ibid.*, p. 544.

es, paradójicamente, gracias a esta elevación a goce consciente que ambas esferas redescubren su naturaleza propiamente irracional. La sexualidad, a la que Weber no duda en llamar "el mayor poder irracional de la vida", se enfrenta a la religiosidad de salvación en su propio terreno: el amor. En el ámbito del amor se cruzan todos los límites y por consiguiente la racionalidad misma es excedida. El significado y el valor de la entrega erótica "se basa en la posibilidad de una comunidad que es sentida como un total hacerse *uno*, como un desvanecimiento del 'tú', y es tan poderosa que se la explica 'simbólicamente', *sacramentalmente*".[71] El núcleo vital de esta "comunidad erótica plena" (*volle erotische Gemeinschaft*) no se puede fundamentar, reducir a conceptos o comunicar de manera alguna. Es, pues, "inaccesible a todo esfuerzo racional, y se sabe sustraído tanto a las frías manos esqueléticas de las estructuras racionales como al embotamiento de la rutina cotidiana"; la comunidad erótica no "se sentirá fundada de otro modo que por una arcana *predestinación* (Bestimmung) mutua, por el *destino* (Schicksal) en el más alto sentido de la palabra".[72]

La vivencia de la comunidad erótica plena es del orden de la experiencia mística. Una experiencia ciertamente inaudita en un mundo que a expensas de una racionalización cada vez mayor en todas y cada una de las esferas de valor, incluida la religiosa, ha sido vaciado del sentido trascendente de la existencia. Dicho esto, uno podría estar tentado a pensar que a pesar de este desliz o, si se prefiere, de esta indiscreción, a pesar de este panegírico de la comunidad sexual, exaltada como acto de resistencia existencial en un mundo estructurado por la razón y la rutina, Weber reserva la figura de la comunidad para retratar un vínculo íntimo o privado, no un vínculo social a gran escala. Pero lo cierto es que en su discurso el destino moderno de la comunidad no se limita a la experiencia mística de los amantes. Como veremos enseguida, el sentimiento apasionado puede llegar a ser un fenómeno de masas, y la comunidad fundada en este *pathos* puede llegar a ser una comunidad incondicional: "una comunidad hasta la muerte".

En casi todas las esferas, incluida la esfera *política* a la que ahora nos remitimos, la tensión (*Spannung*) con la religiosidad no excluye la com-

---

[71] *Ibid.*, p. 550.
[72] *Ibid.*, pp. 550-551.

petencia (*Konkurrenz*). Si seguimos el texto con atención, descubrimos que la mayor tensión entre cada una de las esferas y la religión se alcanza cuando aquellas se vuelven competidoras de esta. Esto sucede de forma explícita tanto en la esfera estética como en la erótica, y de un modo incluso más directo en la esfera política. El orden político moderno, con su "aparato burocrático estatal y su característico *homo politicus* racional", típicamente pragmático, objetivo e impersonal, mantiene una gran tensión con la ética religiosa de la fraternidad y del amor. La conservación y el normal funcionamiento del Estado, es decir, del aparato que ostenta el monopolio de la violencia legítima, dependen de una dinámica propia y en sí misma irreconciliable con las exigencias ético-religiosas de fraternidad universal. Sin embargo, dice Weber, por ajenas que puedan resultar estas esferas entre sí, "en ciertos aspectos decisivos la política, a diferencia de lo que sucede con la economía, puede entrar en directa competencia con la ética religiosa". Uno de estos aspectos decisivos es la guerra:

> La *guerra*, en tanto realización a la amenaza de violencia, crea precisamente en las modernas comunidades políticas un *pathos* y un sentimiento de comunidad (*Gemeinschaftsgefühl*), genera una entrega y una comunidad absoluta de sacrificio entre los combatientes (*eine Hingabe und bedingungslose Opfergemeinschaft der Kämpfenden*) y, como fenómeno de masas, una compasión activa y un amor hacia el necesitado más allá de todas las barreras de las asociaciones naturalmente dadas; tales que las religiones en general sólo han podido producir algo semejante en las comunidades de héroes impregnadas por la ética de la fraternidad.[73]

La guerra es el factor desencadenante de un sentimiento de comunidad extraordinario en el contexto de las comunidades políticas modernas, es decir, en los Estados; un sentimiento comunitario masivo y a la vez absolutamente singular entre los combatientes; un *pathos* sólo comparable al que se producía en las antiguas comunidades de héroes regidas por la doble moral de la ética religiosa de la fraternidad: hospitalaria hacia adentro y hostil hacia afuera.

---

[73] *Ibid.*, p. 538.

> Aparte de esto la guerra proporciona al mismo guerrero algo que es singular en su significación concreta: la percepción de un sentido y de una sacralidad de la muerte que sólo es propia de él. La comunidad del ejército sobre el campo de batalla se siente hoy, como en los tiempos de los "seguidores de los jefes guerreros", como una comunidad hasta la muerte: la más grande de su tipo (*als eine Gemeinschaft bis zum Tode: die größte ihrer Art*).[74]

Además de un sentimiento de comunidad generalizado y totalmente desconocido en el estado presente del desarrollo de la cultura, la guerra provee al guerrero de una sensación que únicamente le cabe experimentar a los miembros de la singular comunidad del ejército sobre el campo de batalla: la sensación de que su muerte tiene sentido. De la "muerte que constituye el destino humano ordinario y nada más", de la "muerte simplemente inevitable se diferencia la muerte en el campo de batalla por el hecho de que aquí, y en esta situación masiva, *sólo* aquí el individuo puede *creer* saber que muere 'por' algo".[75] Fuera de la religión, y en un sentido muy diferente a ella, sólo la guerra es capaz de transformar nuevamente a la muerte en un acontecimiento significativo para el individuo. Como luego explicará Weber en una de sus más conocidas conferencias, tomando a León Tolstói como referencia, el "hombre civilizado" "puede sentirse 'cansado de vivir', pero no 'saciado'", como sí lo hacía "Abraham o cualquier campesino de los viejos tiempos". El "progreso" (*Fortschritt*) permanente al que se ve sometido el hombre moderno de Occidente en su vida cotidiana destruye hasta la más mínima de sus certidumbres. "La muerte resulta así para él un hecho sin sentido. Y como la muerte carece de sentido, no lo tiene tampoco la cultura en cuanto tal, que es justamente la que con su insensata 'progresividad' (*sinnlose 'Fortschrittli-*

---

[74] *Ibid*, traducción ligeramente modificada.

[75] *Ibid.*, pp. 538-539. En la biografía de su esposo, Marianne transcribe un discurso de Weber de fines de 1914 ante un grupo de soldados alemanes convalecientes: "En la vida cotidiana, la muerte viene a nosotros como algo incomprensible, como un destino irracional del que no es posible extraer un sentido, y que tenemos que aceptar sin más. Pero todos vosotros sabéis por qué y para qué morís si os alcanza este destino. [...] La muerte heroica por la libertad y el honor de nuestro pueblo es una obra suprema, con efecto para nuestros hijos y nietos. No hay una gloria mayor ni un final más digno que morir así" (*Max Weber. Una biografía, op. cit.*, p. 724).

chkeit') priva de sentido a la muerte".[76] Es en el marco de este diagnóstico epocal, fácilmente asimilable a la filosofía de la historia antes descrita, que debemos leer el fenómeno de la guerra, y de la "comunidad hasta la muerte" que se forma con ella, como emblemas de la recuperación de un sentido perdido.

Bastante antes de esta conferencia, e incluso antes de la guerra mundial, Weber ya había ligado la cuestión de la muerte al problema de la comunidad. En el capítulo VIII de *Economía y sociedad* sobre "Las comunidades políticas", cuando habla sobre la posibilidad de que la comunidad política ejerza coacción física hacia dentro o hacia fuera, Weber afirma que es "la seriedad de la muerte la que aquí se introduce con el fin de defender eventualmente los intereses de la comunidad. Tal circunstancia introduce en la comunidad su *pathos* específico. También produce sus fundamentos emotivos permanentes". Y llega a decir, asimismo, que "es lo único que caracteriza decisivamente la 'conciencia de la nacionalidad'".[77]

A esta altura ya no puede sorprender que la figura de la *Gemeinschaft* aparezca ligada a la guerra, y más concretamente a la Primera Guerra Mundial. Las observaciones que hicimos en el primer capítulo sobre esta cuestión y, más en particular, sobre la *Volksgemeinschaft* de Tönnies ilustran hasta qué punto fue importante la Gran Guerra en la propagación de los discursos que asumen posiciones trascendentales tendientes a afirmar la "comunidad" en Alemania. Weber, también en este sentido, fue un hombre de su época. En palabras de Marianne, al comienzo de la guerra su marido "agradece a su destino poder vivir la guerra". Weber no sólo vive la guerra sino que participa directamente en ella. Muy a pesar suyo no en el campo de batalla en donde hubiera querido estar pero no pudo a causa de su edad (50 años en 1914), sino ocupando el puesto de responsable de los hospitales militares de reserva en Heidelberg. Su entusiasmo era tal que en agosto de 1914 pudo escribir: "*da igual* cómo acabe esto: *esta guerra es grande y maravillosa*".[78] Como tantos otros intelectuales

---

[76] "Wissenschaft als Beruf", en *Gesammelte Aufsätze zur Wissenschaftslehre, op. cit.* (trad. F. Rubio Llorente, "La ciencia como vocación", en *El político y el científico*, Madrid, Alianza, 1997, pp. 200-201).

[77] *Economía y sociedad, op. cit.*, p. 662.

[78] M. Weber, *Max Weber. Una biografía, op. cit.*, p. 717.

alemanes de ese tiempo, Weber cayó en la tentación de la exaltación espiritualista de la nación alemana. Su perspectiva nacionalista, que por cierto venía de muy atrás, se vio estimulada por las circunstancias de la guerra.[79] Si bien en términos generales su germanismo no fue demasiado original –con diferencias teórico-prácticas más o menos significativas según los casos, Weber, al igual que el resto de los sociólogos alemanes de renombre, se había convertido en un apologeta de la comunidad nacional–, un análisis cuidadoso de sus textos y discursos de esta época mostraría matices nada despreciables.

Digamos de momento que en la vida de Weber, no menos que en su "teoría" (como queda establecido en el "Excurso"), la guerra significó un último y fugaz halo de esperanza. Más allá de cómo acabe y más allá de las vidas sacrificadas en el campo de batalla, la guerra de 1914 *es grande y maravillosa* por su significado intrínseco, el cual incluye pero desborda la cuestión nacional. Representó la posibilidad efectiva de enderezar el destino de la nación alemana, al mismo tiempo que un fenómeno desde todo punto de vista excepcional en el contexto cotidiano y rutinario de la moderna civilización occidental. Es el carácter propiamente extraordinario de la guerra lo que Weber más valora de ella. Es su naturaleza disruptiva respecto de la creciente racionalización de la existencia la que la vuelve *grande y maravillosa*. Se trata, pues, del único fenómeno masivo, y no simplemente íntimo como en el caso de la comunidad erótica, con capacidad de romper la cotidianeidad y la rutina propia de la vida signada por el cálculo y la previsión, al punto de crear en las modernas comunidades políticas, es decir, en los Estados, un *pathos* y un sentimiento de comunidad como el que existía en los viejos tiempos. La guerra es la confirmación –provisoria– de que no todo está perdido, de que todavía subsisten principios de conducta ético-social típicamente comunitarios,

---

[79] Los artículos y discursos recogidos en *Gesammelte Politische Schriften* (Tübingen, J. C. B. Mohr (Paul Siebeck), 1988) conforman un muestrario más que elocuente del nacionalismo que impregnó su pensamiento a lo largo de su vida académica, desde el discurso inaugural (*Antrittsrede*) de cátedra en Friburgo (1895) hasta sus últimas intervenciones políticas en 1919. Una selección de los mismos en castellano se puede consultar en M. Weber, *Escritos políticos*, edición al cuidado de J. Abellán, Madrid, Alianza, 1991.

irreductibles a las reglas abstractas e impersonales que se imponen en la actualidad en todas las esferas de la vida del hombre.

La guerra y la comunidad que se forma a partir de ella, en suma, representan para Weber la postrera garantía del carisma genuino en un mundo desmagificado, desencantado, en donde ni siquiera el principio carismático queda a salvo del inexorable proceso de racionalización. A pesar del clima rarificado que por entonces ya se vivía en Alemania, todavía era imposible adivinar el verdadero "destino" del despertar carismático asociado al fenómeno de la guerra y a la retórica comunitaria. Como es sabido, Weber no vivió lo suficiente como para testimoniar del exterminio humano más grande del que se tenga memoria en la historia reciente de Occidente. Por lo tanto, murió desconociendo una de las terribles paradojas que encierra su pensamiento: aquellos elementos que él consideraba propicios para retener el *sentido* del que los hombres se ven privados a causa de la creciente racionalización de la *Kultur* por cuenta de la *Zivilisation* desembocaron, apenas dos décadas más tarde, en la experiencia límite de la racionalidad occidental, aquella que incrementó como nunca antes el sinsentido de la muerte, y por ende, también, el de la vida.

4. Los conceptos sociológicos fundamentales (1919-1920)

Desde un punto de vista teórico, el último año de la vida de Weber fue extremadamente productivo. Entre mediados de 1919 y mediados de 1920 Weber repartió su tiempo entre la actividad docente, parcialmente interrumpida durante el transcurso de la guerra, y la escritura. Por un lado se dedicó a corregir los manuscritos que integrarían el volumen I de los *Ensayos sobre sociología de la religión*, y por otro a escribir la "Teoría de las categorías sociológicas". Este último escrito, hoy conocido como la Primera Parte de *Economía y sociedad* (la cual se subdivide a su vez en cuatro capítulos: "I. Conceptos sociológicos fundamentales", "II. Las categorías sociológicas fundamentales de la vida económica", "III. Los tipos de dominación" y "IV. Estamentos y clases") es el único fragmento de su libro capital y póstumo que llegó a manos del editor antes de su inesperada muerte el 14 de junio de 1920.

Como habíamos adelantado al comienzo, los dos textos en los que Weber sienta las bases de su teoría sociológica son "Sobre algunas categorías de la sociología comprensiva" y "Conceptos sociológicos fundamentales" o "Soziologische Grundbegriffe". Como creemos haber mostrado, las categorías empleadas en el primero de ellos se encuentran fuertemente influenciadas por el teorema de Tönnies. Lo mismo sucede, como se verá, con los conceptos sociológicos fundamentales definidos en las primeras páginas de *Economía y sociedad*. Ahora bien, dado que entre la versión de 1913 y la de 1919/20 existen diferencias importantes, resulta interesante a nuestros fines analizar estos cambios sin perder de vista el problema que motiva estas lecturas.

Para empezar, hay que saber que los cambios introducidos por Weber entre la primera y la segunda versión de su teoría sociológica no son independientes ni separables del problema de la comunidad. Precisamente, la clara percepción de que la noción de comunidad está cargada de presupuestos es una de las razones que lo llevaron a realizar estas modificaciones terminológicas. Desde luego, esta no es más que nuestra interpretación de los hechos. Si uno se deja guiar por su propia explicación acerca de la relación entre las dos versiones de su aparato conceptual se llegará a conclusiones muy diferentes. Según dice en la *Advertencia preliminar* a los *Grundbegriffe*:

> El método de esta introductoria definición de conceptos, de la que no puede prescindirse fácilmente no obstante ser de modo inevitable abstracta y lejana, al parecer, de la realidad, no pretende novedad en modo alguno. Al contrario, sólo desea formular –teniendo la esperanza de haberlo conseguido– en forma más conveniente y correcta (quizá por eso con cierta apariencia pedante), lo que toda sociología empírica entiende de hecho cuando habla de las mismas cosas. Esto aun allí donde se empleen expresiones al parecer no habituales o nuevas. En relación con mi artículo en *Logos* (IV, 1913, pp. 253 *ss.*) la terminología ha sido simplificada en lo hacedero, y modificada muchas veces con el propósito de hacer fácil su comprensión en la mayor medida posible. Desde luego, la exigencia

> de una vulgarización absoluta no es siempre compatible con la de una máxima precisión conceptual y esta debe predominar sobre aquélla.[80]

Su método, dice, no pretende ser en modo alguno novedoso. Su única pretensión consiste en formular "en forma más conveniente y correcta" los conceptos elementales de toda sociología empírica. Si debemos darle crédito, la versión que nos presenta en 1919/20 de los conceptos sociológicos fundamentales no es más que una simplificación de su primera versión de 1913. Las modificaciones introducidas tienen por objetivo facilitar la comprensión, aunque haciendo primar siempre el rigor científico sobre la divulgación. La explicación de Weber es una verdad parcial. No hay duda de que, comparadas las dos versiones, la segunda resulta más simple que la primera. Y si bien uno de sus propósitos en 1919/20 bien pudo haber sido este, tampoco hay duda de que las razones que lo llevaron a efectuar tan decididas modificaciones en su aparato conceptual no se agotan allí. Hasta donde sabemos, Weber nunca se refirió a ellas explícitamente ni dio más explicaciones que las que acabamos de citar. Por lo demás, el listado de autores y libros que nombra a modo de referencias en la *Advertencia preliminar* no difiere demasiado del que se puede leer en la nota introductoria al ensayo de 1913. También en la nueva versión, junto a Jaspers, Rickert, Simmel y Gottl, vuelve a aparecer el nombre de Tönnies y su "bella obra" (*schöne Werk*), *Gemeinschaft und Gesellschaft*.

¿Cuáles fueron las modificaciones entre la primera y la segunda versión? Y ¿qué objetivo, más allá del alegado por Weber, perseguían las mismas? A continuación vamos a intentar contestar ambas preguntas a partir de un análisis parcial de los nuevos conceptos, haciendo especial hincapié en aquellos más inmediatamente relacionados con el problema de la comunidad.

Antes de comenzar a analizar las modificaciones terminológicas, quizás convenga aclarar que entre las dos versiones en cuestión hubo aspectos que se mantuvieron prácticamente inalterados. Recordemos que el ensayo de 1913 está expresamente dividido en dos partes. La primera, de la que no nos hemos ocupado aquí, comprende los tres primeros apar-

---

[80] *Economía y sociedad, op. cit.*, p. 5.

tados y es la parte en donde Weber expone los principios metodológicos de su sociología *comprensiva*. La segunda parte del ensayo, la parte terminológica que hemos desglosado más arriba, fue escrita con anterioridad a la primera y comprende los cuatro apartados finales. Según una tesis de Lichtblau que compartimos, las dos partes del ensayo se corresponden con "dos variantes diferentes de la sociología de Weber": "una variante 'histórico-desarrollista' más temprana, y una variante 'individualista' más tardía que anticipa los 'Conceptos sociológicos fundamentales' de 1919-20 y que llegó a ser conocida en la bibliografía secundaria bajo la rúbrica de 'individualismo metodológico'."[81] Para este autor, los textos que conforman la Segunda Parte de *Economía y sociedad*, redactados por Weber en distintos períodos antes de la Gran Guerra, se encuentran mucho más próximos por su contenido a la variante "histórico-desarrollista" que a la llamada variante "individualista". Razón por la cual "Weber incorporó las reflexiones metodológicas del ensayo de las 'Categorías' sin cambio en 1919-20 pero redefinió completamente sus conceptos sociológicos fundamentales y comenzó a revisar la parte más temprana de 'Economía y sociedad'."[82]

En efecto, lo primero que llama la atención al comparar las dos versiones de los conceptos sociológicos es que, mientras la parte "metodológica" no sufre grandes alteraciones, la parte "terminológica" aparece completamente modificada. El hecho de que esta última, en la versión de 1913, tuviera una decidida impronta histórico-desarrollista, como sugiere la tesis de Lichtblau y como hemos intentado mostrar en nuestra propia lectura del ensayo, es otra de las razones que impulsaron a Weber a introducir cambios en su aparato conceptual. Naturalmente, esto no desmiente el objetivo alegado en la *Advertencia preliminar*. De hecho, estamos convencidos de que la terminología de 1919/20 es efectivamente más sencilla que la de 1913. Lo que afirmamos es que este no era el único ni el principal objetivo que se perseguía con la modificación de los conceptos. Creemos que el motivo más importante del cambio terminológico reside en que Weber, bajo la exigencia y el condicionamiento de su mirada hipercrítica, fue capaz de advertir en su propio discurso lo

[81] "Max Weber's Two Sociologies", *Max Weber Studies*, 3.2, 2003, p. 236.
[82] *Ibid.*, pp. 236-237.

que muchos de sus comentaristas contemporáneos deniegan sistemáticamente, a saber, que la utilización que había hecho hasta entonces del concepto de *Gemeinschaft* era todo salvo *neutral*. En el ensayo de 1913 había definido la *Gemeinschaftshandeln* ("acción en comunidad") como el "objeto primario" de la sociología comprensiva. De esta a su vez dependía la *Einverständnishandeln* ("acción por consenso") y la *Gesellschaftshandeln* ("acción en sociedad"). Como se comprueba en el ensayo y en muchos de los textos de la Segunda Parte de *Economía y sociedad* donde estas categorías son puestas en práctica, cada una de ellas representa directa o indirectamente un grado de racionalización diferente, y, en la misma medida, un determinado estadio del desarrollo histórico y cultural. Este es el trasfondo filosófico-histórico que subyace al entramado categorial de Weber en 1913.

Hasta tal punto era consciente de su falta de neutralidad en la utilización de estos conceptos que en 1919/20 los hizo desaparecer, sustituyéndolos por otros en apariencia menos comprometidos. El plan estratégico de sustituciones comienza, como es de esperarse, por el "objeto primario". Lo que en la primera versión era denominado *Gemeinschaftshandeln*, en la segunda será denominado *soziales Handeln* o "acción social". En el § 1 de los "Conceptos sociológicos fundamentales", Weber define la "sociología" como "la ciencia que pretende entender, interpretándola, la acción social para de esa manera explicarla causalmente en su desarrollo y efectos", y define la "acción social" propiamente dicha como la "acción en donde el sentido mentado por su sujeto o sujetos está referido a la conducta de *otros*, orientándose por esta en su desarrollo".[83] Como queda expuesto, la definición de "acción social" no difiere en nada de la de "acción en comunidad". Incluso el famoso ejemplo de los "ciclistas" vuelve a repetirse. Se trata, pues, de un cambio exclusivamente terminológico. A través de esta modificación, que en perspectiva puede considerarse menor pero que a la luz de nuestra tesis resulta de la mayor importancia, Weber buscaba despejar cualquier duda posible sobre el sentido del concepto en torno al cual se edifica toda su sociología. Si había un concepto *fundamental* era justamente este. Para la sociología comprensiva, escribe en

---

[83] *Economía y sociedad, op. cit.*, p. 5.

los *Grundbegriffe*, la "acción social" es el "dato central, aquel que para ella, por decirlo así, es *constitutivo*".[84]

No se trata, entonces, de un reemplazo terminológico cualquiera ni es cualquiera el término elegido por Weber para llevarlo a cabo. La enorme ventaja del adjetivo *sozial* (social) con el que ahora pondera la acción que, independientemente del sentido que la oriente, tiene en cuenta la acción de *otros*, es que con él evita tanto la referencia a la *Gemeinschaft* como a la *Gesellschaft*. En el contexto de la sociología alemana de su tiempo, el concepto de *soziales Handeln* era novedoso y estaba exento de cualquier vinculación posible con los ya por entonces célebres conceptos de Tönnies. Lo que no quiere decir que el de "acción social" sea en sí mismo un concepto exento de valor o, como quisieran algunos, un concepto neutro. Tal cosa no existe ni existirá jamás. En todo caso, se puede afirmar que a través de esta estratégica sustitución Weber intentó imprimirle a su sociología comprensiva el carácter generalizador, abstracto y sistemático que de hecho había resignado en 1913 al servirse de la terminología tönnesiana en un sentido que ponía en evidencia el vínculo de sus categorías sociológicas con cierta filosofía de la historia.

Por otra parte, hay que tener en cuenta que con la "acción en comunidad" desaparecen también la "acción por consenso" y la "acción en sociedad". Esto se explica, parcialmente, por la sólida trabazón lógica y cronológica que existe entre dichas categorías: imposible desplazar a una sin que esto afecte a todas las demás. En la nueva versión de los conceptos sociológicos, la "acción social" puede ser, según la orientación significativa predominante: 1) "racional con arreglo a fines", 2) "racional con arreglo a valores", 3) "afectiva", y 4) "tradicional". Con esta nueva clasificación típico-ideal, Weber lograba un doble cometido: al mismo tiempo que dejaba atrás las connotadas categorías de 1913, refinaba sus conceptos allí donde más se hacía sentir la necesidad de reducir ambigüedades y facilitar la comprensión general. En este marco, la categoría de "relación social" (*soziale Beziehung*) también era una novedad. Esta es definida y diferenciada de la "acción social" por el hecho de ser una "conducta plural –de varios– que, por el sentido que encierra, se presen-

---

[84] *Ibid.*, p. 20.

ta como recíprocamente *referida*, orientándose por esa reciprocidad".[85] Ahora bien, notemos que Weber no introduce este concepto, desde ahora fundamental, sin antes tomar las precauciones necesarias para evitar eso mismo que tiempo atrás él había detectado y criticado en autores como Roscher, Knies, e incluso en "muchos 'sociólogos' modernos": la "*sustancialización*" de los conceptos colectivos. En este punto sigue siendo intransigente y se encuentra a gran distancia de Tönnies. Tras definir el concepto de "relación social" se apresura a indicar que el "contenido" de una relación social puede ser del tipo más diverso: "conflicto, enemistad, amor sexual, amistad, piedad, cambio en el mercado, 'cumplimiento', 'incumplimiento', 'ruptura' de un pacto, 'competencia' económica, erótica o de otro tipo, 'comunidad' nacional, estamental o de clase".[86] Los ejemplos y el orden de los mismos no son azarosos. Weber invierte el orden habitual de los opuestos: comienza por el "conflicto" y termina por la "comunidad". Evidentemente, está interesado en resaltar que su definición de "relación social", a diferencia de la de Tönnies –por ejemplo– no refiere exclusivamente a relaciones positivas o afirmativas. "El concepto, pues, *nada* dice sobre si entre los actores existe 'solidaridad' o exactamente lo contrario".[87] Asimismo, advierte que la "relación social" "trata de un sentido empírico y *mentado* por los partícipes –sea en una acción concreta o en un promedio o en el tipo 'puro' construido– y nunca de un sentido normativamente 'justo' o metafísicamente 'verdadero'. La relación social *consiste* sola y exclusivamente [...] en la *probabilidad* de que una forma determinada de conducta social, de carácter recíproco por su sentido, haya existido, exista o pueda existir. Cosa que debe tenerse siempre en cuenta para evitar la *sustancialización* de estos conceptos".[88]

Solamente una lectura de mala fe puede desconocer la agudeza y la constancia de la crítica weberiana respecto de las convicciones metafísicas de las que hizo y hace uso la sociología de manera recurrente. Lo hemos visto en el artículo sobre Roscher y Knies y lo volvemos a ver ahora. En este sentido, como en tantos otros, la sociología contemporánea tiene

[85] *Ibid.*, p. 21.
[86] *Ibid.*, pp. 21-22.
[87] *Ibid.*, p. 22.
[88] *Ibid.*

258

una deuda inmensa con Weber. Pero una vez reconocida la deuda y reafirmada la herencia de esta crítica sin duda radical, tampoco se puede desconocer lo que el propio pensamiento de Weber todavía le adeuda a la tradición metafísica. No hay espacio aquí para un examen sistemático del nuevo trazado conceptual, pero debe quedar claro al menos que la nueva terminología y su emplazamiento en el texto están determinados hasta el más mínimo detalle por la clásica distinción entre la esfera de lo *racional* (en la cual los medios y, en caso extremo, también los fines y las consecuencias son racional y conscientemente sopesados) y la esfera de lo *irracional* (de los sentimientos, los afectos y las emociones, de las pasiones y los deseos).

Esto no significa que en 1913 esta dualidad estuviera ausente. En realidad, está presente y tiene efectos notables en toda la obra de Weber. Lo que sucede es que en 1919/20 Weber opta por una construcción conceptual básicamente dicotómica, de modo tal que tanto las acciones como las relaciones sociales, construidas típico-idealmente mediante una clasificación de las posibles orientaciones de los actores, sean fácilmente identificadas y aproximadas a una de las dos esferas. En mayor o menor medida todos y cada uno de los "conceptos sociológicos fundamentales" están afectados por esta dualidad entre lo *racional* y lo *irracional*, empezando por los conceptos de "acción social", "relación social", y todos sus derivados. No hay que olvidar que Weber es el primero en calificar algunos de sus conceptos fundamentales como "oposiciones 'polares'" (*'polare' Gegensätze*). Citamos algunos ejemplos por nuestra cuenta: el "uso" determinado por la "costumbre" o el arraigo irreflexivo se opone al "uso" determinado por una "situación de intereses"; a su vez la mera "costumbre" se opone a la "convención" y al "derecho" legal-racional; la legitimidad de un orden garantizada de manera "íntima" o interior (afectiva, racional con arreglo a valores, religiosa) se opone a la legitimidad de un orden garantizada de modo "externo" (por una situación de intereses); la validez legítima de un orden "en méritos de la *tradición*" se opone, por su carácter primitivo y sagrado, a la validez legítima de un orden "en méritos de lo *estatuido positivamente*, en cuya *legalidad* se cree"; la relación social determinada por una situación de "solidaridad", en donde "la acción de cada uno de los partícipes *se impute a todos* los demás", se opone a la relación social determinada por una situación de "representación", típica de las "'asociaciones' estatuidas" y de las "'uniones' formadas para el logro de algún fin"; etcétera.

Nuestro listado es ciertamente limitado. Si se lo quiere ampliar no hay más que leer el primer capítulo de *Economía y sociedad* desde el comienzo hasta el final. Quien tenga la paciencia necesaria encontrará, más o menos a mitad de camino, el ejemplo que aquí nos interesa y sobre el cual vamos a detenernos. En el § 9 Weber introduce dos conceptos de los que ya se había servido en el ensayo de 1913, pero aún entonces de manera muy imprecisa y confusa: "comunización" (*Vergemeinschaftung*) y "socialización" (*Vergesellschaftung*). En la nueva versión aparecen claramente definidos como dos formas de "relación social". Como ya se puede adivinar, ellos no serán la excepción a esta axiomática oposicional:

> Debe llamarse "comunización" a una relación social cuando y en la medida en que la actitud de la acción social –en el caso particular, por término medio o en el tipo puro– se basa en una *común pertenencia* (Zusammengehörigkeit) subjetivamente *sentida* (afectiva o tradicional) de los participantes.
>
> Debe llamarse "socialización" a una relación social cuando y en la medida en que la actitud de la acción social se basa en una *compensación* de intereses por motivos racionales (de fines o de valores) o también en una *conexión* de intereses con igual motivación.[89]

[89] *Ibid.*, p. 33, traducción modificada. Llama profundamente la atención la decisión de los traductores de *Economía y sociedad* de verter al castellano *Vergemeinschaftung* y *Vergesellschaftung* por "comunidad" y "sociedad" respectivamente, máxime cuando a pie de página se puede leer la siguiente nota del editor: "Hay que advertir que Max Weber emplea los términos *Vergesellschaftung* y *Vergemeinschaftung*, que a la letra serían *socialización* y *comunización*, o proceso de asociación y proceso de comunión, pero que generalmente nosotros traduciremos por comunidad y sociedad por exigencia del idioma y sin perjudicar la idea" (*ibid.*). Se podría discutir larga y quizás vanamente acerca de las exigencias del idioma, lo que no parece discutible es el hecho de que la traducción propuesta perjudica la idea de Weber, y justamente por las razones aducidas en la nota. Como ha señalado P. de Marinis, "los traductores españoles del Fondo de Cultura Económica [...] lamentablemente le quitaron a los términos la connotación procesual que el prefijo '*ver*' pretendía otorgarles" ("La comunidad según Max Weber: desde el tipo ideal de la *Vergemeinschaftung* hasta la comunidad de los combatientes", *Papeles del CEIC*, marzo de 2010, p. 18, disponible en http://www.identidadcolectiva.es/pdf/58.pdf). No deja de ser irónico que, allí donde se

Después de definir ambos conceptos, Weber se apresura a reconocer el parentesco de esta terminología con la de Tönnies, sin dejar de hacer notar al mismo tiempo la diferencia que media entre ellas. "Esta terminología recuerda la distinción establecida por F. Tönnies en su obra fundamental: *Gemeinschaft und Gesellschaft*". "Sin embargo, de acuerdo con sus propios fines, enseguida Tönnies dio a esta distinción un contenido considerablemente más específico que no tiene utilidad para nuestros propósitos".[90] Si la terminología de Weber recuerda a la empleada por Tönnies en *Comunidad y sociedad* se debe, sencillamente, a que es la fuente de la que proviene.

Las semejanzas entre ambos pares conceptuales son tan significativas como las diferencias. Mientras que la *Gemeinschaft* y la *Gesellschaft* son conceptos dominados por la esencialidad o, como diría Weber, conceptos *sustancializados*, *Vergemeinschaftung* y *Vergesellschaftung* son, por el contrario, nombres posibles de la "relación social", vale decir, de una "conducta plural" basada pura y exclusivamente en la "*probabilidad* de que se actuará socialmente en una forma" y cuyo sentido es "empírico y *mentado* por los participantes". En su último tratado sociológico, Tönnies define a la *comunidad* y a la *sociedad* como "entidades sociales", las cuales a su vez pueden ser estáticas o dinámicas dependiendo de si son tratadas desde el punto de vista de la "sociología pura" o de la "sociología aplicada". Para Weber nunca existió una distinción de este tipo. La *Vergemeinschaftung* y la *Vergesellschaftung* implican siempre, por estructura morfológica y por definición, relaciones sociales de carácter procesual.

---

cree poder traducir sin perjuicio de "la idea del autor", se borre precisamente la diferencia que singulariza a Weber como "autor". Aun si la influencia de Tönnies sobre Weber es, en este punto, a todas luces evidente, a fin de comprender cómo opera esta influencia sin dejar de respetar la singularidad de los autores y sus ideas respectivas, es preciso, también en nuestro idioma, preservar la diferencia. Sobre los problemas de traducción de estos términos al castellano y a otras lenguas, véase G. Fitzi, "Un problema linguistico-concettuale nelle traduzioni di Weber: 'comunità'", *Filosofia Politica*, a. VIII, n. 2, agosto 1994, pp. 257-268; Á. Morcillo Laiz, "Un vocabulario para la modernidad. *Economía y sociedad* de Max Weber (1944) y la sociología en español", Documentos de Trabajo del CIDE (Centro de Investigación y Docencia Económicas, México DF), N° 224, diciembre 2011, disponible en http://www.morcillolaiz.com/pdf/DTEI_224.pdf.

[90] *Economía y sociedad*, *op. cit.*, p. 33, traducción ligeramente modificada.

A diferencia de Tönnies, que como hemos visto suele ser concluyente en el planteo de sus oposiciones, Weber subraya el hecho de que "la inmensa mayoría de las relaciones sociales" tienen *"en parte"* carácter de comunización *"y en parte"* de socialización. De esta manera Weber no sólo buscaba distinguir su concepción de la de Tönnies, que en este aspecto es evidentemente más rígida, sino también sustraer su nueva terminología de la lógica filosófico-histórica que domina, al menos en parte, el ensayo de 1913. La mayor insistencia de Weber en la versión de 1919/20 sobre la flexibilidad de sus conceptos, especialmente en lo que hace a la comunización y a la socialización, en el sentido de que uno puede dar lugar a otro, y recíprocamente, es una de las consecuencias más visibles de la variante tardía de la sociología weberiana, aquella que Lichtblau identifica con el llamado "individualismo metodológico". Asimismo, la redefinición del concepto de "lucha" en el § 8 bien puede leerse como un signo de distancia entre uno y otro. Al igual que en el ensayo de 1913, en "Conceptos sociológicos fundamentales" se explica que no hay razón para contraponer la "lucha" a la "comunización". Mientras que para Tönnies la "armonía" es un rasgo esencial de cualquier forma de vida en común digna de ser llamada "comunidad", Weber llama a no engañarse "sobre el hecho completamente normal de que aun en las comunizaciones más íntimas haya presiones violentas de toda suerte con respecto de las personas anímicamente más maleables o transigentes".[91]

Ahora bien, dicho esto, dos cuestiones deben empezar a quedar claras. Por un lado, las importantes modificaciones introducidas en la nueva versión de los conceptos sociológicos fundamentales no se explican solamente, ni en principio, en función de una simplificación o facilitación respecto de la vieja versión. En realidad, y esto es lo que Weber se reserva para sí, cada una de ellas representa dos visiones diferentes de su sociología comprensiva. La segunda versión o segunda visión, que es asimismo la que en general se tiene más presente por el hecho de ser ni más ni menos que la obertura de *Economía y sociedad*, tiene la estructura de un diccionario, especie de léxico de las voces sociológicas fundamentales en donde toda referencia a la relación entre los conceptos y el tiempo, entre los conceptos y el desarrollo histórico, queda prácticamente obliterada.

[91] *Ibid.*, p. 34, traducción ligeramente modificada.

Por otro lado, y al mismo tiempo, las significativas diferencias que Weber observa entre sus conceptos y los de Tönnies no deben llevarnos a olvidar sus profundas semejanzas.[92] Pues no se trata, como Weber parece sugerir, de un simple prestamo de términos que gracias a un injerto sintáctico cambiarían por completo su contenido original. Para empezar, aunque la comunización y la socialización se mantengan al margen de la comprensión sustancialista a la que, como bien sabemos, ni Tönnies ni Marx fueron ajenos, nuestra interpretación pretende dar cuenta del carácter oposicional y jerárquico de estos conceptos. Habitualmente se tiende a descuidar el hecho de que la *Vergemeinschaftung* y la *Vergesellschaftung*, aun mentando relaciones sociales de tipo procesual y no "esencias" o "sustancias", constituyen, en idéntica medida que la *Gemeinschaft* y la *Gesellschaft*, una oposición polar. En este sentido preciso, poco importa su naturaleza procesual o su construcción conceptual típico-ideal, sobre todo cuando descubrimos que la oposición entre "comunización" y "socialización" se sostiene en enraizadas diferencias de valor ya presentes en la tradicional oposición entre "comunidad" y "sociedad" (y ello, tanto en la versión de Marx como en la de Tönnies). La definición de los conceptos y los ejemplos que ofrece Weber son ilustrativos de esta afinidad:

> Los tipos más puros de la socialización son: *a)* el *cambio* estrictamente racional con arreglo a fines pactado libremente en el mercado: un compromiso actual entre interesados contrapuestos pero complementarios; *b)* la *unión de fines* pura pactada libremente, un acuerdo de acción continua orientado, en sus propósito y medios, a la persecución de los intereses objetivos (económicos u otros) de los miembros; *c)* la unión de *convicción* motivada racional-valorativamente: la secta racional en la medida en que prescinde del fomento de los intereses emocionales y afectivos, y quiere servir sólo a la "cosa" (lo cual, por supuesto, en su tipo totalmente puro, sólo ocurre en casos especiales).

[92] Para una lectura divergente a la que proponemos aquí sobre las diferencias y semejanzas entre Weber y Tönnies a propósito de la semántica comunitaria, véase P. de Marinis, "Las comunidades de Max Weber. Acerca de los tipos ideales sociológicos como medio de desustancialización de la comunidad", en Á. Morcillo Laiz y E. Weisz (comps.), *Max Weber en Iberoamérica. Nuevas interpretaciones, estudios empíricos y recepción*, México, FCE, 2014, pp. 237-263.

> [...] La *comunización* puede apoyarse sobre toda suerte de fundamentos, afectivos, emocionales o bien tradicionales: una cofradía pneumática, una relación erótica, una relación de piedad, una comunidad "nacional", una tropa unida por sentimientos de camaradería. La comunidad familiar es la que expresa con mayor adecuación el tipo de que se trata.[93]

Al definir sus conceptos (véase *supra*), Weber repite uno de los gestos característicos del orden comunocéntrico: comienza por la comunización para luego dar paso a la socialización. Comienza, de acuerdo con una lógica que nos es habitual, por el principio. Comienza, pues, por lo que es y siempre fue lo más originario y natural en la caracterización del hombre, y aun en la caracterización del hombre en relación con otros hombres: el sentimiento, la sensibilidad. A la relación social basada en fundamentos afectivos, emocionales o tradicionales que hacen sentir una *común pertenencia* a los involucrados se la llama *Vergemeinschaftung*, y, un poco más adelante pero siempre en el § 9, *Gemeinschaft* a secas, pues a pesar de las advertencias del propio Weber ambos términos son empleados allí como sinónimos.[94]

Por cierto, ninguno de los ejemplos de comunización es directamente asociable al pasado, al presente o al futuro del desarrollo histórico tal como Weber se lo figura. Sin embargo, no es casualidad si todos y cada uno de ellos son expresión de una relación social que se aparta de lo ordinario, que es literalmente extraordinaria en el marco de la rutinización de la vida moderna altamente racionalizada. Ya conocemos estas comunidades excepcionales: núcleos experienciales de la común pertenencia a una totalidad plena de sentido en un mundo trágicamente destinado a perder sus valores trascendentes a causa de una progresividad infinita y, por consiguiente, insensata. Opuesta a la comunización se encuentra la socialización, relación social basada en intereses motivados racionalmente, ya sea con arreglo a fines o a valores. Según esta definición y los ejemplos correspondientes, se puede entender la *Vergesellschaftung* como

---

[93] *Ibid.*, p. 33, traducción modificada.

[94] Por los graves problemas de traducción antes comentados, la versión castellana anula cualquier posibilidad de observar el uso sinonímico de ambos términos y el modo en que Weber alterna entre uno y otro. Véase *Wirtschaft und Gesellschaft, op. cit.*, pp. 21-23.

un catalizador del proceso de racionalización. Los ejemplos de este tipo de relación social no son lo suficientemente indeterminados como para mantener la indecidibilidad epocal deseada por Weber. De hecho, el lector atento no habrá pasado por alto que en esta versión de los conceptos sociológicos fundamentales, a diferencia de lo que se afirmaba en el manuscrito sobre la comunidad de mercado y luego en el ensayo de 1913, el "cambio" (*Tausch*) adquiere un estatuto *gesellschaftlich*. En 1919/20 Weber incorpora uno de los presupuestos básicos de la tradición sociológica alemana al decidir situar la economía moderna, basada en el cambio, en el polo opuesto a la comunidad y a la comunización. La relación social entre los competidores en el mercado ya no será entendida ni como un caso paradójico de "comunidad" ni como una "comunización por consenso", sino, por el contrario, como uno de los tipos más puros de "socialización".

Así, pues, la relación entre la *Vergemeinschaftung* y la *Vergesellschaftung* termina por replicar, en aspectos importantes, la clásica oposición entre la *Gemeinschaft* y la *Gesellschaft*. Para la elaboración de su propia distinción Weber tuvo en cuenta críticamente muchos de los supuestos que también nosotros hemos considerado necesario criticar en las elaboraciones de Marx y Tönnies. No obstante, su discurso sigue perteneciendo enteramente a la época de las oposiciones. Como a pesar suyo, Weber no pudo evitar reproducir el privilegio largamente asentado del *sentido* sobre el *sinsentido*, de lo *personal* sobre lo *impersonal*, de los *intereses ideales* sobre los *intereses materiales*, de la época antigua sobre la época moderna, y, en fin, de lo *comunitario* sobre lo *societario*.

5. El privilegio de la comunidad (III)

El privilegio de la comunidad o, más precisamente en este caso, de la comunización, es uno de los componentes que modelan la concepción del mundo de Weber. A los pares de conceptos y nociones que expusimos a lo largo del capítulo se podrían agregar ahora algunos otros listados por Martin Albrow en su análisis sobre la formación de la *Weltanschauung* weberiana: este mundo/otro mundo, humano/divino, sensual/ideal, caos/ orden, individual/universal, inconsciente/consciente, mortal/inmortal, condenado/salvado, etc. En palabras de Albrow, el "esquema protestante-kantiano" –del que Weber es claramente tributario– "era uno en el cual lo intelectual y lo moral se combinaban entre sí para producir una serie de presuposiciones sumamente cargadas".[95] Las presuposiciones de Weber eran, en alta medida, las mismas de los pensadores sociales alemanes de su tiempo. Su valoración de la comunidad y de la comunización, digamos para compensar, de lo *comunitario* en general, como instancia contendora y aseguradora del sentido individual y colectivamente perdido lo sitúan del lado del pensamiento oposicional al que nuestro problema se debe. Es decir, del lado de los autores que, como Marx y Tönnies, advirtieron en la moderna economía capitalista y en las diversas instituciones que surgen en su desarrollo y consolidación, el umbral más allá del cual los vínculos personales, fraternos y piadosos, es decir, *humanos*, se disuelven de manera inexorable. Este proceso histórico de descomposición comunitaria es simultáneo al nacimiento de nuevas relaciones sociales que se encuentran, justamente, en las antípodas de las "relaciones humanas originarias portadas por las comunidades de carácter personal".

El diagnóstico de Weber está guiado por una tesis que vertebra toda su obra pero que sólo explicita tardíamente: la tesis de que el *capitalismo* es el poder más determinante para el destino de la vida moderna, tal como afirma en la *Vorbemekung* o "advertencia preliminar" a sus *Ensayos sobre sociología de la religión*. Entre otras cuestiones que aquí nos interesan, este diagnóstico deja al descubierto cierto humanismo, cierta idea del hombre construida a partir de la confrontación ética con el mundo burgués-capitalista. Vale decir, un humanismo en muchos sentidos comparable al de Marx o al de Tönnies. Claro que, de acuerdo con sus respectivos posicionamientos en y frente al mundo, la respuesta a la crisis de valores desencadenada por el capitalismo triunfante fue distinta en cada caso. Al definirse a sí mismo como un "burgués con conciencia de clase", Weber se servía irónicamente de la terminología marxista para patentizar la distancia que en términos políticos lo separaba del marxismo y del propio Marx.[96] Sin duda, menos marcada era la distancia que lo

---

[95] *Max Weber's Construction of Social Theory*, London, Macmillan, 1990, pp. 70-71.

[96] Con todo, esta ocurrencia irónica, y en cierto modo burlona, es elocuente del lugar eminente que ocupa el legado de Marx en su propio pensamiento. Weber se sabe un

separaba del socialdemócrata Tönnies, y aun así las diferencias políticas entre ambos eran manifiestas.

Lo que queremos decir es que si bien Weber compartió varios presupuestos con autores políticamente revolucionarios como Marx o reformistas como Tönnies, hecho que derivó en que sus diagnósticos de la modernidad coincidan en aspectos importantes, esto no significó ni mucho menos una coincidencia en sus respectivas miradas acerca del futuro. En términos generales se puede decir que el tiempo presente se anunciaba sombrío para todos ellos. Sin excepción, se representaron el "presente" como un tiempo infausto en cada una de las esferas de la existencia y no sólo para la clase menos favorecida del sistema, sino para la humanidad del hombre en un sentido que concierne a todos los individuos y que por lo tanto atraviesa de punta a punta la sociedad capitalista. En esta representación común, que es la representación trágica de toda una época del pensamiento, se pueden observar paralelismos entre algunas de las mejores páginas de estos autores. Se recordarán las

---

heredero de Marx pero no siempre sabe qué hacer con esta herencia. F. Ferrarotti resumió acertadamente esta situación al escribir que Weber, "durante toda su vida estuvo obsesionado y acosado por la gran sombra de Marx" (*Max Weber e il destino della ragione*, Roma-Bari, Laterza, 1985, p. 9). Los espectros del comunismo y los espectros de Marx —en ambos casos plurales y heterogéneos entre sí, como invita a pensar Derrida— asediaron a Weber dejando una huella profunda en sus textos. Desde luego, no es este el lugar para analizar los alcances de una impronta semejante. Pero no queríamos pasar por alto un hecho sobre el que últimamente se ha insistido bastante. Afortunadamente, parece haberse abandonado la supersticiosa hipótesis según la cual existiría una suerte de oposición cerrada y simétrica entre Weber y Marx. Salvo por los pocos representantes de una ortodoxia en vías de extinción, hoy nadie piensa de este modo. De hecho, la deuda de Weber con Marx en aspectos específicos de su teoría es actualmente reconocida entre investigadores de las más variadas procedencias ideológicas. En todo caso, el aspecto que más nos interesa aquí es menos específico que general y pasa, fundamentalmente, por la deuda de Weber con aquellos pensadores a los que él considera hacedores del mundo espiritual en el que le tocó vivir. Según el relato directo de Eduard Baumgarten, Weber le habría dicho pocos meses antes de morir: "La honestidad de un intelectual y sobre todo de un filósofo actual se puede evaluar según se sitúe en relación con Nietzsche y Marx. Quien niegue que no habría podido desplegar partes importantes de su mismo trabajo sin tener en cuenta el trabajo de estos dos pensadores, se engaña a sí mismo y engaña a otros. El mundo en el que vivimos espiritualmente es un mundo profundamente caracterizado por Marx y por Nietzsche" (citado por J. L. Villacañas, "Weber y el *ethos* del presente", en M. Weber, *La ética protestante y el espíritu del capitalismo*, trad. J. Navarro Pérez, Madrid, Istmo, 1998, p. 68, nota 74).

conclusiones de "La ética protestante y el espíritu del capitalismo", con su referencia al "poderoso cosmos del orden económico moderno que, amarrado a las condiciones técnicas y económicas de la producción mecánico-maquinista, determina hoy con fuerza irresistible el estilo de vida de todos cuantos nacen dentro de sus engranajes (*no* sólo de los que participan directamente en la actividad económica), y lo seguirá determinando quizás mientras quede por consumir la última tonelada de combustible fósil".[97] Aquí se traslucen con total nitidez otras tantas percepciones trágicas de la modernidad: la de Nietzsche (cuya figura de los "últimos hombres" es evocada algunas líneas más abajo en ese mismo texto), la de Tönnies (para quien el pasaje irremediable de la *Gemeinschaft* a la *Gesellschaft* constituye el drama de la historia), y, sólo en apariencia más alejada, la de un cierto Marx (aquel que exalta las cualidades humanas de las comunidades tradicionales, convertidas en inhumanas en la sociedad capitalista, y finalmente reconvertidas en la comunidad comunista).[98]

Ahora bien, mientras que Marx y Tönnies vieron a su vez la posibilidad efectiva de un futuro renacimiento de la "comunidad" bajo las condiciones impuestas por la modernidad, para Weber, esta posibilidad estuvo cancelada desde el comienzo. Si nos guiamos por las apariciones del motivo de la comunidad en los escritos aquí analizados, es claro que aquel no creía en dicha posibilidad. Para Weber, como para cualquier sociólogo alemán de la época, la comunidad expresaba una unidad social regida por principios solidarios, tanto más "pura" en su forma cuanto más se remonta uno en el tiempo. La comunidad expresaba ante todo el pasado. Las comunidades y las comunizaciones del presente constituyen por regla general situaciones de excepción: la comunidad erótica, la comunidad del ejército sobre el campo de batalla e incluso la comunidad nacional, son modos extracotidianos de la relación social cuya intensidad es inversamente proporcional a su duración. Es comprensible que, en un mundo dominado por un creciente y omnicomprensivo proceso de

---

[97] "La ética protestante y el espíritu del capitalismo", *op. cit.*, p. 199.

[98] Una lectura más detenida de esta misma cuestión no debería pasar por alto el diagnóstico de Simmel sobre la tragedia de la cultura moderna, en el cual entran en comunicación todos los autores aquí nombrados.

racionalización, las comunidades y las comunizaciones no puedan ocupar más que un espacio y un tiempo limitados. Siendo esta la tendencia, cuesta poco imaginar qué se puede esperar de ellas en el futuro.

Como la inmensa mayoría de sus contemporáneos, Weber no disimula —o en todo caso disimula mal— su admiración por los valores tradicionales así como su descontento con muchos de los valores modernos. Es un nostálgico en la misma medida en que pueden haberlo sido Marx o Tönnies. Muchos de sus textos, incluidos los que hemos trabajado aquí, están perceptiblemente afectados por una cierta evocación romántica del pasado, por una nostalgia melancólica de los viejos tiempos en donde la comunidad y los principios ético-sociales vinculados a esta forma particular de relación social eran la regla y no la excepción. Por si hace falta insistir en ello, la nostalgia de Weber nada tiene que ver con un aferramiento al pasado o con un regreso a los orígenes sociales del hombre. Para él, esto es sencillamente imposible, tanto como podía serlo para Marx o para Tönnies. Aun cuando sus concepciones históricas son muy diferentes, para todos ellos el movimiento de la historia, sea cual sea su "motor", no conoce vuelta atrás. Si tanto en Marx como en Tönnies la comunidad pudo significar no sólo el pasado de la humanidad sino también su futuro deseable, sabemos que en ninguno de los dos planteos se trataba de un salto hacia atrás. Se trataba, en ambos casos, de una transformación efectiva de las condiciones de existencia presentes en el sentido o en la dirección de la *Gemeinschaft*. Weber, en cambio, nunca tuvo en cuenta esta posibilidad. En su imaginario, volver a la comunidad perdida era tan imposible como recrearla en el futuro. Su renuncia es categórica y definitiva. En claro desacuerdo con las tradiciones socialistas, que a lo largo de su historia siempre habían visto en la comunidad tanto el origen como el destino de la humanidad, Weber renuncia a toda posibilidad de redención comunitaria para el hombre de la modernidad. Como sugiere Löwith, la idea de la emancipación del hombre a través de la comunidad era para Weber una simple utopía. Su concepción se encuentra infinitamente más próxima a la de su admirado Goethe, quien no había vacilado un instante en despedirse para siempre de la época de la humanidad virtuosa con la que habitualmente se identifica a la antigüedad clásica.

Esta posición de Weber es a su vez uno de los rasgos característicos de su pensamiento. Si bien es recurrente en una gran cantidad de textos suyos, la encontramos como quizás en ningún otro lugar en la recordada conferencia de 1917 "Wissenschaft als Beruf", reelaborada para su publicación en 1919. La doble exigencia que la "ciencia" y la vida académica en general plantea a quienes deciden dedicarse a ella, a saber, "vocación" y "profesión" (el término alemán *Beruf* guarda ambos significados), es el tema aparente de esta disertación dirigida a estudiantes. Poco a poco, esta cuestión deviene subsidiaria del interrogante acerca del *sentido* de la ciencia en su actual estadio de especialización. Weber asegura que "el progreso científico" constituye la parte más importante de "ese proceso de intelectualización al que, desde hace milenios, estamos sometidos y frente al cual, por lo demás, se adopta hoy frecuentemente una actitud extraordinariamente negativa".[99] La intelectualización es a su vez constitutiva del proceso de racionalización y ambos significan, no un mayor conocimiento de las condiciones generales de la vida como acaso podría esperarse, sino la confirmación de que "todo puede ser *dominado mediante el cálculo y la previsión*".[100] Esto no es otra cosa que la desmagificación o el desencantamiento del mundo. En este punto de la conferencia, el argumento es casi el mismo al esbozado al final del ensayo de 1913. Desde un punto de vista práctico, el proceso de intelectualización motorizado por el progreso ilimitado de la ciencia implica un retroceso. El hombre civilizado sabe menos de sus condiciones de vida que lo que sabía un "indio", un "hotentote" o un "salvaje" de las suyas. Ahora bien, subsiste la pregunta de si más allá de lo "puramente práctico y técnico", el "progreso" de la cultura occidental tiene algún sentido. A esta pregunta Weber responde mediante la ya citada parábola de Tolstói. El hombre civilizado no sólo sabe menos que el salvaje acerca de las condiciones más elementales de su propia existencia, sino que para aquel, al no tener sentido la muerte, tampoco lo tiene la vida. De esto se concluye que la propia ciencia carece de sentido por no tener respuesta para las preguntas más exigentes: "qué debemos hacer y cómo debemos vivir". Sobre estas cuestiones la ciencia no puede ni debe pronunciarse. Los distintos sistemas de valores

[99] "La ciencia como vocación", *op. cit.*, pp. 198-199.
[100] *Ibid.*, p. 200.

libran entre sí un combate que no dirime la ciencia sino el destino. O dicho todavía de otro modo, en un tiempo politeísta y sin profetas es el individuo quien debe decidir entre los distintos dioses o sistemas de valores que se diputan el mundo. Sin decirlo explícitamente, Weber da a entender que frente a esta situación que es el momento mismo de la decisión, el estudiante se encuentra tan solo y desamparado como de hecho lo está el profesor. Este último, insiste Weber, no es un *caudillo*. En el mejor de los casos es un *maestro*. En calidad de tal, su responsabilidad consiste en transmitir sus conocimientos sobre el problema que le es dado tratar evitando la toma de posición política, especialmente si el problema en cuestión tiene relación directa con la política. Al profesor no le cabe ocupar el lugar del caudillo, del demagogo o del profeta. Su lugar está en el aula junto a los estudiantes y su "misión específica" "es la de serles útil con sus conocimientos y con su experiencia científica".

Precedido por este preámbulo, Weber comienza a dar muestras de cuál es la verdadera enseñanza que quiere transmitir a su joven auditorio. Habla allí en calidad de profesor, y como tal no se contenta con una simple "aportación intelectual", sino que aspira, según su propia convicción sobre la actividad profesoral, a una "aportación ética", en el sentido de crear en los alumnos "sentimiento de responsabilidad". "La primera tarea de un profesor" –afirma– "es la de enseñar a sus alumnos a aceptar los hechos *incómodos*". Y ¿qué hecho podía ser más incómodo de aprender en aquel momento que el que obligaba a los jóvenes oyentes a identificar en su propio punto de vista la debilidad vocacional y profesional de toda una generación de "científicos" incapaz de hacer el duelo por el retiro definitivo de los valores últimos?

El punto de vista al que Weber hace referencia es el "moderno romanticismo intelectual de lo irracional", abrazado masivamente por el entonces recién creado *Jugendbewegung* o movimiento de la juventud alemana. Weber no nombra a este movimiento, ni a ningún otro semejante, pero en realidad no habla de otra cosa cuando comenta como al pasar y justo antes de concluir el hecho "serio y verdadero, aunque a veces quizás equívoco" de que las "comunidades juveniles (*Jugendgemeinschaften*) que se han desarrollado silenciosamente durante los últimos años interpreten sus propias relaciones comunitarias y humanas como una relación religiosa, cósmica o mística". Más puntualmente, encuentra dudoso "que esas interpretaciones religiosas aumenten la dignidad de las relaciones comunitarias puramente humanas". Esto no quiere decir que Weber se oponga sin más a estas comunidades juveniles. Se opone, muy concretamente, al culto que profesa esta juventud por la "personalidad" (*Persönlichkeit*) y por la "vivencia" (*Erlebnis*), a la debilidad intelectual que lleva a tantos jóvenes alemanes a enfrentar la racionalización y sus efectos sociales desestabilizantes en nombre de valores últimos y sublimes que ya no existen y muy difícilmente vuelvan a existir alguna vez.

Desde luego, Weber no ignora que es la *rutina* —la rutinización de la existencia en todas sus esferas, tanto en las más como en las menos racionalizadas— aquello contra lo cual estas comunidades se rebelan. No lo ignora porque él mismo, a lo largo de su vida, se vio obligado a hacer el penoso aprendizaje de este hecho incómodo. Weber, como cualquiera, aprendía a medida que vivía. Se lo puede imaginar en aquella conferencia repitiendo en voz alta lo que tantas veces se habría dicho a sí mismo: "Toda esa búsqueda de la 'vivencia' procede de una debilidad, pues debilidad es la incapacidad para mirar de frente el rostro severo del destino de nuestro tiempo".[101] Con estas palabras, paradójicamente proféticas, Weber llega al clímax de su lección sobre la ciencia como vocación y como profesión. Quien se decida por el camino de la ciencia sobre todas las cosas debe sentirse capaz de enfrentar el destino de un tiempo y una cultura en sí mismos carentes de certezas y fundamentos últimos, con todo lo que ello implica para quien a pesar de todo tiene la obligación de "buscar la verdad". La renuncia del científico a encontrar respuesta a través de la ciencia a las cuestiones *vitales* —dicho en el lenguaje de Tolstói, qué debemos hacer y cómo debemos vivir; dicho en el lenguaje de Weber, a qué dioses o demonios debemos servir— tiene que ser concluyente pues es la única garantía verdadera de vocación y profesionalismo. Para el modelo de profesor y de científico que Weber se imagina y al que durante buena parte de su vida intentó aproximarse, es una cuestión de probidad intelectual, de responsabilidad e incluso de virilidad —entendida menos como hombría que como fuerza del intelecto— el llevar a cabo su misión específica, resignado a enfrentar el presente

[101] *Ibid.*, p. 218.

en toda su severidad y como es menester vivirlo: sin auténticos profetas, sin auténtico Dios y sin auténtica comunidad.

> El destino de nuestro tiempo, racionalizado e intelectualizado y, sobre todo, desmitificador del mundo (*Entzauberung der Welt*), es el de que precisamente los valores últimos y más sublimes han desaparecido de la vida pública y se han retirado, o bien al reino ultraterreno de la vida mística, o bien a la fraternidad de las relaciones inmediatas de los individuos entre sí. No es casualidad ni el que nuestro arte más elevado sea hoy en día un arte íntimo y nada monumental, ni el que sólo dentro de los más reducidos círculos comunitarios (*Gemeinschaftskreise*), en la relación de hombre a hombre, en *pianissimo*, aliente esa fuerza que corresponde a lo que en otro tiempo, como *pneuma* profético, en forma de tempestuoso fuego, atravesaba, fundiéndolas, las grandes comunidades (*die großen Gemeinden*). Cuando nos empeñamos en "hallar" por la fuerza una concepción artística monumental surgen esos lamentables esperpentos que son muchos de los monumentos de los últimos veinte años. Y cuando, sin nuevas y auténticas profecías, nos obstinamos en constituir nuevas religiones se producen internamente esperpentos semejantes, cuyas consecuencias han de ser peores aún. Las profecías lanzadas desde la cátedra podrán crear sectas fanáticas, pero nunca una auténtica comunidad (*echte Gemeinschaft*). A quienes no puedan soportar virilmente este destino de nuestro tiempo hay que decirles que vuelvan en silencio, llana y sencillamente, y sin la triste publicidad habitual de los renegados, al ancho y piadoso seno de las viejas Iglesias, que no habrán de ponerles dificultades. Es inevitable que de uno u otro modo tengan que hacer allí el "sacrificio del intelecto".[102]

Weber comprendió, quizás como nadie en su época, el significado de esta desaparición de los valores últimos y más sublimes de la esfera pública. Los valores que en otro tiempo le dieron sentido al mundo, que hicieron al mundo y a cada uno de los mundos que convivían en el mundo portador de un sentido "en común" o compartido, esos valores apenas sobreviven en la intimidad de las pequeñas comunidades. Con la guerra perdida y con resultados tan desastrosos para Alemania, el sentimiento

---

[102] *Ibid.*, pp. 229-230.

comunitario masivo ya no era percibido como una posibilidad. El mundo moderno, que merced a la racionalización, la intelectualización y la *Entzauberung*, estaba destinado a ser cada vez más un mundo homogéneo y homogeneizante, exigía ser repensado. Es el mundo y su sentido, el sentido del mundo, lo que Weber instaba a pensar responsablemente, es decir, sin "sacrificar el intelecto" en aras de una comunidad auténtica cuyo sentido no podía ser más que uno de sus mitos.

Weber no descree de la comunidad ni de los valores que ella simboliza. Todo lo contrario. Precisamente porque reconoce en las grandes comunidades de otro tiempo los valores últimos y más sublimes de la existencia, descree profundamente de que un *pneuma* comunitario tenga en "nuestro tiempo" alguna chance de insuflar las almas individuales. A casi un siglo de haber sido pronunciadas, las palabras de Weber siguen resultando difíciles de asimilar. Imaginemos por un instante el efecto que pueden haber causado en la coyuntura alemana de 1917. Indudablemente, un agrio pesimismo atraviesa su discurso. Pero en ningún caso este pesimismo desemboca en nihilismo, en el sentido convencional del término. Nada más alejado de esta lección sobre la ciencia, que irónicamente es todo salvo *científica* en el sentido mentado por la misma lección. Weber lanza una profecía de último momento para conjurar todas las profecías del momento. El catedrático dice que lo que se debe hacer desde la cátedra es evitar decir lo que se debe hacer. Se trata, pues, de una lección contradictoria en muchos sentidos. La pregunta es cómo podía no serlo cuando lo que nos está transmitiendo con ella es, justamente, que quien no se sienta capacitado para interpretar un mundo en sí mismo contradictorio, un mundo cuyo *sentido* se juega de continuo entre verdades múltiples, hará bien en no forzar una interpretación que presuponga de antemano una verdad única. Juzgar el mundo suponiendo que él mismo se estructura de acuerdo a un conjunto de valores que según Weber ya no lo representan, es un forzamiento equivalente al que se da en la esfera del arte o de la religión y cuya consecuencia previsible es la misma en todas partes en donde es puesto a prueba: esperpentos. En la esfera de la ciencia, al forzamiento que se produce como resultado de la incapacidad de enfrentar el destino de la modernidad se lo denomina "sacrificio del intelecto", y a quien no crea poder evitarlo se le recomienda una vuelta silenciosa al refugio de las viejas religiones monoteístas en donde, con toda certeza, hallará lo que busca sin necesidad de forzamiento alguno. Todos aquellos que en la Alemania de ese entonces aguardaban impacientes un nuevo profeta, una nueva religión, una nueva comunidad o todo eso junto, se encontraban en esa situación. A todos ellos, y muy especialmente a los numerosos jóvenes menesterosos de auténtica *Gemeinschaft*, estaban dirigidas las palabras finales de la conferencia:

> [...] no basta con esperar y anhelar. Hay que hacer algo más. Hay que ponerse al trabajo y responder, como hombre y como profesional, a las "exigencias de cada día". Esto es simple y sencillo si cada cual encuentra el demonio que maneja los hilos de *su* vida y le presta obediencia.[103]

Por el modo en que Weber suele describir el destino del mundo —no sólo en sus textos tardíos donde el *pathos* trágico es más marcado, sino a lo largo de prácticamente toda su producción—, podemos situarlo entre los pensadores pesimistas de su época. Sin embargo, y esto lo diferencia de la mayoría de ellos, nunca creyó que el renacimiento de la comunidad fuera un modo posible de enfrentar este destino. Ignoramos cuán fuerte puede haber sido su "deseo" o su "necesidad de comunidad", según la acertada expresión utilizada por Fistetti para describir un rasgo estructural del pensamiento moderno. En cualquier caso, hay motivos de sobra para creer que tal deseo existió y siempre estuvo latente. Aunque lo que verdaderamente importa en el caso de Weber es que fue extremadamente cuidadoso de no transformar este deseo en cosa pública —salvo, claro está, durante la Gran Guerra—, y mucho menos en hipótesis de trabajo. Como todos los de su generación, Weber experimentó un embelesamiento por los motivos comunitarios históricamente declinantes, lo que a menudo se traduce en una devaluación de los ordenamientos societarios racionalmente condicionados. Razón por la cual su obra no puede ser ajena a un análisis acerca del comunocentrismo, acerca del privilegio históricamente determinado de la *comunidad* sobre la *sociedad* y de la *comunización* sobre la *socialización*. Aun así, es necesario subrayarlo, fue uno de los pocos de su generación que se resistió a la por entonces tentadora y muy legítima idea de una redención comunitaria para el hombre

[103] *Ibid.*, p. 231.

moderno de la sociedad capitalista. Por un lado, esta idea se encontraba demasiado vinculada a una tradición socialista con la que Weber evidentemente no simpatizaba. Pero por otro lado, era conocedor de la crisis profunda de la que era contemporáneo. Tenía claro, apabullantemente claro, que los valores atávicos que habían servido de fundamento a las grandes comunidades de otrora se habían retirado para siempre y que, en su lugar, emergen deidades reificadas ante las cuales el hombre se ve obligado a decidir. Tomada esta decisión, al menos para el hombre de vocación y profesión científica, sólo resta el trabajo del día a día. Trabajo al que además debe responder sin otra expectativa que la que brinda el modesto aporte de la ciencia: la posibilidad de *comprender* el sentido de las acciones propias y ajenas. Comprender ya sería "hacer algo más" que esperar y anhelar un absoluto en retirada. En este tiempo aciago al que fuimos destinados, insinúa Weber sin llegar a decirlo expresamente, ese *algo* hace toda la diferencia.

Capítulo quinto
La comunidad en cuestión

¿Qué comunidad en cuestión? ¿A qué comunidad apunta este título premeditadamente ambiguo? ¿Se trata de *una* comunidad en particular o más bien de *la* comunidad en general? Nuestra intención es tomar en cuenta ambas posibilidades en beneficio de la tesis que ponemos a prueba. Pues vale la pena recordar que cada uno de los motivos comunitarios arraigados en los discursos de Marx, Tönnies y Weber son cuestionados aquí en razón de las nociones de comunidad que estos discursos vehiculizan. Es el cuestionamiento de estas nociones de comunidad lo que en última instancia promueve el análisis de sus distintos usos y significados en las teorías de estos autores.

Como hemos intentado mostrar desde el comienzo, las teorías de los padres fundadores de la sociología tuvieron un papel fundamental en la formación del concepto moderno de comunidad. Aunque evidentemente no fueron las únicas. El mismo se construyó a partir de una multiplicidad de cruces teóricos, en contextos políticos siempre cambiantes. Dada su amplitud y su naturaleza problemática, la cuestión de la comunidad desborda las historias particulares, sean biográficas, idiomáticas, disciplinares o políticas. Por eso mismo, el trazado propuesto es uno de los tantos posibles para andar y desandar esta inmensa cuestión. Apenas un trazado, una interpretación posible. Su rasgo distintivo pasaría acaso por el recorrido efectuado. Como es sabido hoy no faltan lecturas críticas sobre la comunidad. Las hay en buen número y en ciertos casos resultan ciertamente deslumbrantes. Pero sucede que casi sin excepción las lecturas críticas o deconstructivas sobre la comunidad han dejado de lado los aportes teóricos de la sociología en la conformación del concepto en cuestión. Por nuestra parte creemos que las tradiciones filosóficas y teórico-políticas de las que tratan principalmente estas lecturas resultaron tan importantes en la formación del concepto moderno de comunidad como lo fueron los diversos legados sociológicos recogidos en este trabajo. Aquí, una vez más, no se trata de reproducir la clásica delimitación curricular entre disciplinas, sino de empezar a reconocer en ellas y entre ellas, al interior de lo que todavía llamamos sintomáticamente el campo de las *humanidades*, los puntos de contacto que permitirían someterlas a un mismo trabajo deconstructivo.

Existen muchas e importantes razones, todas ellas a la vez teóricas y prácticas, en favor de la crítica de la comunidad. Algunas de ellas nos han llevado hasta el punto donde estamos ahora. Sin embargo, la razón más evidente y aquella que por sí sola justifica un trabajo en esta dirección es el hecho –subrayado recientemente por Jean-Luc Nancy– de que fue precisamente "en nombre de la comunidad" que se llevaron a cabo las experiencias de destrucción masiva llamadas a marcar por siempre la historia europea del siglo XX.

> En nombre de la comunidad, la humanidad –pero en primer lugar en Europa– dio prueba de una capacidad insospechada para destruirse. Dio esta prueba simultáneamente en el orden de la cantidad –pero a un grado en que los términos "exterminación" o "destrucción de masas" convierten los números en absolutos o en infinitos–, y en el orden de la idea o del valor, ya que desgarró la frágil nervadura del "hombre" mismo, después de todo tan reciente y cuya valía dependía también de la fragilidad.[1]

La primera experiencia de autodestrucción humana orientada a salvaguardar el sentido de la *Gemeinschaft* se dio en el marco de la Primera Guerra Mundial. En parte ya hemos visto cómo, en la coyuntura de la guerra, las reflexiones de Tönnies y Weber sobre la comunidad registraron virajes significativos. En el primer apartado de este último capítulo intentaremos conectar las posiciones de Tönnies y Weber con las de otros intelectuales de la época, y a todas ellas con lo que se dio en llamar la "ideología de la guerra" (Thomas Mann). Para dar cuenta del vínculo inextricable entre esta última y los discursos que evocan la *Gemeinschaft,* seguiremos el sugerente libro de Domenico Losurdo, *La*

[1] Jean-Luc Nancy, "*Cum*", en *La pensée dérobée*, Paris, Galilée, 2001, p. 115.

comunidad, la muerte, Occidente. Heidegger y la "ideología de la guerra".[2] El *pathos* comunitario, que era prácticamente unánime en la Alemania de esos años, lejos de desaparecer con la derrota de 1918 se manifiesta desde entonces con más intensidad que antes. En el período inmediatamente posterior a la guerra –digamos entre el fin de la guerra y la llegada del fascismo al poder–, el sentimiento comunitario que hasta ese momento revestía connotaciones romántico-nacionalistas, vinculadas sobre todo a la idea de unidad cultural y espiritual del pueblo alemán, comienza a cargarse de pasiones abiertamente racistas. A partir de 1933, toda una serie de enunciados que habían sido utilizados tanto en el campo de la ciencia y la filosofía como en el campo de la política para definir a la *Gemeinschaft* y en el mismo acto para diferenciarla de su antítesis conceptual y ético-política, la *Gesellschaft*, fueron resignificados conformes a la ideología del Partido Nacionalsocialista Obrero Alemán (NSDAP) encabezado por Hitler.

Si antes de concluir abordamos cuestiones tales como las que se acaban de adelantar, sólo en apariencia alejadas de los interrogantes iniciales, es ante todo porque la conclusión no puede ni debe prescindir de ellas. En verdad, más allá de la perspectiva adoptada y de la posición que se tenga al respecto, difícilmente se pueda prescindir de estas cuestiones al tratar sobre la comunidad. Al menos en lengua alemana, la palabra misma y la retórica que la envuelve todavía hoy evocan la pretensión identitaria que los ideólogos y funcionarios del régimen nazi convirtieron en racismo y en obra de muerte. Que la figura de la comunidad se encuentre implicada hasta tal punto en la lógica del totalitarismo y de los totalitarismos, del nazismo, evidentemente, pero también, y salvando todas las distancias, de los comunismos de Estado,[3] pone al descubierto una dimensión del fenómeno comunitario que ni Marx ni Weber pudieron imaginar en su

---

[2] (1991), trad. A. Bonanno, Buenos Aires, Losada, 2003.

[3] A este respecto, suscribimos plenamente la observación de Nancy: "[…] no hay que dejar de subrayar la disimetría entre los fascismos, que proceden de una afirmación sobre la esencia de la comunidad, y los comunismos, que pronuncian la comunidad como *praxis* y no como substancia: esto hace una diferencia que ninguna mala fe puede suprimir –lo cual no es una razón para olvidar las cifras de las víctimas… (ni las proposiciones sustancialistas, comunitaristas y racistas, disimuladas acá y allá en el comunismo llamado 'real')" ("*Cum*", *op. cit.*, p. 115, nota 1).

tiempo y que Tönnies por su parte apenas llegó a vislumbrar durante sus últimos años de vida.

1. En nombre de la comunidad: movilización, guerra y exterminio

El *pathos* comunitario que rápidamente se propagó en Alemania con el estallido de la Primera Guerra Mundial quedó expresado, tal vez con mayor claridad que en cualquier otro lugar, en una frase antológica del economista y sociólogo checo Emil Lederer: "Podemos decir que, el día de la movilización (*Mobilisierung*), la sociedad (*Gesellschaft*) existente hasta ese momento se convirtió en una comunidad (*Gemeinschaft*)".[4] Como lo hace notar Manfred Gangl, la frase no pasó desapercibida para Tönnies, quien la cita en un texto de 1918 titulado "Menschheit und Volk" sin privarse de hacer una modificación nada despreciable. Para Tönnies se trata menos de la sociedad convertida en comunidad, que de "la comunidad del pueblo siempre existente y en tiempos normales oculta por la sociedad".[5] La *Gesellschaft* que prevalece en tiempos normales, lo que también quiere decir en tiempos de paz, vela la existencia de la *Volksgemeinschaft*, la cual a pesar de su incuestionable permanencia sólo se hace presente en tiempos excepcionales. Años más tarde, Schmitt también recuerda los dichos de Lederer. En este caso para apoyar la tesis de que el Estado, entendido como la situación particular de un pueblo, es una unidad, nunca una pluralidad. Citada en nota a pie de página, la frase de Lederer viene a esclarecer la siguiente afirmación de *El concepto de lo político*: "En verdad no existe ninguna 'sociedad' o 'asociación' política, sino sólo una unidad política, una 'comunidad' política (*eine politische Einheit, eine politische 'Gemeinschaft'*). La posibilidad real del reagrupamiento amigo-enemigo es suficiente para constituir, por encima del simple dato asociativo-social (*das bloß Gesellschaftlich-Assoziative*), una

---

[4] "Zur Soziologie des Weltkrieges", *Archiv für Sozialwissenschaft und Sozialpolitik*, 39, Mai 1915, p. 349.

[5] Citado por M. Gangl, "Communauté contre Société. Apories de la sociologie allemande entre les deux guerres mondiales", en G. Raulet et J.-M. Vaysse (dir.) *Communauté et modernité*, *op. cit.*, p. 216.

unidad determinante que es algo específicamente distinto y al mismo tiempo decisivo en relación con las demás asociaciones".[6]

Sin lugar a duda, la imagen de Lederer tiene el mérito de haber identificado el momento y las circunstancias de una transformación con efectos concretos sobre el orden sociopolítico alemán y sobre todo, como lo demuestra el texto de Schmitt, con efectos duraderos. El "día de la movilización", fechado en agosto de 1914, representó mucho más que la entrada de Alemania en el primer conflicto armado de alcance mundial. Para muchos alemanes, este hecho fue vivido, retomando la expresión que dio título a uno de los ensayos más famosos de Ernst Jünger, como una "movilización total" (*totale Mobilmachung*), vale decir, una movilización de todas las voluntades y de todas las fuerzas, tanto técnicas como espirituales, al servicio de una guerra donde los intereses puramente individuales y los individuos mismos pasaban a un segundo plano de importancia, pues era la existencia misma de la comunidad la que allí estaba en juego. La metamorfosis social que se experimenta con la guerra es total. Para todos los involucrados en ella, tanto dentro como fuera del campo de batalla, supone la abnegación heroica de sí mismos a fin de preservar la unidad de lo que les es más común.

Ya vimos como en el "Excurso" de 1916 Weber había subrayado este hecho extraordinario. La guerra, escribía entonces, crea "un *pathos* y un sentimiento de comunidad, genera una entrega y una incondicional comunidad de sacrificio entre los combatientes y, como fenómeno de masas, una compasión activa y un amor hacia el necesitado más allá de todas las barreras de las asociaciones naturalmente dadas". Entrega, sacrificio, compasión activa y amor son valores sublimes que antes de la guerra sólo han podido infundir las religiones en las comunidades de héroes orientadas por la ética de la fraternidad. Weber no llega al extremo al que habían llegado otros intelectuales alemanes que veían y analizaban la guerra desde una perspectiva religiosa, como fue por ejemplo el caso de Sombart. Pero es indudable que su discurso estaba imbuido de una idea espiritualista. En el caso de Marianne Weber, esta idea estaba aún más presente, y no es exagerado afirmar que sus testimonios de la guerra rozan el misticismo.

[6] *Op. cit.*, p. 41.

En el capítulo de la biografía de Max Weber titulado "Servicio" (*Dienst*), Marianne describe a la juventud en los días previos a los primeros movimientos como "dispuesta a sacrificarse por el todo sirviéndole. Nadie profana su intención con palabras. Pero se siente que nadie perteneciente a este círculo que recibe su forma del espíritu y la belleza se negará a movilizarse".[7] Todos aquellos que estén en condiciones de movilizarse lo harán y los que no, colaborarán a su manera con cuerpo y alma, como lo hizo el propio Weber desde su puesto como responsable de los hospitales militares en Heidelberg. El patetismo con que Marianne describe el momento de la movilización al frente dice mucho de la cuota de esperanza irracional que se había depositado en esta guerra:

> La hora ha llegado, y es más sublime que lo esperado. […] No resuenan palabras de consagración ni de fuerza. La gente permanece en silencio y se marcha en silencio. Sin embargo, es una hora de máxima solemnidad, la hora de la *desindividualización*, del éxtasis común en el todo (*die Stunde der* Entselbstung, *der gemeinsamen Entrückung in das Ganze*). Un amor ardiente a la comunidad rompe los límites del yo. Todos se hacen una sola sangre, un solo cuerpo con los otros, se unen en fraternidad, dispuestos a aniquilar su yo mediante el servicio.[8]

La hora de la movilización es sublime, pues es el destino de la comunidad toda el que va a decidirse sobre el campo de batalla. La solemnidad del momento es tal que sólo el recogimiento del silencio parece adecuado. Es el momento inaudito y extremo de la fusión orgánica con los suyos: una sangre y un cuerpo unidos en la fraternidad y dispuestos a todo. Así, la muerte vuelve a ser un acontecimiento significativo, y, en consecuencia, lo mismo sucede con la vida. La vida y la muerte, ofrecidas en sacrificio al todo comunitario, recuperan de este modo el sentido del que hasta entonces carecían. La existencia parece estar en su apogeo y sin embargo, al menos técnicamente, la guerra todavía no ha comenzado. El clímax existencial llega poco tiempo después, al cabo de los primeros meses:

---

[7] *Max Weber. Una biografía, op. cit.*, p. 712.

[8] *Ibid.*, p. 713, traducción ligeramente modificada.

¡Qué maravillosos son estos primeros meses! Toda la vida interior puesta en unas sencillas líneas grandes y comunes. Todo lo secundario es dejado de lado. Todo el mundo tiene buena voluntad. Cada día trae acción y tensión. Lo personal está superado en lo suprapersonal: es el punto cumbre de la existencia (*Das Persönliche ist aufgehoben im Überpersönlichen: Es ist der Höhepunkt des Daseins*).[9]

Al margen del misticismo que envuelve a estos testimonios, las observaciones de Marianne Weber resultan ilustrativas del alto valor que se le otorga a la palabra "comunidad" y al campo semántico abierto por ella en el contexto de la guerra y más allá. (Sus palabras bien podrían pasar por declaraciones de una patriota profundamente conmovida en la coyuntura de la guerra si no fuera por el hecho de que recién salieron la luz en 1926, lo cual es un indicio de que el valor de lo comunitario, lejos de verse disminuido por la estruendosa derrota de Alemania, se vio incluso aumentado en los años posteriores.) Si bien la palabra circulaba hacía tiempo con un valor determinado, con sentidos políticos diferentes y a veces contradictorios pero manteniendo siempre su condición de opuesto a la sociedad burguesa-capitalista, vale recordar que no fue hasta 1912, con la primera reedición de *Gemeinschaft und Gesellschaft*, que se asiste al boom comunitarista. Es significativo que el libro de Tönnies, que hasta ese momento había pasado más o menos inadvertido para el gran público, se reeditara siete veces entre 1912 y 1935. Carece de interés saber cuántos de los que se declararon a favor de la comunidad al estallar la guerra estaban familiarizados con el trabajo de Tönnies, lo cierto es que desde mediados de 1914 la retórica comunitaria estaba ampliamente difundida, y no solamente entre entendidos. Tanto los miembros de los movimientos juveniles como los artistas y los intelectuales de las más variadas disciplinas apelaron indistintamente al motivo de la comunidad precisamente como símbolo de la unidad.

En este escenario, lo distintivo y novedoso es que los discursos que apelan a la comunidad como símbolo de unidad tienen por lo general un componente ideológico antieconomicista y antimaterialista que se complementa con el punto de vista tradicional sobre la unidad o la unión

[9] *Ibid.*, p. 716.

política. La idea de comunidad celebrada en este contexto representa la unidad metafísicamente entendida, es decir, la unidad de las partes contenidas en un todo siempre mayor a ellas, de la cual se desprende a su vez la vieja idea de comunidad como unidad hacia dentro *con* lo propio y hacia afuera *contra* lo extraño. A esta representación se sumaba ahora la creencia en la comunidad como unidad espiritual, como conformidad de todos y cada uno a una visión del mundo que anteponía la identidad espiritual a cualquier diferencia de tipo material. El sentido de pertenencia cultural a la "nación" o al "pueblo" –durante décadas estas palabras funcionaron como sinónimos en Alemania– dependía de una experiencia plenamente compartida por todos los miembros de la comunidad en la cual quedaban superadas las diferencias de clase.

Como demuestra Losurdo, la afirmación de los elementos espirituales y culturales sobre los elementos materiales es un dato central de la ideología de la guerra. La Primera Guerra Mundial fue el escenario donde estas ideas, que por otra parte venían madurando desde hacía décadas, se pusieron a la obra:

> El enfoque económico y material del mundo histórico revelaba su bancarrota ante un conflicto que, según una amplia publicidad, se configuraba como un choque de ideales y visiones del mundo contrapuestos, en realidad como una guerra de religión y de fe, una *Glaubenskrieg*. ¿Qué sentido tenía seguir hablando de lucha de clases, o aun sólo de intereses materiales, ante un conflicto que parecía trascender toda dimensión material y demostrar la superioridad de lo espiritual sobre lo económico y, además, ante la experiencia de una comunidad nacional maravillosa e íntimamente unida en la hora del peligro?[10]

La expresión *Glaubenskrieg* pertenece a Sombart. Entre los sociólogos de la época, este es sin duda uno de los más radicales. Su concepción de la guerra mundial como "guerra de religión" o "guerra de creencias" venía acompañada de una fuerte reivindicación nacional-comunitarista. Más tarde hablará de un enfrentamiento entre pueblos de "héroes" y pueblos de "mercaderes", los primeros representados por Alemania y sus aliados,

---

[10] *Op. cit.*, p. 7.

y los segundos principalmente por Inglaterra y Francia.[11] No es difícil distinguir en este enfrentamiento uno de los sentidos rectores de la oposición entre *Gemeinschaft* y *Gesellschaft*, oposición por la que Sombart siempre mostró un gran apego. El propio Tönnies, arrastrado por el entusiasmo de la guerra, llegó a conclusiones similares en uno de sus ensayos más nacionalistas: *Der englische Staat und der deutsche Staat. Eine Studie*, aparecido en 1917. Allí, recordémoslo, contraponía el espíritu mercantilista del Estado inglés al espíritu histórico-culturalista del Estado alemán. La oposición comunidad/sociedad había sufrido una evidente transpolación del contexto nacional al nuevo escenario geopolítico internacional. Según sus rasgos identitarios originarios, según la historia y la cultura de la que estaban hechos, los Estados podían estar más próximos al modelo ético-social representado por la "sociedad", como era evidentemente el caso de Inglaterra, o bien, como en el caso del Imperio alemán, constituir un auténtico "pueblo organizado": la "comunidad viviente del pueblo". Si bien la idea tönnesiana de *Volksgemeinschaft* no tiene implicancias antieconomicistas ni antimaterialistas, también detectamos en ella un privilegio patente de los elementos espirituales sobre los materiales. En el mismo sentido de Tönnies y Sombart se expresa Max Scheler, quien "al formular el 'cuadro de las categoría del pensamiento inglés', acusa a este último de confundir, entre otras cosas, *Gemeinschaft* y *Gesellschaft*. En este punto es claro que la primera viene a coincidir con Alemania y la segunda con sus enemigos".[12] En el pensamiento de Scheler, que ya antes de la guerra y en más de una ocasión había expresado su admiración por el teorema de Tönnies, los conceptos de comunidad y sociedad no podían ser más diferentes entre sí. El solo hecho de que los ingleses los confundieran era una prueba de la pobreza espiritual de su pueblo.

Desde 1914, la perspectiva espiritualista había ganado terreno y conseguido adeptos en todas las escuelas de pensamiento. Ni siquiera los sobrios Marianne y Max Weber quedaron al margen. Los fragmentos de la biografía de Marianne citados en el capítulo anterior y en este son bastante elocuentes al respecto. Como es sabido, Marianne Weber era una intelectual y una política con peso propio, muy respetada en el

[11] Citado por D. Losurdo, *ibid.*, pp. 24, 33.

[12] *Ibid.*, p. 12.

mundo cultural alemán. Sus testimonios sobre la época del servicio, tanto aquellos que reproducen sus opiniones personales como aquellos que reproducen dichos de su esposo, revelan el profundo impacto de la guerra en los discursos de ambos. Incluso mucho tiempo después de terminada la guerra rememora maravillada la movilización como un momento de éxtasis comunitario donde todos se hacen uno en sangre y cuerpo, donde lo personal es suprimido y conservado en lo suprapersonal. El punto más alto de la existencia coincide con la plena realización de la comunidad. Ahora bien, la reverenciada unidad de la nación alemana no se lleva a cabo más allá de las diferencias individuales, sino precisamente porque las diferencias son puestas de lado. Lo que fascina a Marianne Weber en los primeros meses de la guerra es justamente esta desdiferenciación que hace posible la identificación de todos y cada uno. Desde este punto de vista, lo verdaderamente importante es la identidad espiritual en sentido amplio, esto es, identidad histórica y cultural pero también sanguínea y corporal. Entre los miembros de una comunidad de estas características las diferencias materiales o económicas son lo secundario.

Como se ha visto, Max Weber también estuvo fascinado por el fenómeno de la guerra. En más de una oportunidad, su esposa hace referencia a cartas fechadas en 1914 en las que Weber habla de una guerra "grande y maravillosa". Con todo, dado el rumbo que tomaron los acontecimientos en las décadas siguientes, es necesario establecer algunas diferencias importantes entre sus respectivos discursos sobre la guerra. Por un lado, la exaltación guerrera y comunitaria de Weber fue de corta duración. Su entusiasmo no se prolongó más allá de los primeros meses del conflicto. Incluso hay quienes consideraban a Weber un "pesimista", ya que "desde el principio entiende esta guerra como una guerra defensiva y quiere acabarla tan pronto como sea posible".[13] Esto es evidente al comparar el tono de un texto como el "Excurso", escrito en plena guerra, y el de por ejemplo su conferencia sobre la vocación y la profesión científicas, dictado por primera vez en 1917 y reelaborado para su publicación después de la derrota de Alemania. Entre ambos no sólo registramos un cambio en el tono como resultado de una considerable reducción de las expectativas depositadas en el fenómeno de la guerra,

---

[13] *Max Weber. Una biografía, op. cit.*, p. 722.

sino también un reposicionamiento frente al mundo, su sentido y su destino. Por otro lado, en las intervenciones de Weber de este período difícilmente se encuentren alusiones a la "sangre" o al "cuerpo" de la nación, del pueblo o de la comunidad. A diferencia de su esposa y de tantos otros intelectuales y colegas "activos" durante el conflicto bélico, Weber se mantuvo fiel a su vocación crítica, a la cual contribuía su gran desconfianza respecto de las tomas de posición basadas en argumentos raciales. Si para Weber la "guerra es realmente grande y maravillosa más allá de todas las expectativas" y "sea cual fuere el resultado"[14] es, como sugeríamos en el capítulo anterior, por su alta significación ético-social, por su capacidad extraordinaria para crear o recrear valores últimos y sublimes en un mundo donde esos mismos valores son percibidos como obstáculos al "progreso" en general y al "capitalismo" en particular. Es innegable que la posición de Weber marca una diferencia con el resto, y aun así su mirada sobre la guerra comparte con la inmensa mayoría de los intelectuales europeos del momento la percepción de estar ante un conflicto que, retomando las palabras de Losurdo, trasciende toda dimensión material y demuestra la superioridad de lo espiritual sobre lo económico a través de la experiencia de la unidad comunitaria.

La percepción generalizada de estar ante una guerra espiritual antes que económica encerraba el deseo, también generalizado aunque no siempre confesado, de poder confirmar en la práctica el fracaso del marxismo como teoría y como visión del mundo. No obstante, una mirada más amplia sobre esta cuestión muestra que el ideal de *Gemeinschaft* que se fue gestando durante la guerra aspiraba a triunfar sobre toda visión del mundo basada en doctrinas económicas, ya fueran estas de inspiración proletaria o burguesa. El marxismo en primer lugar, pero también el liberalismo democrático, comenzaron a ser considerados por amplios sectores de la sociedad alemana como ideologías decadentes de la *Zivilisation* frente a las cuales debía afirmarse la auténtica *Kultur* de la que era portadora la comunidad nacional. Así como Sombart, Tönnies y Scheler pudieron reafirmar el estatus comunitario del Estado alemán frente al estatus societario de los Estados aliados, Troeltsch reivindicó la idea alemana de "libertad" frente a la idea inglesa y la idea francesa,

[14] *Ibid.*, p. 725.

identificando en esta última el modelo que la Revolución de 1789 exportó a las democracias occidentales.[15]

Entretanto, la experiencia de la revolución rusa no hizo más que fomentar el desprecio por el marxismo entre quienes se sentían amenazados por el avance de las ideologías economicistas. Y el desprecio, a su vez, fue retroalimentado por el miedo a la realización efectiva de la comunidad comunista preanunciada por Marx y Engels. A primera vista, las comunidades a las que aspiraban el nacionalismo alemán, por un lado, y el internacionalismo ruso, por otro, parecían totalmente incompatibles entre sí y en muchos sentidos evidentemente lo fueron. Creemos que no hace falta enumerar las diferencias. Sin embargo, ambos comunitarismos se inspiraron en teorías que al menos desde el punto de vista de sus presupuestos fundamentales resultan no sólo compatibles entre sí, sino también solidarias. Aquello que tanto en un caso como en el otro hizo que se privilegiara a la comunidad por sobre cualquier otro nombre del "vínculo social" es la creencia, ampliamente compartida por las teorías sociológicas aquí analizadas, de que la comunidad en sí misma equivale a la unidad o a la unión totalmente acabada de los miembros que la componen. Dicho un tanto brutalmente, en ambos casos se trató de movimientos motivados por el deseo o la necesidad de la unicidad totalizante. Movimientos que poco tiempo más tarde, y más o menos simultáneamente, devinieron experiencias totalitarias.

Ahora bien, puesto que aquí nos limitamos a indagar la experiencia alemana nuestro interés está dirigido al vínculo entre la noción de comunidad forjada en el contexto de la Primera Guerra Mundial y el nacionalsocialismo. En su libro, Losurdo explica que esta comunidad denominada "espiritual" o "cultural", comúnmente asociada con la "muerte", el "sacrificio" y la "sangre", se transformó en uno de los tópicos centrales de la ideología de la guerra, y que esa misma idea de comunidad es la que sirvió de hilo conductor entre las ideas de 1914 y las de 1933. "En este punto, el nazismo puede asumir la herencia de la

---

[15] Para un análisis de la idea alemana de libertad concebida por Troeltsch y su incidencia en la construcción de la *Bildung* (educación, formación, cultura) alemana alrededor de 1914, véase L. Dumont, *Homo æqualis, II. L'idéologie allemande. France-Allemagne et retour*, Paris, Gallimard, 1991, p. 59 y ss.

Kriegsideologie. La conquista del poder en 1933 es vivida por no pocos exponentes, militantes y simpatizantes del nuevo régimen, como la reedición de la maravillosa experiencia comunitaria de 1914".[16] Naturalmente, se trató de dos momentos históricos, sociales, políticos y económicos completamente diferentes, entre los cuales tuvo lugar la experiencia democrático-parlamentaria de la República de Weimar (1919-1933). Durante este período se acentuaron los rasgos utópicos de la *Gemeinschaft* y el término pasó a condensar una multiplicidad de significados divergentes, al punto de convertirse en un ideal social reclamado por sectores políticos de derecha, de centro y de izquierda, por las viejas y las nuevas generaciones.[17] Pero lo que quisiéramos subrayar aquí es la supervivencia de la *Gemeinschaft* como símbolo de las aspiraciones espirituales que llevaron a Alemania, una vez más a partir de 1933, a librar una batalla sin cuartel contra las concepciones materialistas del mundo. Como en parte ya había sucedido durante la Primera Guerra Mundial, en 1933 la palabra "comunidad" se carga de nuevos y temibles significados. A la connotación claramente nacionalista que había adquirido, se agregan ahora connotaciones racistas que hasta entonces no tenía, al menos no explícitamente. La "comunidad del pueblo" nazi no es la comunidad de la nación alemana, sino la comunidad mítica del Ario, de la así llamada raza aria. A partir de 1933 ya no basta con haber nacido alemán para ser miembro de la *Volksgemeinschaft*. La comunidad que se reivindica desde entonces es la comunidad del suelo (*Bodengemeinschaft*), pero ante todo es la comunidad de la sangre (*Blutsgemeinschaft*), lo que en este caso equivale a decir la comunidad de los que pertenecen a la raza mítica de los germanos arios. En nombre de esta comunidad, y según el ideal de pureza que la gobernaba, se puso en marcha el exterminio de todos aquellos que, ya fueran alemanes o extranjeros, no pertenecían a ella o amenazaba con degenerarla, empezando por los judíos. Ahora bien, el mito de la comunidad nacional no fue abandonado ni olvidado por el nazismo. Más bien habría que decir que fue puesto al servicio de otro

---

[16] *Op. cit.*, p. 27.

[17] Véase la tesis doctoral de R. T. Schechtman, *Community and Utopia: The Discourse of* Gemeinschaft *and the Search for a New Modernity in Germany*, University of California, Berkeley, 2008.

mito con el cual se complementa: el mito de la comunidad racial. Entre el mito nacionalista (espiritualista o culturalista) de la ideología de la guerra y el mito racista promovido por la propaganda nacionalsocialista persiste la comunidad. La *Gemeinschaft* deviene, pues, un hilo conductor de la red discursiva que se teje entre estas dos mitologías.

El mito nazi, tal como lo entienden P. Lacoue-Labarthe y J.-L. Nancy, se construyó a partir del cruce entre componentes emocionales, vinculados a la creencia y a la identificación, y componentes racionales. Según estos autores, la sobrevaloración de los primeros tuvo como consecuencia que muchos de los análisis sobre el fenómeno del nazismo terminaran viendo en este una especie de "*irracionalismo*", desconociendo muy a menudo que existe una "*lógica del fascismo*". Así como "no hay que olvidar que uno de los componentes esenciales del fascismo es la *emoción*, de masa, colectiva (y esta emoción no es solamente la emoción política: ella es, hasta cierto punto por lo menos, en la emoción política la emoción revolucionaria misma), tampoco hay que olvidar que dicha emoción siempre se conjuga con *conceptos*".[18] En el fascismo, la *emoción* colectiva de la masa se conjuga con el *concepto* moderno de comunidad y con otros conceptos clave de esta misma ideología. La *lógica del fascismo* o bien, dicho de otro modo, su esquema racional de pensamiento, se sirve del concepto de comunidad que conocemos. Lo que no significa que el de comunidad sea un concepto propio o exclusivo del fascismo y muchísimo menos que el fascismo en cuanto tal esté presente en las teorías de la comunidad aquí analizadas. Ninguna de estas dos proposiciones resiste la crítica. Sin embargo, no se puede desconocer que tanto en la retórica de la guerra como en la retórica nazi el concepto moderno de comunidad, vale decir, el concepto de *Gemeinschaft* determinado por oposición al concepto de *Gesellschaft* que se deriva de algunas de las más importantes teorías sociológicas clásicas, tuvo un papel protagónico.

En pleno apogeo del nazismo, Raymond Aron publicó un libro en el que se proponía recrear el panorama de la sociología alemana de su tiempo y donde se puede apreciar una clara percepción de esta situación. En uno de los apartados, dedicado mayormente a la teoría de Tönnies y titulado "Comunidad y sociedad", escribe: "Sociedad y comunidad

[18] *La mythe nazi*, La Tour d'Aigues, Éditions de l'Aube, 2005, pp. 25-26.

constituyen uno de los temas por excelencia de la ciencia, puesto que las ideologías políticas alemanas viven de esa oposición. La voluntad de reacción contra la civilización mecánica, contra el orden abstracto, ha adoptado como divisa el retorno a la comunidad. Es preciso comprender que esa palabra, sin uso en el lenguaje político de Francia, posee para oídos alemanes la misma resonancia que 'justicia e igualdad' para los franceses".[19] Y continúa un poco más abajo en la misma página: "Sin duda, el equívoco de la ideología comunitaria no es responsable de los acontecimientos políticos. Simplemente esa ideología explica cómo y por qué las iras populares han podido volverse contra el modo de pensar no comunitario, contra la república y el liberalismo considerados como característicos de la 'sociedad' y responsables de las desgracias".[20] La comprensión que demuestra Aron sobre la relación entre la oposición *Gemeinschaft/Gesellschaft* y las ideologías políticas alemanas no deja de ser sorprendente, sobre todo teniendo en cuenta el momento en el que escribe este texto. En ese entonces, las posiciones estaban repartidas mayormente entre quienes estaban a favor del "retorno de la comunidad" y quienes estaban a favor de la "sociedad", pero no eran muchos los que además de tomar posición eran capaces de ver en esta cuestión el enunciado de un problema, como tampoco eran muy numerosos los que hacían una distinción entre las ideologías basadas en la comunidad –fueran de izquierdas o de derechas– y los acontecimientos políticos mismos.

Para terminar, vamos a remitirnos a un libro importante del filósofo Helmuth Plessner, un autor que bastante antes de la llegada al poder del NSDAP advirtió con notable clarividencia sobre los peligros de la idealización de la comunidad y sus posibles derivas totalitarias en Alemania. El libro apareció en 1924 y se titula *Grenzen der Gemeinschaft. Eine Kritik des sozialen Radikalismus*.[21] Ya por su título se puede adivinar fácilmente que la publicación iba a contramano del "espíritu de la época". En un momento de crisis generalizada, en donde tanto los movimientos de extrema

---

[19] *La sociología alemana contemporánea* (1935), trad. C. A. Fayard, Buenos Aires, Paidós, 1965, p. 31.

[20] *Ibid.*, p. 31, nota 13.

[21] Frankfurt am Main, Suhrkamp, 2002 (trad. T. Menegazzi y V. Granado Almena, *Límites de la comunidad. Crítica al radicalismo social*, Madrid, Siruela, 2012).

derecha como los de extrema izquierda apelaban a la comunidad como ideal político absoluto, Plessner hacía un llamado general a observar con un mínimo de distancia crítica los límites de la comunidad. Como era de esperarse, en semejante contexto nadie estaba dispuesto a escuchar lo que Plessner tenía para decir. Lo que no vuelve menos significativo el hecho de que este llamamiento haya tenido lugar y de que las razones que lo motivaron finalmente se hayan comprobado legítimas.

A sabiendas de que la cuestión de la comunidad había dejado de ser un problema de estudiosos para transformarse en un problema cotidiano y colectivo, Plessner comienza su libro afirmando que la "alternativa entre comunidad y sociedad, que gracias a Tönnies ha adquirido la forma de una célebre antítesis, representa desde hace años el punto de intersección de discusiones públicas, sobre todo en Alemania", y que el "desarrollo de los temas de política cultural, educativa y económica" depende del resultado de esta discusión.[22] Este comienzo es una muestra de hasta qué punto la antítesis en cuestión había trascendido la esfera de la discusión teórica para instalarse en el centro del debate público. Plessner dice no estar interesado en las razones que llevaron a la juventud a simpatizar exclusivamente con la idea de comunidad. Lo que le interesa es indagar las consecuencias que se derivan de que el ideal de vida comunitario perseguido por los representantes del "radicalismo social" triunfe sobre el ideal de vida societario. En términos amplios, el "radicalismo social" expresa "la convicción de que lo verdaderamente grande y bueno sólo surge mediante un regreso consciente a las raíces de la existencia". "Lo característico del radicalismo es la falta de prudencia, su perspectiva es la infinitud, su *pathos* el entusiasmo, su temperamento el ardor. Es la connatural visión del mundo de los impacientes; en términos sociológicos, de las clases inferiores; en términos biológicos, de la juventud".[23] Es interesante notar que Plessner no se opone a los valores que la comunidad ha encarnado tradicionalmente (autenticidad, homogeneidad, conformidad, fraternidad, etc.), sino a la convicción socialmente radical de que estos valores son los únicos que valen. La fuerza de esta convicción radicaría en el *ethos* que la anima. Desde esta perspectiva, más que

[22] *Ibid.*, p. 27.
[23] *Ibid.*, p. 31.

una alternativa conceptual para explicar la realidad social, la dualidad *Gemeinschaft/Gesellschaft* conforma una alternativa de naturaleza ética y normativa; comunidad y sociedad son orientaciones, disposiciones, modos de pensar y de sentir enfrentados entre sí. Según Plessner, la afirmación incondicional al "culto heroico de la comunidad" –que había comenzado con los románticos y continuaba con el movimiento de la juventud alemana– bien puede hacer surgir un escenario político totalitario. Tal es la advertencia admonitoria de un diagnóstico que en su momento permaneció eclipsado por una serie de discursos tanto más complacientes que el suyo con las necesidades y los deseos comunitarios de la época. En 1924, no podían ser muchos los que se sintieran interpelados con una afirmación como esta:

> El fetiche de esta época es la comunidad (*Das Idol dieses Zeitalters ist die Gemeinschaft*). Esa idea, como compensación de lo duro y anodino de nuestra vida, ha transformado en sí misma todo lo dulce en melindroso, toda delicadeza en indolencia, toda condescendencia en falta de dignidad. [...]
> El fetiche de la comunidad despliega toda su atracción sobre los débiles de este mundo. Un fetiche entendido como ideología de los excluidos, los decepcionados, los que aún siguen esperando. El fetiche del proletariado, de los desposeídos y de una juventud para la que aún permanece fresco el recuerdo de las cadenas. Un fetiche legitimado como protesta de los que sufren a causa de la metrópoli, las máquinas y el desarraigo. Por él se han levantado ejércitos y miles están dispuestos a morir en su nombre. Por eso, quien dispone de poder lo utiliza sobre las almas para legitimar su propia posición a la luz de su utilidad social, para defenderse y, al mismo tiempo, para inutilizar las armas que los oprimidos levantan contra él. Sin embargo, evocada por ambas partes, la llamada *[Ruf]* triunfa sobre ambas. La palabra, condensada en fantasma, se hace carne. La nivelación crece. Finalmente la fuerza expansiva se vuelve útil para la socialización. Pero toda victoria sobre la sociedad (*Gesellschaft*) es una victoria pírrica: el grande muere por su grandeza y cae en manos de la colectividad (*Allgemeinheit*).[24]

[24] *Ibid.*, pp. 47-48.

Habría que buscar mucho para encontrar una declaración anterior a 1933 que contenga una crítica tan aguda de la ideología comunitaria y a la vez una delimitación tan precisa de los límites más allá de los cuales la "comunidad" se convierte en una amenaza para sí misma, es decir, para lo público, lo general, lo común. Ahora bien, la crítica de Plessner también tiene sus propios límites. Desde el comienzo de su texto nos invita a pensar una crítica radical de la cuestión, pero sólo nos ofrece una crítica limitada de la misma. Esto, dicho al margen del conservadurismo social que se desprende de sus argumentos y más allá de sus afirmaciones finales acerca de la necesidad de un líder decisionista que logre reestructurar la política; afirmaciones que, seguidas hasta sus últimas consecuencias, desembocan en el mismo autoritarismo del que su obra, paradójicamente, quiso ser una advertencia.[25] Si decimos que la crítica de Plessner es limitada es porque sólo en apariencia cuestiona la oposición entre comunidad y sociedad que al comienzo de su libro identifica muy acertadamente como el punto neurálgico del problema. Lo que hace, en realidad, es reconocer la antítesis y describir lo que simbolizan cada una de las alternativas desde un punto de vista ético. Una vez expuestos los peligros del *ethos* comunitario, comienza su crítica –a nuestro juicio, insistimos, completamente justificada– de la comunidad. Su cuestionamiento no se dirige a toda comunidad, sino a la comunidad que se proclama como la única forma digna de vida humana.[26] Hasta aquí, y en lo que respecta a este asunto en particular, no podríamos estar más de acuerdo con Plessner. Después de todo, la crítica que impulsamos trabaja contra un privilegio equivalente al denunciado en su libro: la comunidad como la única forma de vida en común con rasgos de humanidad y dignidad, es también la única forma de vida en común auténtica, la única forma de vida en común verdadera. En este sentido preciso, su cuestionamiento va mucho más lejos de lo que había ido cualquier otro, hasta que indefectiblemente se detiene. Pues Plessner crítica la "comunidad" en nombre de

[25] En la introducción a la traducción inglesa de la obra, A. Wallace analiza estas contradicciones en el marco de un comentario más amplio sobre la concepción filosófica y antropológica de Plessner, véase "Translator's Introduction", en H. Plessner, *The Limits of Community. A Critique of Social Radicalism*, New York, Humanity Books, 1999, pp. 1-35.

[26] *Límites de la comunidad, op. cit.*, p. 61.

la "sociedad". Aun si su crítica revela una fina comprensión del carácter problemático de la comunidad, nunca deja de pensar en términos oposicionales. Plessner repite el gesto característico de las teorías sociológicas anteriores, solamente que invertido: llama a afirmar el "propio *ethos*", la "propia grandeza" de la *Gesellschaft*, considerado explícitamente como "superior" al de la *Gemeinschaft*; llama a entender que la "creciente madurez de la vida social" (*die steigende Vollendung gesellschaftlichen Lebens*) y la "soberanía cada vez mayor sobre la naturaleza" exigen una "tensión que aumente infinitamente el intelecto"; llama a "aceptar las máquinas, aunque el presente padezca las consecuencias sociales de dicha aceptación", y a "asumir todo el conjunto de obligaciones procedentes de la civilización (*Zivilisation*), tal y como el mundo occidental las concibió y constituyó".[27] De un golpe, la vida en común éticamente superior, orientada al bien y a la perfección, es identificada con la sociedad y con el modo de ser que ella representa. Plessner invierte la jerarquía de los valores históricamente asociados a los conceptos de *Gemeinschaft* y *Gesellschaft*, pero dejando intacta la oposición en cuanto tal. Lo que cambia, en definitiva, no es la significación moderna, sociológica, de estos conceptos, sino la relación jerárquica entre estas significaciones. Ante el peligro inminente de la comunidad, Plessner toma partido por la sociedad, y de ese modo termina confirmando la oposición de la cual depende la convicción que es blanco de su crítica. Al menos en este punto su razonamiento es limitado: "Si existe una dialéctica del corazón, desde luego resultaría más peligrosa que una dialéctica de la razón. Sólo muy pocos pueden hacer uso de la razón, mientras que todos, incluso el hombre más sencillo, quieren seguir su propio corazón".[28]

La racionalidad desplegada por el régimen nazi en todos sus ámbitos de intervención es quizás la prueba más concluyente de cuán equivocado es el razonamiento de Plessner. Como quedó probado en la práctica, no fue únicamente una "dialéctica del corazón" lo que impulsó, legitimó y mantuvo en funcionamiento a los Estados totalitarios que en nombre de la comunidad llevaron a cabo la exterminación de millones. Existió, efectivamente, una "*lógica del fascismo*", según la expresión de Lacoue-

[27] *Ibid.*, p. 58.
[28] *Ibid.*, p. 28.

Labarthe y Nancy, a un mismo tiempo indisociable del concepto moderno de comunidad y de las pasiones políticas que esta palabra, en un momento determinado de la historia, pudo llegar a movilizar. Conviene tener presente, pues, que los mitos contemporáneos de la comunidad reencontrada, los mitos de la comunidad pretendidamente realizada como unidad plena de sus miembros, con independencia de cuál sea la comunidad en cuestión y el principio identitario sobre el cual reposa, están estrechamente vinculados al mito de la comunidad perdida. Más concretamente, el mito de la comunidad disuelta *en* y *por* la sociedad hace posible el mito de la comunidad recobrada, y este, a su vez, reafirma y confirma al primero. Si bien la comunidad es una pieza fundamental del mecanismo que los mantiene vinculados y en funcionamiento, ya vimos que la crítica de este concepto demostró ser tan necesaria como insuficiente. Por lo tanto, es el dispositivo mismo el que debe ser sometido a crítica. La pregunta que nos reservamos para el final, y no justamente porque tengamos una respuesta concluyente sino más bien porque se encuentra en el límite entre el punto de llegada de una tesis y el punto de partida de una nueva, es la pregunta por la posibilidad y la necesidad actuales de una deconstrucción de este dispositivo.

2. Conclusiones – otro punto de partida

Como hemos intentado mostrar a lo largo de este trabajo, el problema de la comunidad, aquel que surge de la supuesta pérdida de la comunidad marcando para siempre la experiencia de los modernos, tuvo a través de sus múltiples transfiguraciones alcances imprevisibles y muchas veces desastrosos en la historia política reciente. Que la comunidad haya sido uno de los nudos simbólicos de las ideologías totalitarias del siglo XX, debería motivar un análisis más profundo pero también más amplio y transversal desde el punto de vista disciplinar sobre la relación entre estas ideologías –que aunque endebles y minoritarias aún hoy continúan manifestándose– y un concepto que a lo largo de su historia moderna y contemporánea nunca dejó de evocar un ideal de socialidad natural, originaria, verdadera.

Sabemos que la *Gemeinschaft* evoca este ideal desde que los discursos inaugurales de las ciencias sociales comenzaron a caracterizarla como la contracara deseada, pasada o futura, de un presente indeseable, y en cierto modo no ha dejado de hacerlo hasta nuestros días. No obstante, hubo un período, justo después de la Segunda Guerra Mundial, en que la palabra llegó a ser prácticamente impronunciable en Alemania. El único ideal que resonaba en ella era el ideal del absoluto y de la muerte. No por casualidad es en ese momento que tiene lugar el "entierro científico" de Tönnies. Aunque nadie se atrevió a responsabilizarlo directamente por los acontecimientos que tuvieron lugar en Alemania, la influencia de su teorema sobre el movimiento de la juventud y sobre los ideólogos del fascismo fue tan notoria que las advertencias y las críticas no se hicieron esperar. Hasta qué punto estas eran justificadas resulta difícil de decir. Lo cierto es que sobraban los motivos para sospechar de cualquier reivindicación comunitaria, y Tönnies, aun habiendo sido un opositor al régimen nazi, era internacionalmente famoso por su teoría y por su abierta toma de partido por la comunidad. Una paradoja que quizás no ha sido lo suficientemente resaltada es que la temprana inclinación de Tönnies por la comunidad estuvo muy fuertemente influenciada por la obra de Marx, a quien considera "el más notable y profundo de los filósofos sociales". Tönnies, ya lo hemos dicho, nunca fue un revolucionario, y sin embargo su simpatía por la *Gemeinschaft* así como su antipatía por la *Gesellschaft* se explica en buena medida por razones económicas, incluso por razones "de clase". Desde luego que no son las únicas; sin embargo, es llamativo que el teorema "comunidad y sociedad", con todo lo que debe al pensamiento de Marx, haya servido a ideologías abiertamente antieconomicistas.

¿Por qué resaltar esta paradoja? Ante todo para recordar que la versatilidad del concepto que manejamos es parte constitutiva del problema al que estamos enfrentados. El de comunidad es un concepto que se adapta con facilidad a los fines y a los intereses más diversos. Este es un hecho ampliamente comprobado. Cualquier crítica o análisis, cualquier tesis sobre la comunidad debe contar con ello, lo cual no es garantía de nada pero al menos pone sobre aviso acerca del carácter plurívoco de la cuestión. Sabemos bien que la comunidad de Adam Müller, por tomar un ejemplo conocido, no se corresponde con la de Marx, incluso si en muchos de los textos de este último el concepto está visiblemente cargado de romanticismo. Del mismo modo que las comunidades de Marx, Tönnies y Weber nunca se confundirían entre sí, aun cuando la trama entre sus respectivos discursos sea lo suficientemente densa y resistente como para permitirse imaginar un texto aparte, un texto comunitario sobre la comunidad, que ya no llevaría la firma de ninguno de los tres pero donde cada una de ellas todavía fuese reconocible, apenas. Analizar juntas, como parte de una misma configuración, afirmaciones sobre la comunidad cuyas diferencias han sido destacadas por los historiadores y los especialistas es un intento por pensar el entramado común entre teorías que sabemos absolutamente singulares. Las nociones de comunidad que hemos identificado al interior de estas teorías ciertamente no son las mismas. Sus significados son cambiantes. Hemos visto que, según el contexto, cambian incluso al interior de cada teoría, y más de una vez. Sin embargo, creemos haber reconocido en todas ellas al menos una significación que se mantiene constante. Más allá de lo que cada uno de estos autores cree acerca de las posibilidades concretas, presentes y futuras de la "comunidad" (ya sea que se la entienda como "esencia", "sustancia", "conjunto de las relaciones sociales", "relación social", etc.), más allá del *tiempo* y del *espacio* que cada uno le asigna a lo comunitario, lo cierto es que para todos ellos, y no siempre por los mismos motivos, la instancia comunitaria es fundamentalmente distinta de la instancia societaria, distinta y mejor. En esta, como en toda relación binaria entre conceptos, se instaura una jerarquía. Según esta jerarquía o esta gradación, la instancia comunitaria es lo más próximo a lo *natural*, lo *originario*, lo *verdadero*. Mientras que la sociedad, por el contrario, es degradada, rebajada a lo meramente *artificial*, lo *derivado*, lo *no-verdadero*. Esta proximidad entre la comunidad y los valores que la tradición metafísica ha privilegiado desde siempre es la marca distintiva de su primacía sobre la sociedad y de su absoluta centralidad. *Comunocentrismo* es el nombre bajo el cual identificamos y analizamos el privilegio de la comunidad en los discursos de Marx, Tönnies y Weber. Lo que no quiere decir que dicho privilegio sea privativo de estos autores ni de la teoría sociológica. Si bien es en el terreno de la ciencia sociológica que el privilegio de la comunidad asume su estatuto problemático, hemos intentado demostrar que nuestra hipótesis sería indemostrable sin una suspensión momentánea de los límites disciplinares a través de los cuales muchas veces de manera interesada se pretende disociar lo indisociable y apropiar lo inapropiable. Más que un privilegio característico de tal o cual autor o de tal o cual disciplina, se trató de un gesto común a toda una época de la historia intelectual europea, especialmente caro a los pensadores alemanes y marcado por el surgimiento de las ciencias sociales. La oposición entre comunidad y sociedad fue en cierto modo el acta de nacimiento de dichas ciencias. Además de ser una de las oposiciones conceptuales más importantes de los discursos fundadores de la ciencia social y de la sociología en Alemania, con el correr del tiempo trascendió el campo académico en el cual había sido concebida originalmente para convertirse en un modelo desestructurado de interpretación histórica, política y social sin un anclaje ideológico determinante, y, precisamente por ello, con un alcance prácticamente ilimitado. El simple hecho de que la figura de la comunidad haya sido promovida desde comienzos del siglo XX por grupos guiados por ideales tan heterogéneos entre sí –grupos cuyo común denominador era su radical aversión por la sociedad burguesa, pero entre los cuales cuentan tanto movimientos de inspiración marxista como movimientos tradicionalistas y conservadores, y hasta movimientos artísticos, místicos y ecologistas– es un claro indicador de la mutabilidad de la que es capaz esta figura.

Asimismo, no se puede pasar por alto que la repentina popularidad del concepto de comunidad influyó a su vez sobre aquellos que pueden considerarse sus creadores. Aunque para entonces Tönnies ya se había hecho un nombre en el campo de las ciencias sociales, su consagración llegó de la mano del éxito editorial de *Gemeinschaft und Gesellschaft* a partir de 1912. En los prólogos a las sucesivas ediciones de su libro, dejó constancia del impacto que significó para él la popularización de una ocurrencia de la que se sabía parcialmente responsable. La guerra de 1914, con la consabida entronización generalizada de la *Gemeinschaft*, lo llevó a distanciarse de ideas y tomas de posición política que había defendido apasionadamente desde su juventud. De hecho, como hemos visto, en sus escritos de este período el concepto de comunidad conoció un cambio radical. La comunidad deja de representar ese ideal de resistencia popular, tanto ético como material, que antes de Tönnies ya se puede advertir en las grandes tradiciones socialistas del siglo XIX, incluida, naturalmente, la tradición marxista. Durante los años de la guerra, Tönnies adapta su teoría a las exigencias del Estado alemán y a las exigencias de todos aquellos que sintiéndose parte de esa grandiosa comunidad nacional habían depositado en la guerra sus más altas aspiraciones y expectativas colectivas. En paralelo, Weber, que hasta entonces se había mostrado moderado en sus opiniones acerca de la comunidad, no duda en hacer explícita su simpatía por el sentimiento comunitario, tanto en la esfera íntima o privada como en la pública. Un Weber por momentos casi irreconocible celebra la existencia de dos experiencias irreductibles a la racionalidad estructural de la vida cotidiana en el mundo moderno: la comunidad de los amantes y la comunidad de los guerreros, vale decir, dos comunidades sacras donde el sentido auténtico de la vida y de la muerte es recobrado y gracias a las cuales los individuos que las conforman son momentáneamente redimidos.

Probablemente, Tönnies y Weber respondían de este modo a una exigencia personal y no en menor medida a una exigencia de la época. La exaltación de la comunidad durante los años de la guerra no fue una actividad exclusiva de los intelectuales. El discurso nacional-comunitarista fue verdaderamente popular y masivo. En cualquier caso, las dimensiones de la cuestión no hacen menos inquietante el hecho de que dos intelectuales de la talla de Tönnies y Weber —por nombrar sólo a ellos, que es de quienes nos hemos ocupado principalmente— hayan contribuido con sus dichos y escritos a la reivindicación nacionalista y belicista de la comunidad. Independientemente de cómo se juzguen estas contribuciones particulares, lo que nos interesa destacar es la mutabilidad de la que ya entonces dio muestras la *Gemeinschaft* y los discursos mismos que la vehiculizaron. Esta primera y decisiva deriva de la categoría, en parte avalada y promocionada por sus propios creadores, era un indicio inequívoco de su extraordinaria capacidad de adaptación a demandas no necesariamente contempladas en las teorías que la introdujeron. Si a ello se agrega su potencial movilizador y aglutinante, es fácilmente comprensible por qué se convirtió en lo sucesivo en un significante clave que los movimientos políticos totalitarios incorporaron a sus discursos como la síntesis acabada de todos sus designios.

Ninguno de los cambios que experimenta la noción de comunidad durante la guerra se pude comparar al cambio que implica su apropiación por parte de las alocuciones totalitarias. Que en nombre de la comunidad se haya concretado la exclusión, la concentración y el exterminio sistemático de millones de personas es un hecho que da vértigo de sólo pensarlo. Pensar la comunidad en todas sus derivas e implicaciones produce cierta perturbación. Cuesta asimilar que la noción moderna de comunidad, nacida al amparo de las nuevas ciencias sociales como respuesta a los grandes cambios sociales ocurridos durante el siglo XIX, haya sido apropiada y transfigurada por los regímenes totalitarios para reafirmar la vida de los suyos y la muerte de los otros. Como hemos dicho y no nos cansamos de repetir, esto no significa que alguna de las figuras comunitarias avaladas por las teorías de Marx, Tönnies o Weber sean asimilables o siquiera comparables a la *Volksgemeinschaft* celebrada por los nazis. Cualquier afirmación en este sentido no haría más que evidenciar un profundo desconocimiento de aquellas teorías y de los intereses éticos y políticos que motivaron a sus respectivos autores. Nada de todo esto cambia el hecho perturbador de que entre Marx y nosotros, en un período de tiempo que hoy por hoy parece incalculable y que sin embargo todavía puede ser reconstruido a partir de algunos mojones más o menos firmes, la comunidad persistió en su lugar de privilegio. A lo largo de todo este período, la comunidad, sea cual sea el tiempo, el espacio y la vocación misma que le atribuyeron los discursos que la recogieron, nunca habría dejado de nombrar el sentido verdadero de la socialidad.

¿Acaso ocurre de manera diferente hoy en día? En parte sí y en parte no. En la actualidad, y desde hace varias décadas, asistimos a un retorno de la comunidad. Tal como hemos comentado al comienzo, este retorno se materializó en importantes debates al interior de disciplinas como la filosofía política, la ética y la metafísica, y en reflexiones aisladas provenientes de autores identificados con la sociología y la antropología. Cabe preguntarse por qué en algunas ramas troncales de la filosofía la cuestión de la comunidad se volvió el centro de arduas y sostenidas polémicas mientras que en las ciencias sociales no sucedió nada parecido. A decir verdad no tenemos respuestas sino sólo conjeturas, y en cualquier caso no es este el lugar para exponerlas. Lo cierto es que la ausencia de debate en el campo de las ciencias sociales no contribuye a la discusión general de una cuestión que en la coyuntura actual parece más necesaria que nunca. Pues paralelamente al retorno de la comunidad, retornan comunitarismos de todo tipo. Y con ello no nos referimos solamente a los fundamentalismos identitarios (de carácter étnico, religioso, nacional, sexual, etc.) que resurgen periódicamente con mayor o menor intensidad tanto en Occidente como en Oriente. Con ello nos referimos también, y no en menor medida, a la reactivación mundial de una poderosa semántica comunitaria al servicio de políticas nacionales e internacionales urdidas en el seno de las democracias liberales. Si bien se trata de un fenómeno reciente, evidentemente no es algo que estemos descubriendo aquí ni mucho menos. En un texto de 1995, el historiador H. Müller llamaba la atención sobre el uso del término "comunidad" "en el lenguaje político actual, donde es abundantemente utilizado y goza de un favor extraordinario": "Así, desde 1989, los términos *Notgemesinchaft*, *Vertragsgemeinschaft*, *Solidargemeinschaft*, que se aplican a las relaciones nuevas entre el Este y el Oeste, están entre los más apreciados por los políticos. No es un azar si los Estados que sucedieron a la antigua URSS se reagruparon bajo la denominación 'Comunidad de Estados Independientes'. En cuanto al conflicto que desgarra a la ex Yugoslavia, se espera que la 'comunidad internacional', representada por las Naciones Unidas, asuma una misión de pacificación".[29] A veinticinco años de la caída del muro de Berlín, "comunidad" sigue siendo un término tan utilizado y favorecido por el lenguaje de la política como empezaba a serlo en ese entonces, aun si la coyuntura actual es completamente diferente y los desafíos comunitarios que conciernen a Europa ya no parecen estar situados solamente en las fronteras del continente sino en el corazón mismo de la hoy desertada Comunidad Europea. Pero el fenómeno en modo alguno es exclusivo del continente europeo ni de Occidente. En todo el mundo existen organismos intergubernamentales de carácter regional que se autodenominan "Comunidad...". Asimismo, los infor-

---

[29] "Sur quelques usages de la notion de communauté dans la modernité", en G. Raulet y J.-M. Vaysse (dir.), *Communauté et modernité*, *op. cit.*, p. 13.

mes de los organismos internacionales de la más diversa índole tienden a hacer un uso cada vez mayor de esa entidad abstracta a la que llaman "comunidad" y que a su vez suelen identificar como la adjudicataria de la asistencia que ofrecen.

En efecto, desde hace décadas las así denominadas "políticas comunitarias" están a la orden del día, constituyen un objetivo prioritario en las agendas de las organizaciones gubernamentales y no gubernamentales, internacionales, nacionales y locales. Y esto se explica en buena medida por una razón muy sencilla: "el concepto de comunidad y sus derivados son fórmulas políticas bien recibidas, de las que se espera que permitan restablecer y asegurar un clima de confianza. Se refieren a lo que se tiene en común y ocultan todo lo que puede ser parcialidad o fuente de conflicto. Se dejan asociar fácilmente a modelos de experiencia familiares y en apariencia espontáneos, permitiendo ya sea confundir discurso político y discurso moral, ya sea moralizar y volver familiar el discurso de la política, él mismo, frecuentemente relacionado con un fundamento religioso. Funcionan como tantos otros medios de interrumpir bruscamente toda argumentación y recubren mecanismos de exclusión y de sanción, sean latentes o manifiestos".[30]

Hoy, como antes, se invoca a la comunidad cuando se percibe que la sociedad en la que se vive no va bien, cuando el presente se experimenta como exceso de disociación o como carencia de asociación. En ambos casos se dice que lo que falta es comunidad. Cada vez que esto sucede, lo *común* de la comunidad es invocado, reclamado, y hasta exigido. Armados de buena voluntad y siempre con las mejores intenciones –las cuales, para bien o para mal, nunca faltan– referentes políticos, intelectuales, expertos y tecnócratas de las ideologías más dispares apelan a la comunidad, la nombran y la prometen. La palabra actúa en sí misma como una promesa: promesa de algo bueno, de algo mejor. Zygmunt Bauman sintetiza la situación del siguiente modo: "Las palabras tienen significados, pero algunas palabras producen además una 'sensación'. La palabra 'comunidad' es una de ellas. Produce una buena sensación: sea cual sea el significado de 'comunidad', está bien 'tener una comunidad', 'estar en

---

[30] *Ibid.*, pp. 13-14.

comunidad"".[31] Calidez, seguridad, confianza, reconocimiento, convivialidad y buena disposición son algunas de las sensaciones agradables que transmite la comunidad. Sensaciones que, se habrá entendido, están directamente relacionadas con el privilegio del que goza esta categoría. Una idea similar sostiene Raymond Williams: "Comunidad puede ser la palabra cálidamente persuasiva para describir un conjunto existente de relaciones o un conjunto alternativo. Lo más importante, quizás, es que, a diferencia de todos los otros términos de la organización social (*estado*, *nación*, *sociedad*, etc.), nunca parece usarse de manera desfavorable ni tener como contraste ningún término positivo de oposición o distinción".[32] Por todo esto se puede decir que al menos en este sentido hoy en día no ocurre nada diferente a lo que ocurre desde Marx o incluso desde antes: la comunidad continúa siendo "la imagen de la buena sociedad". Pero en otro sentido, hay signos auspiciosos de que algo diferente está sucediendo, de que la comunidad finalmente empezó a ser cuestionada. En efecto, los debates contemporáneos fueron y siguen siendo la ocasión de una reevaluación crítica del concepto, en principio, no tomándolo simplemente como algo dado o natural. A través de estos debates se hicieron explícitos algunos de los peligros que encierra la comunidad, en general peligros asociados a su asunción unitaria y totalizante al mismo tiempo que exclusiva y excluyente, y desde entonces se hace sentir cada vez con mayor fuerza la necesidad de una crítica sistemática.

El hecho de que las ciencias sociales hayan tenido y tengan una participación tan escasa y por cierto bastante irregular en estos debates puede conducir a la creencia de que ellas no tendrían mucho para decir al respecto. Pues bien, aquí nos hemos esforzado por demostrar justamente lo contrario. Además de que las ciencias sociales tienen mucho para decir y para decirse sobre este asunto, creemos que, de no tomarse en cuenta seriamente sus aportes teóricos y prácticos, el concepto moderno de comunidad sería incomprensible en algunos de sus aspectos fundamentales y, en consecuencia, la crítica del mismo todavía muy insuficiente. Dicho de otro modo, el concepto de comunidad tal como lo conocemos

---

[31] *Comunidad. En busca de seguridad en un mundo hostil*, *op. cit.*, p. 7.

[32] *Palabras clave. Un vocabulario de la cultura y la sociedad*, trad. H. Pons, Buenos Aires, Nueva Visión, 2000, p. 77.

no se explica únicamente por las teorías sociales sobre la comunidad, pero tampoco se explica sin ellas. Y lo cierto es que hasta el momento los intentos de crítica más osados muy raramente las han tenido en cuenta. Por ese motivo, uno de los principales objetivos de este trabajo consistía en hacer visible un vínculo que a lo largo del tiempo parece haberse tornado invisible: el vínculo entre el concepto moderno y contemporáneo de comunidad y aquello que las teorías de Marx, Tönnies y Weber postularon una tras otra bajo ese nombre común. El comunocentrismo no empieza ni termina con estos autores, no se remite exclusivamente a ellos, pero pasa necesariamente a través de ellos y de sus legados respectivos. Las teorías sociológicas asociadas a esos nombres propios y, más concretamente, la oposición entre comunidad y sociedad que está en la base de todas ellas son pistas a seguir si se quiere comprender la historia y la actualidad del concepto de comunidad.

Aquí no hicimos otra cosa que intentar evidenciar ciertas afinidades entre dichas teorías a partir de un análisis detallado de los usos y significados del concepto de *comunidad* en cada una de ellas. Ahora bien, vimos que este concepto es indisociable del de *sociedad*. Juntos forman una oposición que se relaciona con otras oposiciones metafísicas (naturaleza/técnica, propiedad/impropiedad, unión/desunión, personal/impersonal, sensible/inteligible, etc.). Forman, pues, un dispositivo o un sistema. Esto quiere decir que el funcionamiento y la eficacia de uno dependen enteramente del funcionamiento y la eficacia del otro. Aún más, no existe uno sin el otro: no existe comunidad sin sociedad, y viceversa. Si insistimos en esta cuestión es para evitar un equívoco bastante frecuente: el de comunidad no es un concepto metafísico, tampoco lo es el de sociedad, es la estructura oposicional la que es metafísica. Derrida escribe: "No hay 'concepto-metafísico'. No hay 'nombre-metafísico'. Lo metafísico es cierta determinación, un movimiento orientado de la cadena. No se le puede oponer un concepto, sino un trabajo textual y otro encadenamiento".[33] La determinación o el movimiento (lo metafísico) que aquí nos afanamos en seguir y en leer de una determinada manera no debe confundirse con la "comunidad" ni con la "sociedad". Lo metafísico —en este caso— es el

---

[33] "Fuera de libro (Prefacios)", en *La diseminación*, trad. J. M. Arancibia, Madrid, Espiral/Fundamentos, 1997, p. 11.

régimen a partir del cual se determina la socialidad bajo la forma simple de una oposición jerárquica. Por esta precisa razón dimos a entender más arriba que, a los efectos de una crítica que pretenda conmover la oposición, no basta con cuestionar los usos y significados de la comunidad. En vistas de una crítica radical, de una crítica cuya necesidad y posibilidad no hacemos más que reafirmar, el cuestionamiento debe estar dirigido al sistema en el cual se inscriben los nombres propios y comunes que conforman nuestro corpus de lectura y escritura.

Recordemos que Plessner fue uno de los primeros pensadores del siglo XX –y hasta donde sabemos el único antes del nazismo– en advertir sobre los peligros que encarna la comunidad una vez convertida en objeto de idolatría. En *Límites de la comunidad* empieza por resaltar la importancia académica y extra-académica de la antítesis establecida por Tönnies para luego lanzarse a una crítica que aún hoy sigue sorprendiendo. A contramano de una época que tiene a la comunidad por ídolo, Plessner apuesta a la sociedad y a lo que considera su *ethos*, su grandeza: perfeccionamiento de la vida en común, mayor control sobre la naturaleza, intelectualización, maquinización, tecnificación, etc. Esta inversión tiene efectos ambiguos. Al inscribir la comunidad en el orden de la pasión ("dialéctica del corazón") y la sociedad en el orden del pensamiento ("dialéctica de la razón") tomando partido abiertamente por esta última, confirma la lógica oposicional y al mismo tiempo invierte el sentido tradicional de la jerarquía al cual está sometido este par conceptual. En la medida en que se trata de una simple inversión de la oposición y precisamente porque esta permanece inalterada en su estructura, la estrategia de Plessner no implica un verdadero cuestionamiento del dispositivo. Por eso decíamos que, a este respecto, su crítica sigue siendo limitada. No obstante, deja al desnudo el mecanismo, y esto ya es algo. Lo que para él pudo significar un punto de llegada aquí bien puede convertirse en un punto de partida.

La estrategia de la deconstrucción incluye como uno de sus momentos la acometida de la inversión. Esta constituye un modo efectivo de atraer la atención sobre lo supuestamente dado, sobre lo que siempre habría sido igual, de una misma y única manera, sobre aquello que termina por naturalizarse acrecentando su poder y su presencia en las prácticas cotidianas hasta volverse incuestionable. La cuestionabilidad del privilegio de la comunidad depende entonces, en un primer momento, de la posibilidad de alterar, invirtiéndolo, el orden históricamente determinado de la jerarquía. Asumir momentáneamente que lo que está "arriba" o "primero" puede estar "abajo" o "segundo" es una subversión del orden establecido que desnaturaliza la prioridad lógica y axiológica marcando un hiato y abriendo el terreno a nuevas posibilidades conceptuales. La inversión jerárquica sería ya un modo de trabajar críticamente sobre la oposición, otro punto de partida para la puesta en cuestión del comunocentrismo. Ni más ni menos que eso: un punto de arranque, una operación necesaria pero provisoria, y por demás insuficiente, al interior de una estrategia que no se limita a oponer un concepto a otro sino que tiende hacia otro concepto y hacia otra conceptualidad del concepto, hacia un concepto otro, diferente a los implicados en la oposición y a su vez no asimilable por la lógica que la domina. En definitiva, un concepto capaz de desafiar tanto la oposición puntual contra la cual se rebela como todas aquellas oposiciones con las que esta se encadena formando un sistema, sin dejarse llevar en ese movimiento hacia ninguna solución o resolución dialéctica.

El concepto al que tendemos, un concepto que no sea *ni* "comunidad" *ni* "sociedad" o que sea ambas cosas *a la vez*, no está planteado y menos aún pensado pero hay signos inequívocos de que es pensable. En cierto modo, este trabajo no tiene más pretensión que la de indicar esa posibilidad –esa pensabilidad– justificando su necesidad a través de la lectura de ciertos textos que, sin ser los únicos, naturalmente, forman parte del problema que hemos intentado delinear.

Las teorías sociológicas clásicas, especialmente aquellas de Marx, Tönnies y Weber, son en gran medida responsables de la conceptualidad que por razones que quizás ahora aparezcan con mayor claridad es necesario analizar y criticar interminablemente. Pero son estos mismos autores los primeros que sintieron la necesidad de transformar los conceptos que habían creado. Antes de ser un problema para nosotros, el de la comunidad fue un problema para ellos. Basta seguir los recorridos más visibles del concepto a través de sus obras para darse cuenta de hasta qué punto la comunidad indicaba una verdadera inquietud para todos estos autores. Las redefiniciones y los desplazamientos permanentes del concepto en sus discursos son otros tantos síntomas de las sospechas que este les generaba. Una lectura cronológica de estos discursos puso en evidencia importantes cambios en la percepción de la comunidad a lo largo del tiempo. Vimos que las razones de estos cambios fueron de naturaleza muy distinta en cada caso. Con todo, se puede apreciar que en los tres casos el concepto tiende a liberarse de sus connotaciones más problemáticas. El esencialismo antropológico de Marx, el mismo que lo lleva a escribir en 1844 que "la *esencia humana* es la *verdadera comunidad* de los hombres*", desaparece en los textos posteriores a 1845, dejando lugar a una perspectiva más etnológica y de corte empirista. En Tönnies, de un modo distinto y más gradual que en Marx, observamos cómo la comunidad pasa de ser el objeto de investigación privilegiado de una teoría de las esencias a ser el objeto de una teoría de los "tipos ideales", en lo que fue un intento de último momento por conciliar su propia perspectiva, tradicionalmente historicista y organicista, con la perspectiva más claramente cientificista de su colega Weber. Incluso en la obra de este último, donde como sabemos nunca hubo lugar para ningún tipo de esencialismo o sustancialismo reificante, entre 1913 y 1919/20 sus conceptos capitales sufrieron una serie de importantes transformaciones y sustituciones terminológicas que patentizan la necesidad de Weber por evacuar toda sospecha posible —empezando por las suyas— acerca del privilegio de la comunidad en su teoría.[34]

---

[34] De Weber en adelante, la teoría sociológica rara vez volvió a incurrir en filosofismos extremos. La sociología contemporánea satisface los criterios de cientificidad tanto como puede hacerlo una ciencia social hoy en día, lo cual, como hemos visto, no es garantía de nada parecido a una neutralización metafísica. Insistimos: el discurso científico no está menos expuesto que el discurso filosófico o que cualquier otro. El discurso científico, y en el caso puntual que aquí nos interesa, el discurso sociológico, puede continuar como hasta ahora afinando su aparato conceptual, perfeccionando su metodología y multiplicando los argumentos que afirman su independencia de la filosofía, ese antepasado de todas las ciencias. Sin embargo, nada de eso cambiará su relación con la metafísica. Su posición será la misma mientras no interrogue las premisas y los efectos de los privilegios sobre los cuales descansa su propio texto, y del cual el privilegio de la comunidad no es más que uno entre otros, pero uno que perdura inconmovible a lo largo del tiempo. Otra investigación, de la que esta no sería más que una introducción o una preparación necesaria, debería dar cuenta de los alcances del comunocentrismo en la sociología contemporánea, digamos al menos desde Talcott Parsons hasta Jürgen Habermas. Pero esta cuestión excede por mucho los límites de este trabajo.

Estamos convencidos de que esta tendencia que sigue el concepto en las teorías sociológicas de Marx, Tönnies y Weber es el resultado de lo que puede denominarse la inquietud de estos pensadores por el problema de la comunidad: esto es, por una parte, la inclinación, la necesidad, el deseo o incluso la pasión por la "comunidad", y, por otra, el desasosiego íntimo de saber que ese apelativo, se haga lo que se haga con él y más allá de todas las precauciones que se puedan tomar, siempre terminará cayendo bajo sospecha. Esta situación, en sí misma inquietante, los coloca al borde de la metafísica. Si por un lado se puede decir que, en razón de la lógica oposicional que domina estas teorías, ellas pertenecen enteramente a la historia de la metafísica occidental, por otro lado se puede decir, y es menester hacerlo, que en ellas se producen ciertos desbordes conceptuales que no se dejan pensar con facilidad por las oposiciones tradicionales que ordenan nuestro pensamiento sobre la socialidad. Tal como afirmamos desde el comienzo, el problema de la comunidad es correlativo del problema del *socius*. La comunidad y sus derivados constituyen la nomenclatura moderna de la socialidad faltante, aquella que se supone natural, originaria, verdadera, humana y fraterna, de la socialidad firmemente anhelada y de consistencia mítica. Comunidad es el nombre de un mito: ficción y fundación de origen y/o de destino. No importa realmente cuándo y dónde se la sitúe, en qué tiempo y en qué espacio, la comunidad siempre aparece enredada en una filosofía de la historia, animando de comienzo a fin un relato ordenador y totalizante. Pero sucede que este relato, relato metafísico que tiende a confundirse con el relato de la metafísica, es decir, con su historia o por lo menos con una parte importante de ella, no es homogéneo ni compone una narración del todo coherente. Ciertamente, hay momentos en que los textos que leemos exceden los límites de las constricciones (formales, institucionales, sociales, políticas, económicas, etc.) a las que se encuentran sometidos, haciendo estallar el sentido del cual depende su aparente coherencia lógica. En estos exabruptos discursivos buscados o no por los propios autores, por lo demás raros y casi nunca localizados en el centro sino más bien en los márgenes del texto, se anuncian otros modos de pensar la socialidad o la relación social, modos no catalogados y tal vez incatalogables, modos inquietos y muchas veces inquietantes.

Más allá de la oposición entre comunidad y sociedad y más allá de todo esquematismo conceptual, ya sea dual o dialéctico, es posible y necesario reconocer la lógica paradójica de la relación con lo(s) otro(s), de eso mismo que habrá sido el doble fondo de nuestro problema y que se resiste a ser pensado del único modo en que efectivamente tiene lugar: como asociación-disociación, proximidad-separación, identificación-diferenciación, tensión-distensión, etc. Este concepto otro, esta marca indecidible (*ni* esto *ni* aquello o bien esto *y* aquello) tiene que dar cuenta, ante todo, del sentido abierto y necesariamente contradictorio, aporético, de la relación con el otro y la otra, con los otros y las otras, con los seres singulares y plurales. No sólo con las "mujeres" y los "hombres" o, más directamente, con lo humano, sino también con lo otro, seres vivientes o inanimados que las *humanidades* a lo largo de su historia utilizaron metódicamente como meros ejemplos o contraejemplos para establecer criterios de distinción, degradación y, en incontables casos, exclusión simple y llana del espacio relacional. Al dar cuenta de ello se provoca una intervención efectiva, una operación que atenta contra el sentido sociológico más común sobre lo *común*, sobre lo que se tiene o se es *en común* y, más en concreto, contra el ideal enraizado y totalmente naturalizado en Occidente de un sentido único, auténtico o verdadero de la *relación*.

Además de un cuestionamiento sin fin de los sociologemas clásicos y contemporáneos, otro punto de partida debe tomar en cuenta los excesos que se producen en los textos, analizarlos y descubrir hacia dónde nos conducen. El porvenir de otro pensamiento acerca de la socialidad, la relación social o la relación sin más es absolutamente incierto. Nuestra única certeza es que allí donde lo busquemos haríamos mal en privarnos de aquellas teorías que, como las de Marx, Tönnies o Weber, a pesar de su inevitable inscripción en el régimen comunocéntrico, son lo suficientemente críticas y persistentes en su inquietud por lo *común* –por la comunidad, por la comunización y por la instancia comunitaria en general– como para seguir desvelando a sus lectores y, por este medio, obligarlos a ir más lejos.